KB216007

예루살렘에서 히브리적 관점으로 읽는 레위기

예루살렘에서 히브리적 관점으로 읽는 레위기

초판 2021년 03월 02일
증보개정판 2024년 03월 04일

글쓴이 육에녹, 백에스더
펴낸이 육에녹
펴낸곳 도서출판 진리의집

출판등록 제2023-000005호(2020.09.02)
주소 (31411)충청남도 아산시 둔포면 관대길 59-6번지
영업, 관리 백진영(010-5164-2593)
전자우편 houseoftruth832@naver.com
유튜브 진리의집
네이버카페 http://cafe.naver.com/houseoftruth
온라인몰 http://smartstore.naver.com/houseoftruth

교정 박아인, 이혜형
편집,디자인 백진영

ISBN 979-11-979803-7-4
정가 22,000원

* 모든 도서는 진리의 집 온라인 몰(네이버 스마트 스토어), 전국 온라인, 오프라인 서점을 통해 구매 가능합니다.

토라포션 시리즈 세번째
Torah portion
ויקרא

증보개정판

예루살렘에서 히브리적 관점으로 읽는

레위기

The Book of Leviticus

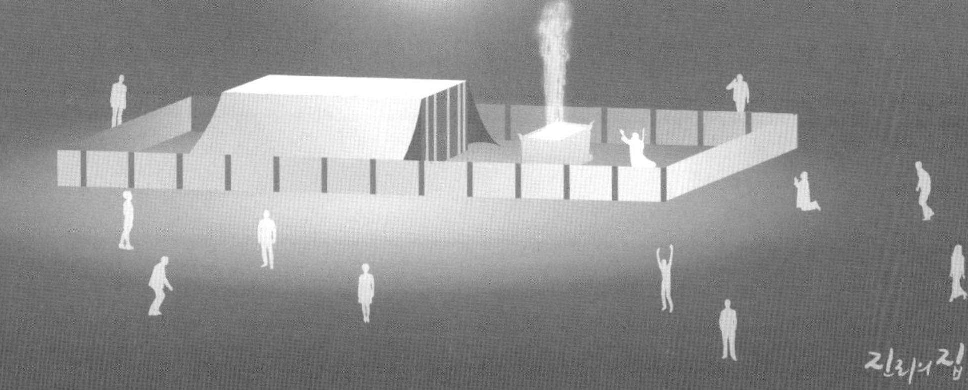

진리의 집

프롤로그

봐이크라וַיִּקְרָא 그리고 그가 부르신 이유: 가까이 오라

레위기의 히브리어 명칭은 봐이크라וַיִּקְרָא로 그 의미는 '그리고 그가 부르셨다'입니다. 또한 레위기는 토랕 코하님(תּוֹרַת כֹּהֲנִים)이라고도 불리는데 그 의미는 '제사장들의 토라'라는 뜻입니다. 레위기는 제사장들이 자신의 부르심을 감당하기 위해서 하나님께 올려드리는 예배, 백성들을 하나님께로 가까이 오게 하기 위한 예배의 모든 과정과 자신들의 삶을 어떻게 거룩함으로 지킬 수 있는가를 머리로 외우고, 마음으로 사랑하고, 몸으로 숙달할 수 있게 돕는 '제사장들을 위한 지침서'[1]입니다. 하나님은 하나님의 백성들이 하나님께 가까이 더 나아가 하나님과 연합하도록 모세와 제사장과 레위인을 부르셨고, 대제사장이신 예수님을 부르셨으며, 왕 같은 제사장인 우리도 부르셨습니다. 희생제사에 바쳐지는 예물로써 부르셨고 또한 제사장의 삶으로 부르셨습니다.

하나님과 인간 사이에는 도저히 뛰어 넘을 수도, 좁혀 질 수도 없는 간극이 있습니다. 그것은 '죄'입니다. 죄는 거룩하신 하나님의 속성과 정면으로 대치되는 것으로 하나님과 인간 사이를 벌여 놓았을 뿐 아니라 도저히 하나됨에 이를 수 없게 만들었습니다. 인간은 하나님과 하나됨 안에서 온 땅의 통치권을 갖도록 창조되었지만 사탄의 계략으로 죄에 빠진 인간은 하나님과의 관계가 단절되었으며 만물에 대한 통치권을 잃어버리게 되었습니다. 인간에게는 사탄에게 빼앗긴 것을 되찾아 오고 하나님과 다시 하나됨을 누릴 수 있는 방법이 없었습니다. 그러나 태초부터 인간을 통해 우주 성전을 완성하겠다고 계획하신 하나님은 변함없는 사랑과 신실하심으로 인간의 죄를 친히 해결하시고 모든 것을 되찾기 위한 계획을

---

1 【미쉬나 메길롵 1:5】

실행하셨습니다. 믿음으로 하나님을 따르기로 결정한 아브라함을 의롭게 여기시고 그와 일방적 언약[2] 관계를 맺으시며 먼저 그의 혈통적 후손들을 선택하여 부르셨습니다. 그리고 거룩하신 그분이 죄 많은 백성들과 함께 거주하시기로 결정하시고 그분의 처소를 짓게 하심으로 구름 기둥 가운데 땅에 내려와 백성들 가운데 거하셨습니다.

> 이렇게 모세는 모든 일을 다 마쳤다. 그 때에 구름이 회막을 덮고, 주님의 영광이 성막에 가득 찼다. 모세는, 회막에 구름이 머물고, 주님의 영광이 성막에 가득 찼으므로, 거기에 들어갈 수 없었다.(출40:33-35 새번역)

---

2 창세기 15장에서 하나님과 아브람 사이에 맺은 횃불 언약은 쌍방간에 맺은 언약임에도 불구하고 그 언약에 대한 책임은 전적으로 하나님 쪽에서 지시는 단독행위언약이다. 이것은 무조건부 언약으로 삼하 7:8-16, 대상 17:7-14에서 나타난 다윗 언약도 이에 속한다. 아브라함의 횃불 언약에서는 상대의 어떠함에도 불구하고 계약이 파기되지는 않고 그 계약은 여전히 유효하며 반드시 이루어지도록 하나님 쪽에서 책임을 지신다는 의미로서, 하나님 쪽에서만 갈라 놓은 제물 위를 지나가셨다. 아브라함과는 많은 자손들에 대한 약속과 그 자손들이 차지하게 될 땅에 대한 약속을, 다윗에게는 그 땅의 중심에 세워질 성전에서 다스리게 될 영원한 통치권이 다윗의 씨(자손)에서 나오게 될 것에 대한 약속과 하나님과의 관계가 아버지와 자녀 관계로서 맺어지게 될 것에 대한 약속이 무조건부적 언약으로 체결된다. 이로써 땅에 세워질 하나님 킹덤(말쿠트מַלְכוּת)의 기초가 두 사람 아브라함과 다윗을 통해서 셋팅되어진다. 그리고 예슈아께서는 아브라함과 다윗의 자손으로 오셔서 새 언약을 체결하심으로 이 킹덤에 대한 약속 안으로 이방인들도 들어올 수 있도록 문을 열어 놓으시고 그 킹덤에 대한 언약이 확장되어 적용되도록 하셨다. '병'이 '을'이 되게 하는 계약으로 제3자였던 자들도 계약의 당사자가 되게 하시면서 2,000년 동안 이방인을 천국 안으로 초대하는 '은혜 받을 만한 때와 구원의 날'인 '주의 열납하여 주시는 해'를 긴 시간 동안 허락해 주셨다. 이러한 초대와 확장이 예슈아의 초림 사역으로 시작되었다면, 이 언약 안으로 들어올 모든 자들의 충만한 수가 마감됨에 따라, 이제 예슈아의 재림을 통해서 완전히 이루어 질 것은 다음과 같다. 그 땅을 되찾음과 그 땅으로 모든 자손들이 돌아옴과 그 땅의 중앙에 통치의 중심으로 세워질 그분의 보좌와 그 보좌에서 다스리게 될 왕 중의 왕의 귀환과 아버지의 자녀된 권세를 받은 자들이 그 왕 중의 왕과 함께 통치권을 받아 누리게 될 것. 예슈아는 이 모든 언약을 최종 완성하고 마무리하기 위해 다시 오시는 것이다. 시나이 산에서 하나님이 모세와 이스라엘 백성과 맺은 조건부 언약과는 달리 아브라함의 언약과 다윗의 언약은 하나님이 반드시 이루시겠다는 무조건부 언약으로 예수 그리스도를 통해서 완성되었고 다시 새언약으로 확장 적용됨으로 최종 완성되는 언약이다. 이는 하나님이 하나님의 입장에서 책임지시고 반드시 이루시는 우리를 위한 '하나님의 언약'이다.

하나님은 하늘에 있는 거룩한 성전(헤이칼 하코데쉬הֵיכַל הַקֹּדֶשׁ)의 모양을 모세에게 보여 주시고 하늘 성전의 식양대로 땅에도 하나님이 거하실 처소를 짓도록 명하십니다. 모세가 하나님이 말씀하신 그대로 모든 것을 마쳤을 때 하나님은 친히 영광으로 땅의 장막에 임하십니다. 그러나 문제는 거룩하신 하나님의 영광이 이 땅에 내려와 함께 하신다 해도 인간은 여전히 하나님께 가까이 다가갈 수가 없다는 것이었습니다. 하나님이 백성 중에 친히 거하셔도 인간은 하나님과 함께 할 수 있는 합당한 조건들을 여전히 갖추지 못했습니다. 완공되고 봉헌된 그 성막에 하나님의 영광이 얼마나 거룩하고 충만했는지, 모세조차도 그 영광으로 인해 가까이 접근할 수가 없었습니다. 하나님은 인간과 함께 거하시기 위해 그 장막 안으로 내려 오셨지만 인간은 여전히 하나님께 가까이 나아갈 수 없는 상황 속에서 출애굽기의 마지막 장인 40장과 다음 책인 레위기가 연결됩니다.

하나님이 모세를 부르시는 것으로(봐이크라,וַיִּקְרָא 그리고 그가 부르셨다) 레위기 1:1이 시작됩니다. 땅에 내려와 성막(미쉬칸מִשְׁכָּן) 안으로 들어가신 거룩하신 하나님의 영광의 높고 깊은 단계에 모세 조차도 가까이 나아갈 수 없었기에 하나님께서 먼저 인간을 향해 가까이 오도록 허용하고 불러 주심으로 하나님께 나아가는 길을 열어 주십니다. 그 길은 크게 두 가지입니다. 첫째는 코르반קָרְבָּן 즉, 예물을 가지고 주님이 계신 곳으로 가까이 나아가는 제사(예배)이며(레1-16장), 둘째는 하나님을 그들 중에 가까이 모시고 살아갈 수 있도록 하나님의 백성이 거룩함을 지킬 수 있게 하는 규례들입니다(레17-27장).

거룩하신 하나님께 가까이 나아오도록 하기 위해 하나님은 예물을 가지고 나아오라고 말씀하십니다(레1:1-2). 예물이라고 번역된 히브리어 코르반קָרְבָּן은 희생제사, 예물, 대가지불을 의미합니다. 코르반קָרְבָּן의 어근은 카라브קָרַב 동사인데 '가까이 나아가다(오다)'는 뜻으로 코르반은 '가까이 나아감을 얻음'이라는 뜻입니다. 다시 말해, 하나님께 가까이 나아갈 수 있게 하는 어떤 것, 바로 거룩한 예물(제물)을 의미하는 것입니다. 성막(미쉬칸מִשְׁכָּן)에 이미 들어와 기다리고 계신 하나님께 가까이 나아감을 얻기(코르반קָרְבָּן) 위해서 희생제물(코르반קָרְבָּן)을 통해 하나님을 만나러 들어오라고 하나님이 우리를 봐이크라(וַיִּקְרָא 그가 부르셨다 =레위기) 하셨습니다.

레위기 1-7장은 속되고 부정한 인간이 하나님께 가까이 나아갈 수 있는 길을 코르반 קָרְבָּן을 통해 제시해주면서 하나님께 드리는 다섯 가지 제사들에 대한 규례를 설명해 줍니다. 그리고 8-10장에서 하나님은 제사장들이 거룩한 제사를 주관하는 일로 구별되었기에 백성들과는 또 다른 차원의 거룩함으로 그들 자신을 지켜야 할 것과 그들이 행해야 할 임무에 대해 알려주십니다. 그러나 나답과 아비후의 실수로 제사장의 임무가 잘 지켜지지 못했을 그 때에 거룩한 백성으로서 구별되어야 할 것을 다시 말씀하시며 하나님은 11-15장을 통해 정결한 것과 부정한 것, 거룩한 것과 속된 것에 대해 알려주십니다. 16장을 통해서 모든 거룩한 것들 중에서도 가장 거룩한 장소인 지성소의 영역에 들어올 수 있도록 일년 중 가장 거룩한 한 날(대속죄일, 큰 안식일)을 정하십니다. 대속죄일, 그 날에 1) 이스라엘 백성을 위해 큰 속죄가 적용되게 하신 하나님은 또한 2) 인류 안에 뿌리 깊게 들어온 죄성을 인류로부터 분리시켜서 온 땅에서 그 죄성의 근원을 제공했던 출처인 아사셀(아자젤)에게로 돌려보내는 의식을 대속죄일(욤키푸르יוֹם כִּפּוּר)에 행하라 하십니다. 하나님은 그 날에 죄의 근원인 사탄에게로 모든 죄를 되돌리실 것입니다. 하나님이 준비하신 마지막 날에 이스라엘의 죄는 사함을 받음과 동시에 인류의 죄성이 완전히 분리되고 처리되어 땅에서 제거될 것임을 대속죄일(욤키푸르)을 통해 미리 보여주십니다. 또한 죄의 속함은 피에 있음을 말씀하시며 생명의 근원인 피의 중요성을 17장을 통해 말씀하십니다.

하나님의 사랑과 자비로 죄가 덮어지는 은혜를 누린 하나님의 백성들은 반드시 구별된 삶을 살아야 합니다. 구별된 삶 즉, 거룩한 삶은 하나님께 가까이 나아감을 얻은 백성들이 하나님과의 교제를 유지하는 방법입니다. 하나님은 아브라함의 혈통적 후손으로서 먼저 부르심을 받고 하나님의 속죄의 은혜를 누린 이스라엘 백성들의 정체성이 거룩이라고 말씀하시며 그들이 많은 나라들 가운데서도 제사장 나라로써 특별히 높은 수준의 거룩을 지켜내도록 명령하십니다. 18-20장은 거룩한 백성을 위한 도덕법을, 21-22장은 제사장들에게 요구되는 성결의 조건들을, 23-25장은 거룩한 백성들이 지켜야 할 하나님의 시간인 절기(모아딤מוֹעֲדִים)와 안식년과 희년을 통해 시간뿐 아니라 하나님의 땅을 거룩하게 지켜내야 할 것을, 26장은 순종과 불순종을 통한 축복과 저주들을, 27장은 하나님께 서원한 사람들이 지켜야 할 약속을 말씀하십니다. 레위기 1-16장이 제사장들에게 맡겨진 코르반의 희생제사에 대해 나누고 있다면 레위기 17-27장은 레위인들이 이스라엘 백성들에게 가르쳐야 할 거룩한 삶의 길을 다루어 줍니다.

하나님은 왜 우리를 가까이 오도록 부르십니까? 우리는 왜 하나님께 가까이 나아가야 합니까? 하나님은 우리가 영원한 생명을 얻어 하나님 곁에서 영원히 살게 하시려고 창조하셨기 때문입니다. 우리는 생명을 가지고 있지만 여전히 죽음의 권세 아래 놓여 있습니다. 우리는 죽을 운명을 가진 존재입니다. 그러나 죽음은 본래 우리의 것이 아닙니다. 우리는 하나님과 영원한 생명을 누리며 살도록 창조된 존재입니다. 사탄이 우리를 죄에 빠지게 함으로 영원한 생명에서 죽음의 권세 아래로 우리를 묶어 놓으려 했지만, 하나님은 죄의 권세 아래에서 우리를 다시 영원한 생명으로 옮겨 놓기 위해 생명의 근원이신 그분께 가까이 오라고 부르십니다. 그리고 하나님께 가까이 올 수 있는 길을 먼저 열어 주셨습니다. 그리고 이 길은 코르반이신 예수 그리스도를 통해 완성되었습니다.

그러므로 형제들아 우리가 예수의 피를 힘입어 지성소에 들어갈
담대함을 얻었나니 그 길은 우리를 위하여 휘장 가운데로 열어 놓으신
새롭고 살아 있는 길이요 휘장은 곧 그의 육체니라 (히10:19-20)

오늘날 유대교에서도, 또 예수님이 사시던 그 시대에도 유대인들의 정규 말씀 교육은 5살 때부터 시작되는데 레위기(봐이크라וַיִּקְרָא)를 공부하는 것으로 시작합니다. 왜 그들은 다음 세대를 위한 말씀 교육을 흥미로운 역사 이야기보다도 어찌보면 어렵고 지루할 수 있는 봐이크라(וַיִּקְרָא레위기)부터 시작할까요? 봐이크라(וַיִּקְרָא레위기)에 하나님이 이들을 부르신 목적과 정체성이 담겨 있을 뿐 아니라 이것이 '레위와 맺은 나의' 언약의 핵심이기 때문입니다. 그리고 이것은 오늘날 믿음으로 하나님의 언약 백성이 된 우리 모두를 위한 부르심의 목적과 정체성이기도 합니다. 하나님이 우리를 부르신 이유는 우리를 하나님의 영역에 가까이 나아오게 하기 위해 그래서 항상 함께 있게 하기 위해서입니다. 그러므로 우리의 정체성은 하나님을 위해서 구별된 거룩한 백성입니다.

קְדֹשִׁים תִּהְיוּ כִּי קָדוֹשׁ אֲנִי יְהוָה אֱלֹהֵיכֶם

크도쉼 티히유 키 카도쉬 아니 아도나이 엘로헤이켐

너희는 거룩하여라 이는 나 여호와 너희 하나님이 거룩함이니라(레19:2)

하나님의 거룩하심과 영광 안으로 들어오도록 하기 위해 봐이크라(וַיִּקְרָא 레위기)를 통해 우리에게 길을 열어 보여주신 하나님의 마음의 중심에 더 가까이 다가갈 수 있기를, 또한 하나님의 백성으로서의 정체성인 '거룩'을 회복하고 '거룩한 삶'의 길을 깊이 깨닫고 살아낼 수 있기를 소망합니다.

2024년 3월 예루살렘에서 진리의 집

차
례

프롤로그 **봐이크라וַיִּקְרָא 그리고 그가 부르신 이유: 가까이 오라** 004p

토라 포션표 015p

레위기 주간 토라 포션
레위기 일일 토라 포션
절기 토라 포션
토라 기도문

24 주간 **봐이크라 וַיִּקְרָא - 그리고 그가 부르셨다** 023p

(DAY 1) 봐이크라, 그리고 그가 부르셨다/ 코르반, 하나님께 가까이 나아감을 얻음/ 안수/ 번제 (DAY 2) 새의 번제/ 소제 (DAY 3) 누룩을 넣지 말라/ 언약의 소금 (DAY 4) 화목제 (DAY 5) 속죄제 (DAY 6) 부지중에 범한 죄 (DAY 7) 속건제

25 주간 **짜브 צַו - 명령하라** 049p

(DAY 1) 코르반 올라, 다 태워 올려 드리는 예배를 위한 하나님의 명령 / 제물과 번제단/ 제사장의 소제 (DAY 2) 속죄제 제물-접촉하는 모든 자는 거룩할 것이며 (DAY 3) 샬롬의 제물/ 불부패성 (DAY 4) 제사장 모세/ 제사장 위임식의 기름부음과 예복과 관/ Peacemaker(화평케 하는 자) 아론의 기름부음 (DAY 5) (DAY 6) 위임식의 희생제사들 (DAY 7) 피뿌림

주제 #1 레위의 기도문

26
주간

쉐미니 שְׁמִינִי - 여덟째 073p

(DAY 1) 여덟째(8), 새로운 시작과 영원/ 거룩을 위한 격리의 시간/ 여호와의 영광이 너희에게 나타나리라 (DAY 2) 불 가운데 나타나신 하나님의 영광, 하나님의 영광의 본체이신 메시아 (DAY 3) 거룩한 불 VS 이상한 불 (DAY 4) 거제와 요제 (DAY 5) 다로쉬 다라쉬 (DAY 6) (DAY 7) 내 안에 무엇을 받아들일 것인가?

주제 #2 제사장의 축복
주제 #3 정한 음식과 부정한 음식에 대한 영적인 의미
주제 #4 멜기세덱은 누구인가?

27
주간

타즈리아 תַזְרִיעַ - 임신 099p

(DAY 1) 여인의 출산/ 여인의 후손/ 정결 예식 (DAY 2) (DAY 3) 피부의 나병 (DAY 4) 제사장의 판단 (DAY 5) (DAY 6) 감염과 격리/ 부패와 폐쇄 (DAY 7) 옷에 생긴 곰팡이

주제 #5 태어나서 정결의 과정을 거친 후 에덴-동산으로 들어가도록 예정된 인생

28
주간

메쪼라 מְצֹרָע - 감염된 자 117p

(DAY 1) 정결함을 위한 예배/ 미크베(정결예식)와 침례 (DAY 2) (DAY 3) 속건제, 속죄제, 번제 그리고 소제/ 병을 진단하는 제사장/ 기름으로 발려진 나병 환자 (DAY 4) 집에 생기는 곰팡이 (DAY 5) (DAY 6) (DAY 7) 유출

주제 #6 백향목, 홍색실, 우슬초의 의미

차
례

29
주간

아하레이 모트 אַחֲרֵי מוֹת – 죽은 후에 133p

(DAY 1) 두 아들이 죽은 후에/ 내가 구름 가운데서 (DAY 2) (DAY 3) 죄의 분리와 죄의 전가 (DAY 4) 음란하게 섬기던 숫염소 (DAY 5) 피를 먹지 말라 (DAY 6) (DAY 7) 몸의 정결과 땅의 정결

주제 #7 아사셀(아자젤 עזאזל)은 누구인가?

30
주간

크도쉼 קְדֹשִׁים – 거룩 153p

(DAY 1) 고유함과 독특함/ 거룩함의 두 가지 축 (부모 경외와 안식일)-첫째, 부모를 경외하라/ 둘째, 나의 안식을을 지키라 (DAY 2) 하나님 사랑, 이웃 사랑/ 구별됨과 섞임 (DAY 3) 포도나무와 가지들/ 점과 주술 (DAY 4) 나는 너희의 하나님 여호와 (DAY 5) (DAY 6) (DAY 7) 언약과 신부

31
주간

에모르 אֱמֹר – 말하라 175p

(DAY 1) 하나님의 거룩을 나타내는 제사장 (DAY 2) (DAY 3) 성물과 제물 (DAY 4) 여호와의 시간으로 / 샤밧, 최초의 모에드/ 유월절과 무교절, 죽음과 부활/ 초실절, 메시아의 부활/ 오순절, 마탄 토라와 성령 강림 (DAY 5) 로쉬 하샤나, 나팔절의 7가지 의미/ 욤 키푸르, 지상 재림의 날 (DAY 6) 수콧, 메시아닉 킹덤 (DAY 7) 등잔불과 진설하는 떡-성령과 말씀

주제 #8 에녹과 오순절의 관계 & 오순절과 예루살렘의 관계

32
주간

베하르 בְּהַר – 산에서 203p

(DAY 1) 땅의 샤밭, 안식년 **(DAY 2)** **(DAY 3)** 모든 것을 원상태로 돌리시는 희년의 은혜 **(DAY 4)** 게울라 **(DAY 5)** **(DAY 6)** 네 형제가 가난하게 되거든 **(DAY 7)** 이스라엘 자손은 나의 종들이 됨이라

33
주간

베후코타이 בְּחֻקֹּתַי – 나의 규례안에 219p

(DAY 1) 앞에 놓인 생명과 사망, 선과 악, 복과 저주 중 무엇을 선택할 것인가? **(DAY 2)** 하늘을 철과 같게 땅을 놋과 같게 **(DAY 3)** 땅이 황폐할 때 안식을 누리리라 **(DAY 4)** **(DAY 5)** **(DAY 6)** **(DAY 7)** 성막을 지키라

레위기를 나가며 – 레위와 맺은 나의 언약

부 록

누구나 쉽게 히브리어 읽기 237p

Torah Portion

토라 포션표

레위기 주간 토라 포션 Weekly Torah Portion

	주제	의미	파라샤	하프타라	브리트 하다샤	
					킹덤과 종말론적 관점	복음서 관점
24	봐이크라 וַיִּקְרָא	그리고 그가 부르셨다	레1:1 - 6:7	사43:21 - 44:23	히10:1 - 18	막6:14 - 29
25	짜브 צַו	명령하라	레6:8 - 8:36	렘7:21 - 8:3 렘9:23 - 24	히9:11 - 28	마9:13 - 25
26	쉐미니 שְּׁמִינִי	여덟째	레9:1 - 11:47	삼하6:1 - 7:17	히7:1 - 19	요11:47 - 56
27	타즈리아 תַזְרִיעַ	임신	레12:1 - 13:59	왕하4:42 - 5:19	눅7:18 - 35	눅22:1 - 13
28	메쪼라 מְּצֹרָע	감염된 자	레14:1 - 15:33	왕하7:3 - 20	마23:16- 24:2,30-31	마17:9-13
29	아하레이 모트 אַחֲרֵי מוֹת	죽은 후에	레16:1-18:30	암9:7 - 15(아) 겔22:1 - 16(스)	고전6:9 - 20	마15:10 - 20
30	크도쉼 קְדֹשִׁים	거룩	레19:1 - 20:27	겔22:1 - 16(아) 겔20:2 - 20(스)	마5:43 - 48	마12:28 - 34
31	에모르 אֱמֹר	말하라	레21:1 - 24:23	겔44:15 - 31	눅14:12 - 24	마26:59 - 66
32	베하르 בְּהַר	산에서	레25:1 - 26:2	렘32:6 - 27	눅4:16 - 21	눅4:14 - 22
33	베후코타이 בְּחֻקֹּתַי	나의 규례안에	레26:3 - 27:34	렘16:19 - 17:14	마22:1 - 14	마16:20 - 28

* 윤년이 아닌 해에는 타즈리아תַזְרִיעַ와 메쪼라מְּצֹרָע/ 아하레이 모트אַחֲרֵי מוֹת와 크도쉼קְדֹשִׁים / 베하르בְּהַר와 베후코타이בְּחֻקֹּתַי를 더블 포션으로 읽습니다.

**토라포션에서 하프타라는 스파라딤 유대인들과 아쉬케나지 유대인들이 읽는 본문이 조금씩 다릅니다. 그래서 스파라딤 유대인들의 본문 옆에는 (스)로, 아쉬케나지 유대인들의 본문 옆에는 (아)로 표기하였습니다.

레위기 일일 토라 포션 Daily Torah Portion

주간	주제	일 Day 1	월 Day 2	화 Day 3	수 Day 4	목 Day 5	금 Day 6	토 Day 7
24	봐이크라 וַיִּקְרָא	1:1 - 13	1:14 - 2:10	2:11 - 16	3:1 - 17	4:1 - 26	4:27 - 5:13	5:14 - 6:7
25	짜브 צַו	6:8 - 23	6:24 - 7:10	7:11 - 38	8:1 - 13	8:14 - 21	8:22 - 29	8:30 - 36
26	쉐미니 שְּׁמִינִי	9:1 - 14	9:15 - 24	10:1 - 11	10:12 - 15	10:16 - 20	11:1 - 38	11:39 - 47
27	타즈리아 תַזְרִיעַ	12:1 - 8	13:1 - 17	13:18 - 23	13:24 - 28	13:29 - 39	13:40 - 52	13:53 - 59
28	메쪼라 מְצֹרָע	14:1 - 9	14:10 - 20	14:21 - 32	14:33 - 57	15:1 - 15	15:16 - 18	15:19 - 33
29	아하레이 모트 אַחֲרֵי מוֹת	16:1 - 10	16:11 - 22	16:23 - 34	17:1 - 9	17:10 - 18:5	18:6 - 23	18:24 - 30
30	크도쉼 קְדֹשִׁים	19:1 - 14	19:15 - 22	19:23 - 32	19:33 - 37	20:1 - 9	20:10 - 21	20:22 - 27
31	에모르 אֱמֹר	21:1 - 24	22:1 - 16	22:17 - 33	23:1 - 22	23:23 - 32	23:33 - 44	24:1 - 23
32	베하르 בְּהַר	25:1 - 7	25:8 - 17	25:18 - 22	25:23 - 34	25:35 - 38	25:39 - 46	25:47 - 26:2
33	베후코타이 בְּחֻקֹּתַי	26:3 - 13	26:14 - 22	26:23 - 46	27:1 - 15	27:16 - 25	27:26 - 27	27:28 - 34

* 히브리적 관점에서 한 주간의 첫 날은 주일(Sunday)부터 시작입니다. 그래서 토라 포션을 읽고 묵상하실 때 주일(Sunday)을 주간의 첫 날로 시작하시면 됩니다. 하지만 이번 주간의 토라포션을 표시하는 날짜는 그 주간의 시작이 아닌 그 주간의 끝인 샤밭의 날짜로 표시됩니다. 예를 들어 "봐이크라 3월23일"은 6일 전인 3월17일 부터 3월23일까지 7일 동안 봐이크라 본문으로 주간 읽기를 한다는 의미입니다.

절기 토라 포션표

절기 토라 포션들은 중요한 절기들에 읽혀지는데 유월절과 장막절을 제외한 나머지 날들은 그 주간의 토라 포션과 함께 읽게 됩니다. 유월절과 장막절에는 절기 포션만 읽도록 되어 있습니다. 그 외의 특별한 주간들에 정해진 토라 포션 외에 더 읽도록 되어 있는 포션들도 있지만, 여기서는 절기 포션들만 소개하도록 하겠습니다.

	절기	파라샤	하프타라	브리트 하다샤
1	하누카 (봉헌)	민7:1-11	슥2:14-4:7 왕상7:40-50	요9:1-7 요10:22-39
2	부림 (제비뽑기)	출17:8-16	에스더 전체 시3:3	히11장 전체
3	페싹 (유월절)	출12:21-51 민28:16-25	수3:5-7, 5:2-15 수6:1, 27	요1:29-31 요10:14-18
4	샤부옽 (오순절)	출19:1-20:23 민28:26-31	겔1:1-28 겔3:12	요1:32-34 마3:11-17
5	로쉬 하샤나 (나팔절)	창21:1-34 민29:1-6	삼상1:1-2:10	살전4:13-18
6	욤 키푸르 (대속죄일)	레16:1-34 민29:7-11	사57:14-58:14	고후 5:10-21
7	수콧 (장막절)	레22:26-23:44 민29:12-16	슥14:1-24	계7:1-10
8	심핱 토라	신33-34 창1:1-2:3 민29:35-30:1	수1:1-18	마5:17-48
9	로쉬 호데쉬 (월삭, 초하루)	민28:9-15	사66:1-24	벧전2:4-10

* 로쉬 호데쉬(달의 첫 날)는 월삭이라는 뜻으로 그 달의 첫 날에 읽는 본문입니다.

토라 기도문

בָּרוּךְ אַתָּה אֲדוֹנָי אֱלֹהֵינוּ מֶלֶךְ הָעוֹלָם

바룩 아타 아도나이 엘로헤이누 멜렉 하올람

여호와 우리 하나님 온 우주의 왕이신 당신을 송축합니다

אֲשֶׁר קִדְּשָׁנוּ בְּמִצְוֹתָיו וְצִוָּנוּ לַעֲסוֹק בְּדִבְרֵי תוֹרָה

아쉐르 키드샤누 베미쯔보타브 붸찌바누 라아쏘크 베디브레이 토라

우리를 그 계명들로 거룩하게 구별하시고

토라의 말씀들에 빠져들라 명하신 당신은 복되십니다

אֲנִי יְהוָה אֱלֹהֵיכֶם

아니 아도나이 엘로헤이켐

나는 여호와 너희의 하나님이라(레11:44)

Torah Portion

레위기

ויקרא

VAYIKRA

봐이크라

24주간

וַיִּקְרָא

VAYIKRA

봐이크라
그리고 그가 부르셨다

파라샤 **레1:1-6:7**

하프타라 **사43:21-44:23**

브리트 하다샤 **히10:1-18 / 막6:14-29**

DAY 1 레1:1-13

봐이크라 וַיִּקְרָא, 그리고 그가 부르셨다

하나님은 광야의 떨기나무 가운데서 모세를 처음 부르셨으며(봐이크라 출3:4), 이스라엘 백성을 출이집트하여 광야로 데리고 나오신 뒤 시나이 산에서 모세를 부르셨고(봐이크라 출19:3), 시나이 산의 영광의 구름 가운데서 그를 부르셨습니다(봐이크라 출24:16). 광야의 떨기나무 가운데서, 시나이 산에서, 그리고 구름 가운데 계셨던 하나님은 이스라엘 백성과 혼인 언약을 맺으시고 그들과 함께 거하기 위한 집, 성막(미쉬칸)을 지으시고 친히 그 안으로 들어가셨습니다(출40:34-35).

처음 하나님이 모세를 떨기나무 가운데서 부르실 때 하나님은 모세의 이름을 "모세야, 모세야"라고 두 번 부르셨습니다. 성경에서 하나님이 이름을 두 번 부르시는 장면이 종종 등장하는데 아브라함이 손발이 뒤로 묶인 채 제단 나무 위에 올려진 이삭의 목에 칼을 데어 피를 쏟으려 하던 순간에 하나님은 아브라함의 이름을 두 번 부르셨고(창22:11), 아들 요셉이 있는 이집트로 내려가려던 야곱을 두 번 부르셨으며(창46:2), 성소를 지키던 어린 사무엘을 두 번 부르셨습니다(삼상3:10). 이와 같이 하나님이 이름을 두 번 부르실 때 그분은 낮은 음성으로 부드럽고 사랑스럽게, 또 온 몸을 에워싸는 음성으로 부르시며 가까이 찾아오십니다. 이름을 두 번 부르시며 가까이 찾아오시는 그분의 음성에는 깊은 사랑과 격려, 어여쁘게 여기심이 가득합니다.

하나님이 그들을 부르셨을 때 그들은 하나님의 현존 앞에서 두려워하였지만, 그런 그들을 향해 하나님은 사랑으로 한 번, 그리고 그들에게 주신 사명을 그들이 반드시 완수할 것이라 격려하심으로 또 한 번 부르셨습니다. 사도 바울이 아직은 복음의 원수로서 대적자로 서 있을 때 주님은 하늘 보좌로부터 친히 내려오셔서 그의 이름을 "사울아, 사울아"라고 두 번 부르셨습니다. 그 음성 역시 사도 바울을 복음의 사도로 세우시기 위해 그를 사랑하심으로, 그리고 그 사명을 잘 완수하도록 격려하시는 하나님의 부르심이었습니다. 하나님은 우리를 부르시고 무언가를 맡기실 때 그냥 맡기지 않으시고 당신의 사랑과 격려로 채워 주시는 자비의 하나님이십니다.

자신의 땅의 처소, 성막(미쉬칸)에서 모세를 부르시고 자신의 백성들을 하나님께 가까이 나아오도록 인도하라고 말씀하신 하나님, 다메섹으로 가는 길에 사울을 부르시고 열방의 민족들이 예슈아를 통해 구원받고 아버지께로 가까이 올 수 있도록 인도하라고 말씀하신 하나님이 우리를 사랑으로 부르시며 각자에게 주어진 분량과 역할을 끝까지 잘 완수하라고 격려하십니다.

코르반, 하나님께 가까이 나아감을 얻음

출이집트 제2년 아빕 월(니산 월) 1일 새해 첫날 모세는 여호와께서 시나이 산에서 보여주신 하늘 성전의 모형(타브닡תַּבְנִית)[1] 을 따라 땅에 하나님의 처소인 미쉬칸을 세웁니다. 여호와께서 모세에게 명하신 대로 미쉬칸을 만들고 나니 구름이 땅에 내려와 그 회막(오헬 모에드אֹהֶל מוֹעֵד)에 덮이고 여호와의 영광이 그 성막(미쉬칸מִשְׁכָּן)에 가득하게 되었습니다(출 40:34-35). 이제 하나님은 땅의 처소인 성막(미쉬칸)에 머물기 시작하셨고, 하나님이 머물기 시작한 성막(미쉬칸)에는 하나님의 영광과 임재로 가득 채워졌습니다. 성막(미쉬칸מִשְׁכָּן)이라고 표현할 때는 하나님께서 하늘에서 땅으로 내려와 정하신 처소로 들어가셔서 그 안에 사시기로(쇼켄שׁוֹכֵן) 작정하신 장막임을 강조하는 것이고, 회막(오헬 모에드אֹהֶל מוֹעֵד)이라고 표현할 때는 사람이 들어가서 그 안에서 하나님과 만나기 위해 정해진 장막임을 강조하는 것입니다.

구름이 회막에 덮이고 여호와의 영광이 성막에 충만하매 모세가 회막에 들어갈 수 없었으니 이는 구름이 회막 위에 덮이고 여호와의 영광이 성막에 충만함이었으며 (출40:34-35)

---

1 타브닡תַּבְנִית은 '건물을 짓고 세운다'라는 동사 바나בָּנָה에서 파생된 명사로 그 기본 의미는 원 건물의 구조와 똑같이 닮은 모형이나 모델을 뜻한다. 이는 원형의 건물과 똑같은 모양과 구조와 형태로 모형과 모델을 만들도록 설계도나 청사진을 주셨음을 의미한다. 하늘에 있는 것이 원형이고 그 원형에 따라 땅에서 만든 것은 원형을 닮은 모형과 모델이다.

그런데 한 가지 해결해야 할 문제가 생깁니다. 거룩하신 하나님의 쉐키나가 이 땅에 영광으로 내려와 이스라엘 백성들 가운데 거하시기 시작했고, 이스라엘 백성들은 하나님이 친히 머무시는 성막(미쉬칸)을 바라보면서 그분의 영광과 임재를 매순간 보고 느낄 수 있게 되었지만 사람들이 그분이 계신 곳으로 들어가 그분을 가까이에서 섬길 수는 없었다는 것입니다. 하나님과 대면하여 말하였다는 모세조차도 그 순간 영광의 임재가 너무 거룩하고 강력하여 들어갈 수가 없었습니다. 거룩한 하나님께 다가가기 위해서는 죄를 해결해야 할 방법이 필요했고, 하나님은 자신의 백성들이 하나님께 가까이 올 수 있도록 하기 위해 모세를 부르셨습니다(봐이크라וַיִּקְרָא).

하나님은 모세를 불러서 백성들이 하나님께 가까이 올 수 있도록 희생제물로 제사드리는 방법을 가르쳐 주십니다. 희생제물의 제사는 종류에 따라서 번제, 소제, 화목제, 속죄제, 속건제 다섯 가지로 분류되며, 희생제물을 올려드리는 방법에 따라서는 예물을 불로 태워드리는 화제, 예물을 들어 올려드리는 거제, 예물을 흔들어 드리는 요제, 예물 위에 독한 포도주를 부어드리는 전제 네 가지로 분류됩니다.

희생제물로 제사드리는 다섯 가지 방법 중 처음 세 가지인 번제, 소제, 화목제는 하나님께 향기로운 냄새라고 표현됩니다. 이 세 가지 제사는 하나님께 만족을 드리고 기쁨을 드리는 제사이기 때문입니다. 나머지 두 가지 제사인 속죄제와 속건제는 죄의 문제를 해결하기 위한 제사입니다. 다섯 가지 제사 모두 하나님께 가까이 나아올 수 있도록 하나님이 모세에게 가르쳐주신 제사들입니다.

너희 중에 누구든지 여호와께 예물(코르반קָרְבָּן)을 드리려거든(레1:2)

하나님은 이스라엘 백성을 향해 하나님께 가까이 나아오기 위해 예물을 드리라고 말씀하십니다. 예물이라고 번역된 히브리어 코르반קָרְבָּן은 카라브קָרַב라는 동사원형에서 파생된 단어로 카라브는 '서로 가까이 접근하여 가까워지다'는 뜻을 가지고 있습니다. 그런데 카라브קָרַב 동사를 강조형인 피엘 동사로 사용하면 키레브קֵירֵב라고 쓰이고 이는 '더 가까이 이끌어 데려오다'는 뜻이 되며, 이것의 수동 형태인 푸알동사 쿠라브קוּרַב는 '더 가까이 이끌림을 받고 데려와지다'는 뜻이 됩니다. 여기서 코르반קָרְבָּן이라는 의미가 나옵니다. 그러므로 코르반의 일차적 의미는 '하나님께 더 가까이 다가감을 얻음'이라는 의미이고, 코르반의 이차적인 의미는 사람이 하나님께 더 가까이 다가갈 수 있는 자격을 얻기 위해 하나님께 드리는 예물이라는 뜻이 됩니다. 이러한 의미들을 더해 레위기 1:2을 이해하면 다음과 같이 번역될 수 있습니다.

너희 중에 누구든지 여호와께 가까이, 더 깊이 나아오고자 하는 자는
희생예물(제물)을 통해서 나아오라 (레1:2,진리의 집 번역)

또한 같은 동사원형에서 파생된 명사 케레브קֶרֶב는 '더 가까워진 곳'이라는 의미에서 '내면, 안쪽'이라는 뜻입니다. 사람과 사람 사이의 관계를 생각해 볼 때, 거리를 두고 겉으로만 만나는 관계로 지내다가 서로 가까워지게 되면 가까워진 만큼 내면과 내면이 만나면서 친밀함과 안정감을 누리게 됩니다. 하지만 한편으로는 가까워질수록 서로의 내면이 부딪쳐 충돌이 일어나게 되는 일들이 발생하기도 합니다. 그래서 결국은 다투고 싸우게 되며, 이것이 개인이 아닌 민족이나 나라의 관계 안에서 일어나면 서로를 죽이기까지하는 전쟁이 일어나게 됩니다. 카라브קָרַב에서 파생된 또 다른 명사 크레브קְרָב는 '전쟁'이라는 뜻입니다. 서로의 내면과 본성에 충돌이 일어나 다투고 싸우게 되면 결국은 헤어져 거리를 두게 됩니다. 만약 서로 계속 가까이 있기로 결정한다면 둘 중에 누군가는 희생을 해야 계속 가까이 지낼 수 있습니다. 가까워지면서 일어나는 충돌과 내면의 싸움으로 인해 서로 상처를 받아서 더 멀어지느냐, 아니면 더 가까워지느냐는 누군가의 희생이 있느냐 없느냐에 따라서 다른 결과를 가지고 옵니다. 누군가가 희생하지 않으면 결코 더 가까워질 수 없습니다.

여기서 코르반의 세 번째 의미가 나옵니다. 바로 '희생'입니다. 서로 가까이 가게 되면 반드시 충돌이 있기 마련입니다. 둘 중에 한쪽이 손해를 봐야 더 가까워지는데 여기에도 두 가지 종류의 방법이 있습니다. 하나는 한쪽이 상대를 희생하게 하여서 즉, 상대방의 희생을 강요해서 서로 가까워지는 방법입니다. 이것은 두려움과 공포와 불안으로부터 시작되는 우상숭배의 특징입니다. 다른 하나는 한쪽이 스스로를 희생하여서 서로 가까워지는 방법입니다. 이 경우에는 더 사랑하는 자가 희생하게 되어있습니다. 인간은 죄로 인해 균형이 깨어지고 불완전해졌지만 그런 문제에도 불구하고 더 사랑하시는 하나님이 먼저 스스로 희생하심으로 대가를 지불하시고 우리를 가까이 품어 주셨습니다. 예슈아는 코르반으로써 세상 죄를 지고 가는 하나님의 어린 양이 되셔서 희생제물이 되어주셨습니다. 이것은 비교적 가치가 덜 한 쪽(인간)에서 희생하는 것이 아닌, 비교할 수 없을 만큼 가치가 있는 쪽(하나님)이 더 사랑하기 때문에 상대적으로 덜 가치있는 쪽을 대신해서 자신을 헐값에 파는 자발적 희

생이었습니다. 하나님께서 우리를 가까이 이끌어 주시기 위해서 수치와 멸시를 당하시면서까지 하나님의 존엄에 스스로 손해를 보셨습니다. 하나님께서 자신을 헐값에 팔아 희생하심으로 영원한 저주로 멀리 버려질 운명이었던 우리를 사셨습니다. 값을 지불하시고 되사시기 위한 희생제물, 코르반이 되심으로 우리는 하늘에 계신 영원하고 거룩한 하나님께 가까이 나아감을 얻었습니다.

하나님이 미쉬칸을 지으신 이유는 인간과 함께 거하시기 위함이었지만 인간은 여전히 하나님과 함께 거할 수 없는 본질적인 죄인이었고 모가 나고 비뚤어진 존재여서 하나님께 가까이 다가갈 수 없었습니다. 그래서 하나님은 인간이 하나님께 나아올 수 있는 길을 열어 주셨습니다. 그 방법이 코르반입니다. 성막(미쉬칸)의 완성 이후 모세를 부르시고 가장 먼저 가르쳐 주신 것이 '하나님께 가까이 나아오는 방법'이라는 사실을 통해 하나님이 얼마나 우리와 연합하기를 강렬히 원하시는지 알 수 있습니다. 레위기는 바로 이 코르반에 대한 이야기입니다. 언제나 우리가 아니라 그분이 먼저 손 내밀고 다가오십니다. 우리에게는 죄를 극복할 수 있는 방법도, 하나님과 깨어진 관계를 다시 회복할 수 있는 방법도 없습니다. 이것을 가장 잘 아시는 하나님께서 코르반이라는 방법을 먼저 제시해 주셨습니다. 성막(미쉬칸) 안에 이미 들어와 기다리고 계신 하나님께 가까이 나아감을 얻기(코르반)위해서, 그리고 친히 우리와 만나기 위해서 하나님이 우리를 봐이크라וַיִּקְרָא하셨습니다.

우리가 사랑함은 그가 먼저 우리를 사랑하셨음이라(요일4:19)

사랑은 여기 있으니 우리가 하나님을 사랑한 것이 아니요 오직 하나님이 우리를
사랑하사 우리 죄를 위하여 화목제로 그 아들을 보내셨음이니라(요일4:10)

안수 (쎄미카סְמִיכָה)

코르반(희생제물을 통해서 하나님께 가까이 나아감)의 첫 번째 순서는 회막 문에서 예배자가 손을 동물의 머리에 얹어 안수(세미카סְמִיכָה)하는 것입니다. 안수(세미카סְמִיכָה)할 때 안수하는 사람이 자신의 무게를 실어서 희생제물로 드려질 동물의 머리를 누르게 되는데, 이것은 안수를 통해 자신의 정체성을 그 동물에게 전가한다는 의미입니다. 사람이 희생제물이 될 동물의 머리 위에 그 손을 얹어 안수를 함으로써 정체성이 이양되는 순간 둘은 같은 존재로 여겨지게 됩니다. 이러한 안수의 원리는 여러가지 다른 상황 속에서도 사용되었습니다.

네가 레위 사람을 주 앞에 세우면
이스라엘 자손이 레위 사람에게 그들의 손을 얹을 것이다(민8:10 새번역)

모든 이스라엘 회중이 레위인들에게 안수함으로써 레위인들은 이스라엘의 모든 장자들로부터 장자의 정체성을 부여받고 아버지를 가까이에서 섬기는 장자의 역할을 위임받게 되었습니다. 레위인을 세울 때 안수하는 것은 죄의 전가를 위한 안수가 아니라 정체성의 전가를 통해서 역할과 의무가 전달되고 위임되는 경우입니다. 모세는 여호수아에게 안수하여 자신의 권위를 위임하였고, 엘리야는 엘리사에게 겉옷을 던져 엘리사가 그 옷을 취하게 하였는데 이 역시 권위의 위임을 의미합니다.

번제와 화목제에서 희생제물로 드려지는 수송아지의 머리 위에 안수를 하게 되면 그 수송아지와 예배자는 동일시됩니다. 그후 자신과 동일시된 그 수송아지를 예배자 자신이 직접 희생시키는 과정을 진행합니다. 먼저 자신과 동일시된 그 동물의 쏟아지는 피를 다 받습니다. 그후에 예배자가 그 받은 피를 제사장에게 주면 제사장이 그 피를 번제단 주위에 뿌립니다. 예배자는 계속해서 동물의 가죽을 벗기고 그후 몸을 둘로 나누어 벌려 놓고 내장을 꺼냅니다. 그러면 제사장이 그 전부를 번제단 위에 벌여 놓고 불로 태워(화제) 올려 드립니다.

코르반 없이 우리 스스로는 하나님께 가까이 갈 수 없고, 코르반이신 예수님을 통하지 않고서는 아무도 아버지께로 나아갈 자가 없습니다. 내가 예수님을 믿고 나 자신을 예수님께 의탁함으로써, 또한 세상 죄를 지고 가시는 하나님의 어린 양께 내 모든 죄를 맡기며 물에 잠기는 예식을 함으로써 나는 예수님과 동일시됩니다. 이것이 안수(쎄미카סְמִכָה)의 의미입니다. 내가 예수님과 동일시되어 내 모든 것을 짊어지신 예수님께서 십자가에서 희생당하시는 현장에 내 영이 시공을 초월하여 참여할 때, 예수님의 죽음은 나의 죽음이 되어 나도 예수님과 함께 십자가에 못 박힙니다. 그때 예수님의 죽음이 곧 나의 죽음이 되고, 예수님의 부활이 곧 나의 부활이 됩니다.

내가 그리스도와 함께 십자가에 못 박혔나니 그런즉 이제는 내가 산 것이 아니요
오직 내 안에 그리스도께서 사신 것이라 이제 내가 육체 가운데 사는 것은
나를 사랑하사 나를 위하여 자기 몸을 버리신
하나님의 아들을 믿는 믿음 안에서 사는 것이라 (갈2:20)

만일 우리가 그의 죽으심을 본받아 연합한 자가 되었으면
또한 그의 부활을 본받아 연합한 자가 되리라 (롬6:5)

번제 (코르반 올라קָרְבַּן עֹלָה)

하나님께 가까이 나아감을 얻기 위해 하나님이 가르쳐주신 첫 번째 코르반(희생제물의 제사)은 번제(코르반 올라קָרְבַּן עֹלָה)입니다. 번제라고 번역된 히브리어 올라עֹלָה는 '위로 올라가다, 하늘로 오르다'는 뜻으로, 연기가 제단에서부터 하늘로 올라가는 것을 의미합니다. 알렉산드리아에서 히브리어 성경을 최초로 헬라어로 번역한 성경인 70인역에서 유대 학자들은 올라עֹלָה를 '전부 태우다'는 의미로 홀로카우토마ὁλοκαύτωμα라고 번역했습니다. 이는 번제가 희생제물의 가죽을 제외한 전부를 다 태워 하나님께 향기로운 냄새로 올려드리는 제사라는 의미를 반영한 것입니다. 번제는 제사장이나 경배자들에게 나눠지는 몫이 없이 '전체를 온전히 다 태워 올려드리는 제사'를 의미합니다.

자신의 모든 인생을 자신을 위해서가 아니라 하나님과 하나님의 만족을 위해서 아낌없이 모두 다 기쁘게 불태워 올려드렸던 번제의 삶, 이것이 예슈아의 삶이었습니다. 나의 만족이 아닌 오직 하나님의 만족을 위해서 하늘 보좌를 향해 온전히 올려드리는 번제와 같은 예배가 여호와께 향기로운 냄새(soothing aroma)가 되는 예배입니다.

번제의 방법으로 드리는 코르반이 다른 제사와 구별되는 특별한 점은 번제는 매일 하루에 두 번 아침과 저녁에 번제단에 예물을 드려서 번제단의 불이 꺼지지 않도록 상번제(항상 드리는 번제, 올라 타미드עֹלָה תָּמִיד)로 올려드렸다는 것입니다. 상번제를 드릴 때 제사장들은 계속해서 코르반을 순번에 맞춰서 드렸고 그 분향하는 시간에 모든 백성들은 밖에서 성소를 향해 기도했습니다(눅1:9-10). 또한 상번제 때에는 번제와 함께 소제와 전제도 올려드렸습니다. 매일 저녁마다 번제가 드려지면 아침에 재만 남을 때까지 밤새도록 타올라 불씨가 꺼지지 않도록 제사장이 관리하였고, 오전에 다시 번제가 드려지면 낮 동안 계속 태워져 초저녁에 재만 남을 때까지 불씨가 꺼지지 않게 제사장이 관리하였습니다. 상번제는 하늘에서 내려온 불의 씨를 계속 관리하는 방법이기도 했습니다. 24시간 멈추지 않고 하늘에서 내려온 불씨로 화제가 드려지고 있는 번제단에서 소제가 드려지고 또 그 위에서 화목제가 드려지며 속죄제와 속건제도 드려지면서 매일 드리는 상번제는 나머지 다른 제사들의 기반이 되었습니다.

번제물을 갈라 각을 뜨고 머리와 기름과 내장과 정강이 그 전부를 제단 위에 벌여 놓고 불살라 화제로 드릴 때 번제(올라עֹלָה)의 연기와 냄새가 하늘로 올라갑니다. 이는 여호와께 향기로운 냄새로써 이 향기가 상승하여 점점 하늘의 영역으로 올라갈 때 우리의 영도 고양(高揚)됩니다. 즉, 우리의 영이 들어 올려지며 하늘의 영역으로 한 계단씩 상승되는 것입니다. 주님이 본을 보여주신 번제의 삶처럼 내 마음의 제단에 불이 꺼지지 않도록 항상 기도를 올려드릴 때 그 기도의 향은 하늘 보좌로 올라가게 되고, 기도의 향이 올라갈 때 내 영이 하늘로 고양(高揚)되면서 우리의 영은 하나님께 가까이 가게 됩니다. 예수님은 하나님이 받으시는 향기로운 제물, 코르반이 되어 주셔서 자신을 다 태워 번제로써 하나님께 올려드렸고 이것을 통해 우리가 하늘에 들어갈 수 있도록 길을 열어 주셨습니다. 우리도 그렇게 우리를 남김없이 다 태워 드릴 때 하나님께 가까이 가게됨으로써 하나님의 기쁨과 만족이 됩니다.

번제의 삶은 나의 만족이 전혀 없고 나에게 남는 어떤 유익이 전혀 없어도 하나님께 100% 완전히 다 올려 드리는 것입니다. 번제의 예배는 하나님의 만족과 기쁨을 위해서 아까워하지 않고 자원하는 마음으로 즐겁고 기쁘게 드리는 영적 예배입니다. 하나님께 전부 올려드리는 것의 기쁨, 하나님께 더 가까이 나아가게 되는 즐거움, 하늘 보좌에까지 높이 들려 올려지는 영의 상태의 행복, 예수님은 이러한 기쁨과 즐거움으로 충만하셨습니다. 이것이 하나됨의 즐거움이고 영원한 연합 즉, 영생의 기쁨입니다. 나는 지금 내 삶 전부를 코르반 올라의 삶으로 드리고 있습니까? 아니면 과거 어느 한 때 그런 기간이 있었던 것으로 만족하고 있습니까?

코르반은 하나님께 드리는 기도이자 하나님께 나아가는 예배입니다. 제2차 성전이 무너지고 나서 매일 드리던 코르반 올라를 할 수 없게 되자 유대교의 랍비들은 매일 하루에 세 번 기도를 올려 드리는 것으로 상번제를 대신하는 기도의 삶을 제정하였습니다. 저녁 기도는 올라(번제), 아침 기도는 민하(소제), 오후 기도는 샬람미(화목제)라고 부르며 세 가지 제사를 기도로 표현하도록 하였습니다.

유대교에 미크다쉬 아담מִקְדָּשׁ אָדָם(사람 성전)이라는 개념이 있습니다. 예슈아는 그분 자체가 성전이셨고(미크다쉬 아담, 사람 성전) 자신의 몸을 찢어 성전을 열어주심으로 예슈아를 믿는 자들은 성령이 거하시는 사람 성전이 되는 시대를 본격적으로 열어 주셨습니다. 그래서 우리도 예슈아와 같이 사람 성전이 되었습니다. 사람 성전인 내 안에서 매일의 번제로 하늘의 불을 유지하고 소제와 화목제와 속죄제와 속건제의 삶을 살면서 하늘에 속한 것이 끊임없이 내 안에 활성화되게 할 때 우리는 '레위와 맺은 나의 영원한 언약'[2] 을 이어갈 수 있게 됩니다. 그리고 우리는 생명과 평강의 약속을 이생에서와 내생에서 받아 누리게 됩니다. 이것은 하나님만을 위해 자신의 모든 것을 내어드린 자들(번제의 삶을 사는 자들)을 위해서 하나님께서 책임져 주시는 보상입니다.

DAY 2 레1:14-2:10

새의 번제

새의 번제를 드리는 경우는 가축 중에서 양이나 염소를 바치기 어려운 형편일 경우에 해당합니다(레5:7, 12:8). 하나님은 모든 사람들이 하나님께 가까이 나아오길 원하셨기 때문에 개인의 형편도 고려하셔서 작은 예물을 통해서도 하나님께 나아갈 수 있는 길을 열어주셨습니다. 하나님은 새 중에서도 특별히 산비둘기 혹은 집비둘기의 새끼로 번제를 드리라고 말씀하셨습니다. 비둘기는 아가서에서 신부를 예표하는 새입니다. 신랑을 바라보는 신부의 눈은 비둘기의 눈과 같고(아1:15, 4:1), 신랑을 사랑하는 신부가 발견하는 신랑의 눈도 시냇가의 비둘기처럼 아름답게 박혀있는 눈입니다(아5:12). 또한 지면에 꽃이 피고 새들이 노래할 때가 이르렀을 때 들리는 비둘기의 소리(아2:12)는 신랑의 오심을 노래하는 소리입니다. 유대 전승에서도 비둘기의 소리는 왕이신 메시아가 오는 소리라고 말합니다.[3]

예수님이 태어나시고 율법에 따라 처음 태어난 아들(장자)로서 하나님께 드려지기 위해 성전으로 갔을 때 가난했던 요셉과 마리아는 비둘기 두 마리로 제사를 올려드렸습니다(눅2:23-24). 비록 작은 예물이었지만 신랑이신 예슈아는 신부와 연합하기 위해 하늘에서 내려오셔서 인생에서의 첫 번제를 비둘기로 올려드렸습니다. 제물의 크고 작음이 아니라 삶

---

2 '레위와 맺은 나의 영원한 언약'은 '레위기를 나가며' 참조

3 【아가서 라바2:33】 "우리의 땅에서 들리는 비둘기의 소리"는 어떤 소리인가? 이것은 "좋은 소식을 전하는 자의 산을 넘는 발이 어찌 그리 아름다운가"라고 선포하는(사52:7) 메시아(기름부음 받은) 왕의 목소리이다.

을 온전히 하나님께 드리겠다는 헌신과 사랑으로 자신을 드릴 때 그것을 향기롭게 받으시는 하나님입니다. 내가 드릴 수 있는 것이 비둘기같이 작을지라도 온전히 내어드림으로 하나님을 향한 사랑을 올려드리는 번제의 삶을 살기를 소망하는 자들이 예슈아가 찾는 비둘기의 눈을 가진 신부일 것입니다. 하나님께 가까이 가기 원하는 열망을 가진 자들을 위해 보잘것 없는 예물로 올려드리는 예배도 향기로운 냄새로 받으시며(레1:17) 하나님께 가까이 가고자 하는 자들을 기쁘게 받아주시는 하나님의 선하심을 찬양합니다.

소제(코르반 민하קָרְבַּן מִנְחָה)

소제(코르반 민하)는 레위기의 5대 제사 중 동물의 피 흘림이 없이 곡식을 번제단 위에 불로 태워 향기로운 냄새로 하나님께 올려드리는 제사로 번제나 화목제와 함께 드려지는 제사입니다. 소제는 히브리어로 민하מִנְחָה라고 하는데 높으신 분에게 예의를 갖추고 정성을 다하여서 준비하여 드리는 선물, 혹은 예물을 의미합니다. 국가 단위에서 주고받는 예물이나 봉신국가가 종주국가에게 바치는 공물을 의미하기도 합니다(왕상 4:21). 소제(코르반 민하)는 직접 경작하지 않은 야생의 소산물들을 예물로 사용하는 것이 아닌 삶 속에서 수고하고 정성을 다한 경작물들 중에서도 가장 좋은 것으로 예의를 갖추고 올려드리는 예물이며, 그 분의 만족을 위해서 자원하여서 올려드리는 음식입니다.

소제를 드리기 위해서는 고운 밀가루와 기름과 유향을 정성껏 준비해야하는 과정이 필요합니다. 고운 밀가루를 준비하려면 오랜 기간 동안 충분히 건조시켜서 여러 차례의 맷돌질의 과정을 거쳐야 섬세하고 부드러운 가루가 됩니다. 미세한 가루가 되기까지는 반복해서 맷돌에 넣어 갈고 또 갈아야 합니다. 곡물 알갱이 그대로나 거친 가루로는 기름이 스며들지 않고 반죽이 잘 되지 않습니다. 곱게 갈린 가루가 되었을 때라야 기름을 부을 때 기름이 깊숙이 배이게 되고, 거기에 유향을 더하여서 번제단 위에 불살라질 때 여호와께서 흠향하시는 아름다운 향기로 올려드려지게 됩니다.

그러나 만일 곡식이 고운가루가 되기까지 갈려지지 않으면 기름과 섞을 때 잘 융화되지 않고 기름이 겉돌기만 합니다. 마찬 가지로 사람의 딱딱하고 모가 나고 거친 자아도 갈리고 또 갈려서 부드럽고 유순하게 되지 않으면 성령의 기름이 부어지더라도 그것이 잘 배이지 않아 향기를 내지 못합니다. 나의 자아가 얼만큼 부서지고 갈리는가에 따라 성령의 기름이 부어질 때 얼만큼 그것을 흡수하고 빨아들여 성령과 완전히 융화되는 사람이 될 수 있는가를 결정합니다. 고운 가루여야 기름과 유향이 잘 배여서 향기로운 제물이 될 수 있는 것처럼, 자아가 부서지고 잘 갈린 사람에게 성령의 기름이 부어질 때 아름다운 향기를 내는 사람이 될 수 있습니다. 우리 자신이 하나님이 기뻐하시는 거룩한 산 예물이 되기 위해서는 소제물처럼 곱게 갈리는 과정이 반드시 필요합니다.

향기롭다는 의미의 니호아흐(נִיחוֹחַ)는 '기쁘게 하는, 즐겁게 하는, 만족케 하는'이란 뜻입니다. 예배는 나를 만족시키는 것이 아니라 하나님을 만족하게 해드리는 것입니다. 하나님이 기뻐하시고 만족하실 때 하나님의 기쁨은 다시 나에게로 부어져 다른 사람에게로 흘러가게 됩니다. 결국 내가 하늘로 올려드린 예배의 향기는 다시 땅으로 내려와 사람들의 마음을 적시고 흡족하게 합니다. 예배의 이런 상호 작용을 통해 하나님과 내가, 나와 형제자매들이 함께 기쁨과 만족을 누리게 됩니다.

DAY 3 레2:11-16

누룩을 넣지 말라

소제물에는 누룩이나 꿀을 넣지 않도록 주의해야 했습니다. 누룩과 꿀은 모두 발효성이 있어 본질을 부풀리게 하는 것으로 하나님께 나아오기 위해 드리는 코르반에 부풀리거나 과장되게 하는 것을 인위적으로 추가하지 않아야 했습니다. 이것은 하나님께 드리는 코르반에 자기의 생각과 방법을 추가하지 말고, 더 크고 많아 보이게 하지도 말며, 있는 그대로 드려야 하는 것을 의미합니다. 발효의 과정을 일으키고 촉진시키는 누룩은 부패나 변질을 일으키는 것이며 그 발효성이 가지고 있는 확산력이라는 측면에서 죄성을 상징합니다.

이처럼 자기 삶의 열매로 하나님께 나아가 올려드리려는 순간조차도 원래 있는 것보다 더 부풀리려는 죄악된 인간의 술수가 포함되어 있지 않은지 스스로 살펴보아야 합니다. 하나님께 더 좋은 것을 드리기 위한 의도라고 말하지만 사실 인간의 만족을 위해 달콤한 자극의 요소를 추가한 것으로 하나님께 나아가는 것과 누룩을 넣어 부풀려 보이게 한 것으로 하나님께 나아가려는 것을 하나님은 기뻐하지 않으십니다.

누룩이나 꿀이 들어가있지 않은 소제물을 무교병(마짜)이라고 하는데, 무교병은 예수님의 몸을 의미합니다. 누룩이 들어있지 않은 무교병은 썩지 않는 빵으로 예수님의 부활과 영생을 예표하고, 거기에 기름과 유향을 더한 것은 기름부음 받으신 메시아의 향기로운 삶을 예표합니다. 예수님은 스스로를 생명의 빵이라고 하셨습니다(요6:35). 생명의 빵으로 오신 예수님의 태어남을 축하하기 위해 먼 동방에서 온 박사들은 예수님께 유향을 선물로 드렸습니다. 이것은 썩지 않는 빵이신 메시아의 삶이 향기되어 많은 사람에게 흘러가고 하나님을 만족하고 기쁘시게 할 것임을 예표합니다.

예수님은 유월절 세데르에서 제사장들이 소제물을 쪼개어 나눈 것처럼 무교병을 가져다가 그것을 쪼개어 제자들에게 나누셨습니다. 예수님은 쪼갠 무교병을 가지고 이것이 예수님의 몸이니 받아먹고 기념하라고 말씀하셨습니다(마26:26, 눅22:19). 제사장들은 소제물 중에서 기념할 것을 가져다가 제단 위에서 불살라 하나님께 향기로운 냄새가 되게 했습니다(레2:9). 그러므로 소제는 잘 갈아진 고운 가루처럼 아름다운 혼으로써 주님의 삶이 예물로 드려지셨고, 그 몸이 쪼개지셨으며, 자신의 생명을 나누셨음을 기념하는 예배입니다. 번제가 내 삶을 다 태워드려서 올려드리는 예배라면 소제는 나를 갈아서 겸손하게, 낮게, 깊이 드리는 아름답고 향기로운 예배입니다. 마리아는 예수님의 발에 엎드려 향유 옥합을 부어드렸고, 그 발을 자신의 눈물로 씻고 머리카락으로 닦았습니다. 그 향기가 온 공간을 가득 채웠습니다. 겸손하게 나를 완전히 낮추어서 하나님만 온전히 높여드리는 예배, 곧 경배를 올려드릴때 그 향기가 하나님을 만족하게 할 것입니다.

언약의 소금

하나님은 번제단 위에 올려놓은 모든 예물 즉, 희생제물이나 소제물에 소금을 치라고 명하셨습니다(레2:13). 누룩을 넣지 않은 것이나 소금을 치는 이유는 제물이 부패하지 않고 깨끗하게 보존되게 하기 위해서입니다. 부패하지 않고 깨끗하게 보존한다는 것은 영원성을 의미하며, 이런 의미에서 하나님은 제물에 소금을 치게 하였습니다. 또한 소금 언약을 통해 하나님과 우리가 변치않는 영원한 언약적 관계이며, 언약적 관계 안에서 서로를 향한 의무가 있다는 것을 말씀하셨습니다.

이스라엘 자손이 여호와께 거제로 드리는 모든 성물은 내가 영구한 몫의
음식으로 너와 네 자녀에게 주노니 이는 여호와 앞에
너와 네 후손에게 영원한 소금 언약이니라(민18:19)

이스라엘 하나님 여호와께서 소금 언약으로 이스라엘 나라를 영원히
다윗과 그의 자손에게 주신 것을 너희가 알 것 아니냐(대하13:5)

민수기 18:19의 소금 언약은 제사장과의 소금 언약이고, 역대하 13:5의 소금 언약은 다윗 왕과의 소금 언약입니다. 제사장과 왕은 모두 기름부음 받은 자들로 메시아와 함께 영원한 그의 나라에서 다스릴 자들입니다. 하나님이 우리와 소금 언약을 맺으셨다는 것은 우리가 기름부음 받은 왕과 제사장되어 영원히 그분의 나라에서 다스릴 자들이 될 것이라는 것을 예표합니다. 하나님이 우리와 맺으신 언약은 결코 부패하거나 변하지 않으며 영원할 것입니다.

DAY 4 레3:1-17

화목제 (제바아흐 쉘라밈זֶבַח שְׁלָמִים)

제바아흐זֶבַח는 동사 자바아흐זָבַח에서 파생된 명사인데 자바아흐זָבַח는 '생명 있는 존재를 죽이다'는 의미로 자바아흐에서 파생된 제바아흐זֶבַח는 소나 양 등을 도살하고 도축하는 행위를 의미합니다. 또한 같은 동사에서 파생된 미즈베아흐מִזְבֵּחַ는 소나 양을 도살, 도축하는 장소 즉, 희생제단을 의미합니다. 화목제의 쉘라밈שְׁלָמִים은 샬렘שָׁלֵם의 복수형태로 제바아흐 쉘라밈זֶבַח שְׁלָמִים은 '온전한 화평들을 위한 희생제사'라는 뜻이 됩니다. 화목제는 하나님과 사람 사이의 화목과 교통을 위해서 드리는 제사이며 더불어 제사에 참여한 자들도 서로 교제를 누리는 제사입니다. 화목제를 드리는 이유에 따라서 감사하여 드리는 감사제, 사랑을 더 표현하고 싶어서 자원하여 즐거운 헌신으로 드리는 자원제(또는 낙헌제), 하나님께 약속을 다짐하고 또 그 약속을 모두 이행했을 때 드리는 서원제로 구분됩니다.

화목제의 잔치에 참여하는 여러 참여자들이 있습니다. 첫째 참여자들은 제단 사면에 피를 뿌리고 하나님께 기름을 태워 드리면서 봉사한 제사장들입니다. 그들은 화목제물의 우편 뒷다리와 소제물의 각종 전병들을 거제로 들어 올려드렸다 내린 후 자신들의 음식으로 삼습니다(레7:32-34). 둘째 참여자들은 제사장의 무리입니다(레7:14). 그들은 화목제물의 요제로 드려진 가슴 부분을 받아서 자신들의 음식으로 삼습니다(레7:31). 셋째 참여자는 화목제를 드리는 자이고 넷째 참여자들은 제사에 함께 참여한 모든 깨끗하고 몸이 부정하지 않은 자들입니다(레7:19-21). 화목제물의 모든 기름 부위들은 하나님께 드려져 향기로운 냄새가 되고 하나님의 식물이 됩니다. 화목제의 잔치에 참여하는 다섯째 참여자는 하나님이십니다.

그는 우리 죄를 위한 화목 제물이니 우리만 위할 뿐 아니요
온 세상의 죄를 위하심이라(요일2:2)

예수님께서는 우리를 위한 화목제물이 되셨습니다. 하나님과 우리 사이에 온전한 화목을 이루셨고 우리가 그 온전한 화목을 누릴 수 있게 하셨습니다. 우리가 예수님으로 말미암아 하나님과 화목을 누릴 때 하나님과 관계가 바로 세워지게 되고(쩨뎈צֶדֶק) 우리는 우리의 형제들과도 많은 샬롬(쉘라밈שְׁלָמִים)을 누릴 수 있습니다. 하나님과 화목한 것은 그분과의 관계를 이야기하는 것입니다. 평안하고 안전한 상태뿐 아니라 하나님 안에서 그분의 충만하심과 그분의 성품을 누리는 것입니다. 이는 예수 그리스도로 말미암아 우리가 누리게 된 하나님의 선물입니다. 이로 인해 감사와 찬송이 우리 안에 넘치게 될 때, 이것은 하나님을 사랑하며 이웃을 사랑할 수 있는 힘이 됩니다.

화목제의 예물에서 특별한 것은 내장에 덮인 기름과 콩팥을 드리는 것입니다. 기름은 가장 좋고 풍부한 것을 의미하며, 콩팥은 감정과 마음의 자리라는 의미가 있습니다. 기름과 콩팥을 드리는 것은 나의 가장 좋은 것과 내 중심을 하나님 앞에 다 올려 드림으로 육과 혼의 영역을 넘어 영의 영역인 하늘의 보좌까지 나아가 그분과 깊은 교제를 누리고 친밀함을 누리는 것을 의미합니다. 하나님의 성품을 배우고 하나님의 충만하심을 누리게 되면 그 충만함으로 이웃과 사랑을 나누게 됩니다.

화목제의 제물은 번제물 위에서 불살라지며 소제도 함께 동반되어 드려집니다. 정성껏 준비한 잔치의 식탁에 모두 함께 모여서 높으신 분과 식탁 교제를 나누는 것은 하늘 잔치에 참여하는 특권과 즐거움을 생각하게 해줍니다. 화목제는 죄의 문제를 다루기 위하여 드리는 제사가 아니라 하나님과 사람과 함께 많은 평강(쉘라밈שְׁלָמִים)을 누리는 제사로써 축제와 잔치의 즐거움과 기쁨과 감사가 넘치는 제사입니다.

그러므로 우리가 믿음으로 의롭다 함을 받았으므로,
우리 주 예수 그리스도를 통하여 하나님과 화평을 누리는도다.
또한 그리스도로 말미암아 우리가 서 있는 이 은혜에 들어감을 믿음으로
얻었으며 하나님의 영광을 바라고 즐거워하느니라

(롬5:1-2)

DAY 5 레4:1-26

속죄제 (하따앝חַטָּאת)

다섯 가지 제사 중에서 직접적으로 죄의 문제와 관련된 제사는 속죄제와 속건제입니다. 누구든지 죄를 범하면 그 사람이 제물을 회막 앞으로 가지고 나와 제물의 머리에 먼저 안수한 채로 '내가 어떤 일에 대해, 혹은 사람에 대해 죄를 지어 잘못했습니다'라고 자백한 후에 그 사람이 그 제물을 여호와 앞에서 직접 잡습니다. 그러면 제사장이 그 피를 손가락으로 찍어 성소의 휘장 앞에서 일곱 번 뿌립니다. 그리고 그 피를 분향단 뿔에 바르고 나머지 모든 피를 전부 번제단 밑에 쏟고, 제물의 모든 기름과 관련된 부분은 번제단 위에서 불사르며, 제물의 가죽을 포함한 나머지 모든 부분은 진 바깥 재 버리는 곳인 정결한 곳으로 가져가서 그곳에서 나무 위에 놓고 불로 태웁니다. 피를 성소의 휘장에 뿌리고 분향단의 뿔에 바르는 것은 죄로부터 깨끗하게 되었음을 상징합니다.

속죄제는 제사장, 온 회중, 족장, 평민에 이르기까지 모든 하나님의 백성들이 죄를 범했을 때 드려야 하는 의무적인 제사입니다. 평민이 범죄했을 때는 흠 없는 암염소 혹은 흠 없는 어린 암양을 제물로, 족장은 숫염소를 제물로 그리고 온 회중이 범죄했을 때는 수송아지를 제물로 드려야 했습니다. 그런데 제사장이 범죄했을 때도 온 회중이 범죄했을 때처럼 수송아지를 드려야 했습니다. 이는 제사장 한 사람의 범죄를 온 회중이 범죄한 것과 같은 비중으로 다루셨음을 나타냅니다. 하나님은 제사장이 범죄하면 백성이 허물을 입게 된다고 말씀하십니다(레4:3). 이는 리더가 죄를 범하면 리더 한 사람 때문에 주변에 있는 사람들이 허물이 있게 되고 공동체에 죄의 문이 열리게 된다는 의미입니다. 그러므로 리더는 자신의

삶을 더 깨끗하고 바르게 해야 할 책임이 있으며 죄를 지었을 때는 더 깊이 회개해야 합니다.

죄, 하따חָטָא는 '과녁에서 벗어나다'는 뜻으로 하나님과 초점이 맞지 않는다는 의미입니다. 이와 반대되는 히브리어 단어 나혼נָכוֹן은 '정확하게 들어맞고 흔들리지 않는다'는 뜻입니다. 다윗 왕은 아둘람 굴에서 하나님을 찬양할 때 자신의 마음을 확정하고 확정하겠다고 고백했는데(시57:7) 이 때 쓰인 단어가 나혼입니다. 다윗은 나혼 리비נָכוֹן לִבִּי라고 고백하며 자신의 상황과 상처, 억울함에 집중해서 다른 사람을 미워하거나 하나님을 원망하지 않고 오직 하나님께만 자신의 마음을 두어서 죄를 짓지 않고 결코 흔들리지 않겠다는 결단을 올려드렸습니다. 죄는 하나님께 방향을 맞추지 못해서, 다시 말해 진리의 말씀에 방향을 맞추지 못했을 때 일어나게 되는 악한 생각과 마음, 그리고 행동입니다. 우리의 생각과 마음이 하나님과 그 말씀에 나혼되어 있으면 우리는 과녁에서 벗어나는 일 즉, 죄를 범하는 것으로부터 보호될 것입니다.

죄는 하나님과 우리 사이를 분리시킵니다. 죄가 하나님의 의(쩨덱)와 공도(미쉬파트)를 침범하고 위반하기 때문입니다. 의도적이든, 의도적이지 않든 죄는 하나님과 우리의 사귐과 교제, 관계에 장애가 됩니다(요일3:4). 속죄제는 죄로 인해 장애가 되고 끊어진 관계를 다시 회복하는 예배로 예수님은 우리의 속죄제물이 되어주셨습니다. 세례 요한은 예수님을 향해 세상의 모든 죄를 지고 가는 하나님의 어린 양이라고 말했고(요1:29), 어린 양이신 예수님은 많은 사람의 죄를 담당하시려고 단번에 드리신 바 되셨습니다(히9:28).

DAY 6 레4:27-5:13

부지중에 범한 죄

죄는 우리가 잘 알지 못해서 범한 것도 포함됩니다. 죄를 지었는데 그것이 죄인지 몰랐다고 하여 죄가 안되는 것이 아닙니다. 부지중에 범한 죄도 하나님과 우리의 사이를 막고 있으므로 반드시 해결되어야 합니다. 다른 사람에게 직접적인 상해나 피해가 가는 죄는 드러나기 때문에 죄라고 금방 인지하지만 직접적으로 드러나지 않는 죄에 대해서는 인지하지 못하고 넘어가는 경우가 많습니다. 그것에 해당되는 예가 바로 '말'입니다. 말은 우리의 생각과 마음을 반영하기 때문에 어떤 태도나 감정, 의도를 가지고 말을 했는가에 따라 칼과 창과 화살과 가시가 되어 죄가 될 수 있습니다.

토라는 입술로 함부로 맹세한 것(레5:4), 심지어 누군가 저주하는 소리를 듣고도 알려주지 않은 것도 죄라고 말합니다(레5:1). 내가 잘못 말한 것도 죄가 되고, 다른 사람이 잘못 말한 것을 듣고도 방치하는 것도 죄가 됩니다. 말은 흘러가는 것이기 때문에 사람들의 생각과 마음에 닿아서 영향력을 끼치기 때문입니다. 선한 말을 통한 선한 영향력이 아닌 악한 영향력이 되는 말은 죄가 됩니다. 그래서 하나님은 잘못된 말로 인해 허물이 발견되면 반드시 그것을 하나님께 가지고 나와 자복하라고 말씀하십니다. 그것이 죄라고 인지되는 순간 죄책감이 되기 때문입니다. 죄책감은 우리를 떳떳하지 못하게 하고, 스스로 떳떳하지 못한 순간 우리는 그것을 덮어버리거나 숨기려고 합니다. 마치 에덴 동산의 아담과 하와가 자신들의 벗음(수치)을 보고 부끄러워 무화과 나뭇잎으로 가리고, 하나님으로부터 숨어버렸던 것과 같습니다. 그런데 이렇게 덮어지고 숨겨진 죄가 쌓이면 하나님과 우리의 관계가 불편해지고 영적 감각이 둔해집니다. 그래서 하나님은 부지중에 범한 것이라도 그것이 죄로 인식되는 순간 죄책감에 휩싸이지 말고 바로 하나님 앞으로 가지고 나와 속죄제를 통해 해결하라고 말씀하십니다.

부지중에 범한 죄 중에 또 다른 한 가지는 시체나 부정한 것에 닿는 것입니다(레5:2). 부정한 것에 닿는 것 또한 어둠과 죽음의 영향력이 내 안에 들어온 것입니다. 빛과 생명이신 하나님 앞에 우리는 어둠과 죽음을 가지고 나아갈 수 없습니다. 말이나 어떤 것에 접촉하는 것은 영향력과 관계되어 있습니다. 우리가 어느 영향력 아래 있는가에 따라 생명과 죽음이 결정됩니다. 세상, 사탄의 영향력 아래 있는 것은 죽음이고, 하나님의 영향력 아래 있는 것은 생명입니다.

하나님은 모든 사람이 하나님의 영향력 아래에서 생명을 누리길 원하십니다. 그래서 가난한 자들이 양이나 염소로 속죄제물을 가지고 나오지 못할 것을 배려하셔서 비둘기 새끼로 속죄제물을 올려드림으로 죄의 문제를 가지고 나오도록 허락하셨고, 그것조차 어려운 자들에게는 곡식을 올려드리는 소제를 통해서라도 죄의 문제는 반드시 하나님 앞에 가지고 나오도록 하셨습니다. 다만 죄를 위한 소제에는 기름이나 유향을 붓지 말라고 명하셨습니다(레5:11). 하나님은 우리의 죄를 우리 자신보다도 더 신중하고 깊게 다루십니다. 죄로 인해 하나님과의 관계가 멀어지고 단절되는 것을 그분 스스로가 가장 안타까워하시며 마음아파하시기 때문입니다. 그래서 우리가 도저히 해결할 수 없는 죄의 문제를 자신이 스스로 지고라도 해결해 주시기 원하셨습니다. 그 모든 것의 이유는 사랑입니다.

우리가 아직 죄인 되었을 때에 그리스도께서 우리를 위하여 죽으심으로
하나님께서 우리에 대한 자기의 사랑을 확증하셨느니라(롬5:8)

DAY 7 레5:14-6:7

속건제 (아샴אָשָׁם)

속건제(아샴אָשָׁם)는 죄 중에서도 하나님께나 남에게 피해를 입혔을 때 드리는 속죄제사입니다. 속건제는 속죄제와 동일한 방법으로 제사 드리지만 배상하는 것이 추가됩니다. 속건제(아샴אָשָׁם)는 허물이라는 뜻의 아쉬마אַשְׁמָה와 같은 어근을 가지고 있습니다.

허물, 아쉬마אַשְׁמָה는 '죄책감guilty'이라는 뜻으로 스스로 떳떳하지 못한 것을 의미합니다. 죄책감이 자꾸 생기면 덮어 버리거나 아닌 척, 모르는 척하는 유혹이 생기고 죄, 하따חַטָּא를 덮기 위해 더 죄를 짓게 됩니다. 그러면 내 혼이 자꾸 상하고 망가지게 됩니다. 그러면서 로 나혼לֹא נָכוֹן(초점이 맞지 않게)하게 됩니다. 자꾸 핀트가 벗어나고 방향을 못 찾고 초점을 못 맞추는 것은 그 사람 안에 허물(아쉬마אַשְׁמָה)의 문제를 해결하지 않았기 때문입니다.

또한 허물(아쉬마אַשְׁמָה)은 누군가에게 피해를 입히는 것을 의미합니다. 어근이 되는 아샴אָשָׁם이라는 동사는 '건너서 밟고 침범하다'는 뜻입니다. 남에게 피해를 주고, 남의 감정을 해치고, 기분을 상하게 하고 불쾌감을 주는 것입니다. 내 안에 허물(아쉬마אַשְׁמָה)이 있으면 나를 상하게 하고 나를 죄 짓게도 하지만 남에게도 피해를 입히게 됩니다. 또한 남을 실족하게 합니다. 내 안에 죄의 찌꺼기와 영향력이 있으면 상대방의 스쳐 지나가는 말이나 행동에도 평범하게 반응하지 못하고 생각이 복잡해지고 지나치게 반응하게 됩니다. 이것이 허물입니다.

허물(아쉬마אַשְׁמָה)이 있을 때에는 자복(스스로 인정하고 고백하다)해야 합니다(레5:5). 변

명하고 거짓말하지 말아야 합니다. 더 나아가 다른 사람에게 금전적, 정신적 피해를 준 것에 대해서도 보상해야 합니다. 그래서 속건제는 하나님께도 자복할 뿐 아니라 피해를 입힌 상대에게도 용서를 구해야 하고 배상까지 했을 때 완성되는 제사입니다. 남에게 용서를 구하는 것 즉, 잘못을 시인하고 '미안하다'고 말하는 것이 배상의 첫 걸음입니다. 내 안에 허물을 방치한 채 너무 오래 두면 남에게 용서를 구하는 것조차 어려워지지만, 그럼에도 불구하고 입술로 용서를 구해 해결하면 나도 살고 상대방도 살게 되는 것입니다. 그래서 속건제가 아주 중요합니다. 예수님이 우리를 위해 대속하셨지만 나도 내가 해야 할 부분이 있는 것입니다.

나에게 분명 허물이 있고 이것이 다른 사람에게 피해가 되었는데 모르는 척하면서 '하나님께만 용서를 받았으면 되었다'고 하는 것은 속건제를 이해하지 못한 것이고 이것은 하나님도 기뻐하지 않으십니다. 예슈아는 하나님께 예물(코르반)을 드리다가도 형제에게 원망들을 만한 일이 생각나거든 예물(코르반)을 제단 앞에 두고 먼저 가서 형제와 화목하고 그 후에 와서 예물(코르반)을 드리라고 말씀하셨습니다(마5:23-24). 코르반은 하나님께 가까이 나아감을 얻게 하는 예물입니다. 하나님께 가까이 나아가기 위해 코르반을 가지고 왔는데 형제와 화목하지 않는다면 이것은 온전한 코르반이 될 수 없음을 예수님도 말씀하셨습니다. 속건제의 삶은 치러야 할 것은 정확하게 치르고 보상하도록 함으로써 어떤 허물(아쉬마 אַשְׁמָה)도 내 안에 남아있지 않게 하려는 하나님의 가르침입니다.

하프타라 사43:21-44:23

예배의 부흥

이사야 43:22에 '이스라엘 백성들이 하나님을 괴롭게 여겼다'고 합니다. 하나님은 번제나 제물로 괴롭게 하려한 것이 아닌데 백성들은 그것을 괴롭게 생각하며 하나님께 예배하지 않았다고 말씀하십니다. 하나님 앞에 나올 때에 예물을 가지고 오게 하시는 하나님의 마음과 목적은 우리를 하늘의 영역에 초대하셔서 하나님과 사귐이 있게 하려 하심입니다. 하나님과 사귐이 있게 하기 위해 거룩한 삶을 요구하셨고 하나님께 가까이 나아올 수 있는 길을 열어 주시기 위해 예물(코르반)이라는 것을 매개체로 삼으셨습니다. 그러나 이스라엘 백성들은 마음에 이 예물을 부담스러워했고 어느 순간 이 예물 때문에 하나님께 예배를 드리는 것조차 부담스러워했습니다.

우리는 왜 때로는 예배 자체를 부담으로 느끼는 것일까요? 우리로 거룩하게 하여 하나님과 만나고 그 친밀함 안으로 들어오게 하려는 하나님의 마음을 모르기 때문입니다. 예배의 목적은 우리를 거룩하게 하기 위함이고 그 도구가 바로 예물입니다. 예슈아는 자신을 희생제물로 단 한 번의 영원히 유효한 제사를 드리셔서(히10:12) 예슈아를 의지할 때 하늘 지성소 안으로 우리의 영이 언제든지 깊이 들어갈 수 있도록 길을 열어 놓으셨습니다. 레위기 1:3에서는 '예물을 여호와 앞에 기쁘게 받으시도록 드리라'고 말씀하십니다. 하나님의 마음을 생각하면 예물을 드리는 것이 부담스럽지 않은데 뭔가를 바쳐야 하고 드려야 하며 행해야 하는 그런 의무와 책임으로 종교의 영이 불어넣어지면 하나님께 드리는 우리의 마음이 부담스러워지게 되고, 그렇다고 행해야 할 것을 알면서도 하지 않으면 불편한 마음이 들기도 합니다. 그러나 이것은 하나님의 원래 의도가 아닙니다.

예물을 드리는 사람은 그가 드린 예물로 드려지는 제사들을 지켜만 보고 있지 않습니다. 자신이 제물을 준비해서 여호와 앞으로 가져오고 자신과 제물을 동일시하기 위해서 자신이 직접 그 제물의 머리에 안수합니다(레1:4). 그리고 안수하고 있는 상태에서 자신의 잘못과 자신의 죄를 구체적인 문장으로 자백합니다. 그후 자신과 동일시된 그 제물을 여호와 앞에서 본인이 직접 그 제물을 잡습니다(레1:5). 그리고 그 번제물의 가죽을 벗기고 몸을 가르고 내장들을 꺼내고 각을 뜹니다(레1:6). 이 모든 일은 제사장이 하는 것이 아니라 예물을 드리는 이가 직접 하는 것입니다. 하나님께 예배를 드린다는 것은 수동적인 자세로 하는 것이 아닙니다. 자신과 동일시된 제물의 가죽을 벗기고 각을 뜨듯이 자신의 잘못과 죄를 그 자아에서 벗기고 각을 뜨며 하나님께 나아가는 것입니다. 우리가 예수님의 피로 말미암아 하나님께 가까이 나아갈 수 있게 되었지만 몇 번의 체험으로 우리의 삶과 행실이 완전해지는 것은 아닙니다. 우리는 예수님의 보혈을 의지하며 계속해서 하나님 앞에서 내 안에 하나님으로부터 오지 않은 섞여있는 모든 것을 분리해내고 벗겨내고 구별하여 거룩함으로 나아가는 작업을 매일, 매번 예배 때마다 해야 합니다.

예배의 본래 의도와 본질을 생각할 때 진정한 예배의 회복이 있을 것입니다. 이 예배의 회복을 통해 부흥이 이루어질 것입니다. 레위기의 처음에 하나님이 모세를 부르신(봐이크라וַיִּקְרָא) 이유는 예배의 자리에서 하나님께 가까이 나아오도록 부르신 것이었습니다. 하나님께 가까이 다가가려면 희생제물을 통해 향기를 올려 드림으로 하나님의 마음을 기쁘시게 하고 흡족하게 하고 만족시키면서 하나님께 다가갈 수 있습니다. '난 너와 만나고 싶다' 이것이 예배의 핵심이고 그것을 위하여 '너를 성결하게 하겠다', '내 거룩함의 형상을 네 안에 더욱 회복시키시겠다'는 것이 예배의 본질이고 목적입니다. 그런데 이 예배와 예물의 본질과 목적을 알지 못하고 부가적인 것에 집중하기 시작하면 하나님의 마음이 가려지게 되고 그렇게 되면 종교적 의식에 지나지 않게 됩니다.

브리트 하다샤 히10:1-18 / 막6:14-29

하나님은 땅에 사는 우리가 하늘로 나아가고 하늘에 들어가는 방법을 제시해 주셨습니다. 영원히 죽지 않고 영원히 살수 있도록 제시하여 주신 방법이 코르반의 삶이며 거룩한 삶의 예배입니다. 이러한 삶을 완벽하게 살아내심으로 모델과 본보기가 되어주신 분이 예수님이십니다. 예수님은 희생제물과 예물로 자신의 몸을 바치셨고 번제와 속죄제로 자신의 몸을 드리셨습니다. 예수님은 우리가 아버지께 가까이 나아가게 해주시기 위해서 그렇게 하셨습니다. 예수님이 휘장을 찢으심으로(그의 육체를 찢으심으로) 우리는 성소에만 들어가도 지성소를 바라볼 수 있게 되었고 또한 우리는 지성소 안으로 들어갈 자격과 담대함도 가지게 되었습니다(히10:19-20).

히브리서 10:1의 한글 성경은 "율법은 장차 오는 좋은 것들의 그림자요 참 형상이 아니므로"라고 번역되어 있습니다. 이 본문에서 율법이라 번역한 노모스**νόμος**는 앞뒤 문맥을 통해서 볼 때 제사법을 언급하고 있는 것으로 이것을 다시 번역하면 다음과 같습니다.

> 제사법에는 장차 오게 될 좋은 것들의 그림자는 있으나 그것들의 형상 자체는 아니므로 해마다 반복해서 드리는 똑같은 희생제사로써는 하나님께로 나오는 사람들을 온전하케 할 수 없느니라 (히10:1, 진리의 집 번역)

이는 황소와 염소의 피가 죄들을 제거하는 것은 불가능하기 때문이니(히10:4), 그리스도께서 세상에 오실 때 창세 전부터 예비해 놓으신 몸을 입으시고(히10:5), 성경에 기록된 대로(히10:7) 그 몸을 단번에 드리심으로(히10:10) 영원히 유효한 제사를 마치시고(히10:12), 죄와 불법을 사면해 주셨으며(히10:18) 이것을 믿어 성결케된 자들을 위해 영원히 대가를 치르셨습니다(히10:14). 그 후 하늘 지성소로 들어가신 그리스도께서는 대제사장이 되셨으며(히8:4) 하나님 우편에 앉아 계시면서(히10:12) 우리를 위해서 중보하시며(롬8:34) 마지막 날에 자신의 원수들이 자신의 발 받침대가 되게 하실 때까지 기다리십니다(히10:13, 시11:1, 히1:13, 고전15:25).

우리가 하늘의 영역에 들어가 접근할 수 있도록 하나님께서 5대 제사를 허락하셨고, 이 제사의 실제는 예수님이십니다. 우리는 구약의 제사 제도를 읽고 연구하면서 그것을 문자 그대로 실천하지는 않습니다. 대신 우리는 그 원리를 우리의 삶에 적용시킴으로 더 풍성하게 예수님을 경험하고 하늘을 체험합니다. 토라에서 가르쳐 주신 제사를 땅에서 실행에 옮기는 것은 그림자와 같으며 모든 것의 실제는 예수 그리스도이십니다. 예수 그리스도를 통해서 제사 원리의 실체가 우리에게 경험되어집니다. 예수님께서 이미 행하여 놓으신 모든 일에 우리가 행해야 할 일은 우리의 믿음을 더하여 담대하게 성소로 나아가는 것이고 이로써 우리는 하나님께서 완성하신 새로운 길, 영생의 길에 참여할 수 있습니다. 그러므로 우리는 우리의 모든 헛된 우상들을 버리고 우리를 아낌없이 사랑하시고 용서하시는 하나님께 매일매일 마음과 뜻과 힘을 다하여 즐거이 나아가야 합니다.

히브리서 10:14은 "이것들을 사하셨은즉 다시 죄를 위하여 제사 드릴 것이 없느니라"라고 의역되어 있지만, 본문을 직역한다면 다음과 같이 이해되어집니다.

> 이제 이것들(죄와 불법)의 사면이 있는 곳에서는 더이상
> 죄로 인한 희생제사들이 필요없느니라(히10:14, 진리의 집 번역)

이것은 마치 로마서 8:1에서 사도 바울이 선포한 내용과 같습니다.

> 그러므로 이제 그리스도 예수 안에 있는 자에게는 결코 정죄함이 없나니
> 이는 그리스도 예수 안에 있는 생명의 성령의 법이 죄와 사망의 법에서
> 너를 해방하였음이라 (롬8:1)

봐이크라 주간의 말씀

1. 거룩한 하나님께 다가가기 위해서는 죄를 해결해야 할 방법이 필요했고, 하나님은 자신의 백성들이 하나님께 가까이 올 수 있도록 하기 위해 모세를 부르셨습니다.

2. 희생제물의 제사는 종류에 따라서 번제, 소제, 화목제, 속죄제, 속건제 다섯 가지로 분류되며, 희생제물을 올려드리는 방법에 따라서는 예물을 불로 태워드리는 화제, 예물을 들어 올려드리는 거제, 예물을 흔들어 드리는 요제, 예물 위에 독한 포도주를 부어드리는 전제와 같이 네 가지로 분류됩니다.

3. 코르반의 일차적 의미는 '하나님께 더 가까이 다가감을 얻음'이라는 의미이고, 이차적인 의미는 사람이 하나님께 더 가까이 다가가기 위해 하나님께 드리는 예물이라는 뜻입니다.

4. 만약 서로 계속 가까이 있기로 결정한다면 둘 중에 누군가는 희생을 해야 계속 가까이 지낼 수 있습니다. 가까워지면서 일어나는 충돌과 내면의 싸움으로 인해 서로 상처를 받아서 더 멀어지느냐, 아니면 더 가까워지느냐는 누군가의 희생이 있느냐 없느냐에 따라서 다른 결과를 가지고 옵니다. 누군가가 희생하지 않으면 결코 더 가까워질 수 없습니다. 여기서 코르반의 세 번째 의미가 나옵니다. 바로 '희생'입니다.

5. 미쉬칸의 완성 이후 모세를 부르시고 가장 먼저 가르쳐 주신 것이 '하나님께 가까이 나아오는 방법'이라는 것을 통해 하나님이 얼마나 우리와 연합하기를 강렬히 원하시는지 알 수 있습니다. 레위기는 바로 이 코르반에 대한 이야기입니다.

6. 안수(세미카סְמִכָה)를 할 때 안수하는 사람이 자신의 무게를 실어서 희생제물로 드려질 동물의 머리를 누르게 되는데, 이것은 안수를 통해 자신의 정체성을 그 동물에게 전가한다는 의미입니다.

7. 번제의 삶은 나의 만족이 전혀 없고 나에게 남는 어떤 유익이 전혀 없어도 하나님께 100% 완전히 다 올려 드리는 것입니다. 번제의 예배는 하나님의 만족과 기쁨을 위해서 아까워하지 않고 자원하는 마음으로 즐겁고 기쁘게 드리는 영적 예배입니다.

8. 하나님과 그의 백성의 관계에서 소제는 삶 속에서 수고와 노력의 결실들 중에서 최상의 것으로 예의를 갖추고 올려드리는 예물이며 그분의 만족을 위해서 자원하여서 하나님께 드리는 음식입니다.

9. 화목제의 쉘라밈שְׁלָמִים은 샬렘שָׁלֵם의 복수형태로 제바아흐 쉘라밈זֶבַח שְׁלָמִים은 '온전한 화평들을 위한 희생제사'라는 뜻입니다. 화목제는 하나님과 사람 사이의 화목과 교통을 위해서 드리는 제사이며 더불어 참여자들도 서로 교제를 누리는 제사입니다. 화목제는 죄의 문제를 다루기 위하여 드리는 제사가 아니라 하나님과 사람과 함께 많은 평강을 누리는 제사로써 축제와 잔치의 즐거움과 기쁨과 감사가 넘치는 제사입니다.

10. 속죄제는 제사장, 온 회중, 족장, 평민에 이르기까지 모든 하나님의 백성들이 죄를 범했을 때 드려야 하는 의무적인 제사입니다.

11. 속건제(아샴אָשָׁם)는 죄 중에서도 하나님께나 남에게 피해를 입혔을 때 드리게 되는 속죄 제사입니다. 속건제는 하나님께도 자복하고 피해를 입힌 상대에게도 용서를 구해야 하고 배상도 해야 하는 것입니다. 남에게 용서를 구하는 것 즉, 잘못을 시인하고 '미안하다'라고 말하는 것이 배상의 첫 걸음입니다.

봐이크라 주간의 선포

1. 우리를 하나님께 가까이 나아올 수 있도록 코르반이 되어주신 예수님의 사랑과 은혜에 감사합니다. 자격없는 우리의 힘이 아닌 예수아의 피로 정결함을 얻을 수 있는 길을 열어주심에 감사합니다. 나를 용납해주신 그 사랑이 내 형제를 용납해준다는 것을 잊은 채 정죄하였던 것을 회개합니다. 또한 교회가 이스라엘을 정죄하였던 것을 용서해 주옵소서. 모든 사람이, 그리고 온 이스라엘이 구원을 얻기까지 예슈아의 피로 덮어주시길 기도합니다.

2. 형제의 죄를 비판하는 것이 아니라 그 죄와 허물을 덮어줄 수 있는 예슈아의 사랑을 우리에게도 더하여 주소서. 그래서 사랑으로 인내할 수 있고 용서할 수 있도록 도와주소서.

3. 나의 삶의 헌신과 사랑을 주님께 쏟아부어 드시는 번제의 예배를, 나를 곱게 갈아서 향기롭게 올려드리는 소제의 예배를, 감사와 기쁨으로 올려드리는 화목제의 예배를 끊이지 않고 올려드리는 예배자 되게 하소서.

4. 나도 모르게 범한 죄가 생각날 때 죄책감에 눌리기 보다 정직하게 자복하는 마음, 인정하는 마음으로 하나님 앞과 사람 앞에서 나를 드러내고 용서를 구할 수 있는 용기를 더하여 주소서. 그렇게 빛 가운데서 자유하게 되는 삶을 살아가는 축복을 더하여 주소서.

5. 리더 한 사람의 죄는 온 회중의 죄와 같은 것이기에 리더로서 책임을 가지고 하나님 앞에 정직한 삶을 살 뿐 아니라, 죄를 지었을 때 그 죄를 인정하고 더 깊이 회개하는 리더들이 되게 하소서. 나라의 리더, 교회의 리더, 학교의 리더, 가정의 리더들에게 정직과 거룩의 삶이 회복되길 간절히 기도합니다.

25주간

צַו

TZAV

짜브, 명령하라

파라샤 **레6:8-8:36**

하프타라 **렘7:21-8:3 / 렘9:23-24**

브리트 하다샤 **히9:11-28 / 마9:13-25**

DAY 1 레6:8-23

코르반 올라קָרְבַּן עֹלָה, 다 태워 올려 드리는 예배를 위한 하나님의 명령

희생제사는 하나님이 예물을 받으시려는 것에 초점이 있는 것이 아니라 죄로 인해 하나님께 가까이 가지 못하는 우리가 하나님께 가까이 나아갈 수 있도록 길을 열어 주신 것에 있습니다. 하나님께 가까이 나아감으로 생명을 얻고 하늘에 속한 것을 맛보고 하나님과 화목함을 누리도록 하신 것이 희생제사의 목적입니다. 이 놀라운 은혜를 자신의 백성들에게 부어주시기 위해 하나님은 모세를 부르시고(봐이크라וַיִּקְרָא) 먼저는 5가지 희생제사를 통해 하나님께 가까이 나아오는 길을 가르쳐 주셨고, 다음으로는 제사들을 행할 때 반드시 지켜야 할 규례들을 명하셨습니다(짜브צַו). 특별히 이 규례들은 제사를 드리는 과정 가운데서 제사장들이 숙지해야 할 내용들을 명하신 것이었습니다. 하나님은 모세에게 말씀하셨고 모세를 통해 아론과 그의 아들들(제사장들에게)에게 제사의 규례들에 대해 말하도록 하셨습니다(레6:9,25).

희생제물을 하나도 남김없이 다 태워드려서 하나님께 올려드리는 번제(코르반 올라 קָרְבַּן עֹלָה)의 제사를 위해 하나님은 번제단의 불이 꺼지지 않게 할 것을 3번 반복하여 말씀하시며, 저녁 시간에 번제로 드렸던 제물이 그 다음 날 아침까지 있게 하여 제단의 불이 다음 날 아침까지 꺼지지 않게 하라고 명하십니다(레6:9-13). 번제단의 제물을 태우기 위해서만이 아니라 24시간 동안 번제단의 불자체가 꺼지지 않도록 하기 위한 것이었습니다. 왜 하나님은 이 불이 꺼지지 않도록 하라고 명하셨을까요? 이 불은 성막 완공 후 봉헌식 때 하늘에서 떨어진 불이었기 때문입니다. 하나님께 가까이 나아가기 위해 드려지는 희생제물을 태우는 불은 하늘의 불이어야 했습니다. 사람들이 만들어 놓은 불이 아닌 하늘에서 내려온 거룩한 불로써 하나님은 번제단과 희생제물까지 거룩하게 하셨습니다. 번제단과 분향단에서 쓰이는 모든 불은 하늘에서 내린 거룩한 불로만 사용하도록 하셨습니다.

거룩한 불이 임하여 우리에게 닿으면 그 불은 우리를 거룩하게 타오르게 합니다. 마치 메마른 떨기나무에 거룩한 불이 붙어 타오르지만 소멸하지 않고 그 가운데 임재하신 하나님을 볼 수 있게 했듯이, 하나님이 우리에게 거룩한 불을 내려주시면 우리가 아무리 메마른 상태라 하더라도 하나님의 임재는 우리와 함께 할 것이며 우리 안에서 타오르는 거룩한 불을 통해 우리는 하나님의 영광을 나타내는 자들이 될 것입니다. 하늘의 불은 땅에 내려온 하늘의 현현이고 하나님의 임재이며 영광입니다.

그래서 하나님은 하늘에서 보내주신 거룩한 불이 번제단에서 꺼지지 않게 하여 희생제물이 거룩한 불에 의해서만 태워지도록 명령하신 것이고, 이후 이 불은 수백년 동안 꺼지지 않게 지켜졌습니다. 거룩한 불이 꺼지지 않고 계속 유지되게 하기 위해 제사장들은 아침과 저녁으로 매일 드리는 상번제의 제사를 하나님께 올려드렸고, 제사를 드릴 때 희생제물을 남김없이 다 태워드림으로 하나님께 올려드려지는 향기로운 예배가 되게 하였습니다.

하나님은 다 태워드린 번제의 제사 이후 남은 재를 처리하기 위해 제사장에게 두 차례나 옷을 갈아 입고(레6:10-11) 재를 거룩한 곳에 가져다 버리라고 하셨습니다. 다 태우고 남은 재는 아무것도 아닌데 왜 하나님은 제사장의 옷을 두 번이나 갈아입게 하면서까지 번제로 드려지고 남은 재를 소중하게 다루도록 하셨을까요? 또한 왜 그 재를 거룩한 곳으로 가져다 버리라고 명령하셨을까요? 다른 어떤 제사 때도 제사장은 옷을 두 번이나 갈아 입진 않았습니다.

제사장은 세마포 긴 옷을 입고 세마포 속바지로 하체를 가리고
제단 위에서 불태운 번제의 재를 가져다가 제단 곁에 두고(레6:10)

그 옷을 벗고 다른 옷을 입고 그 재를
진영 바깥 정결한 곳으로 가져갈 것이요 (레6:11)

다 태우고 남게 된 재는 사람들의 눈에는 쓸모 없는 것이기에 그냥 버려집니다. 사람들은 재를 아무것도 아닌 것으로 여기지만 하나님은 번제단에서 하나님을 위해 태워지고 남은 재까지도 귀한 것으로 여기셨습니다. 번제는 하나님만을 위해서 사랑과 헌신을 다해 아낌없이 남기지 않고 모든 것을 다 태워드리는 예배이기 때문입니다. 거룩한 불이 꺼지지

않고 하나님께 올려드리는 향기로운 예배가 될 수 있도록 제사장들은 아침, 저녁으로 모든 것을 다 태워드리는 번제의 제사를 올려드렸고 하나님은 이 제사 자체도 귀하게 여기셨지만 번제를 드리기 위해 그들이 수고한 모든 헌신의 과정도 귀하게 보셨기 때문에 번제로 인해 다 태워 없어지고 마지막에 남은 재까지도 귀하게 평가하시고 소중하게 다루도록 하셨습니다.

코르반 올라קָרְבַּן עֹלָה, 번제의 제사는 자기의 생명을 다하여 모두 태워드리는 것이고 이 제사를 위해 드려진 희생예물의 절정은 죽음입니다. 그리스도는 자신의 생명과 전 인생을 온전한 번제로써 하나님께 드리심으로 우리의 본보기가 되어주시며 하나님께 향기로운 냄새가 되셨습니다. 향기로운 냄새로 번역된 히브리어 레아흐 니호아흐רֵיחַ נִיחוֹחַ 는 '마음을 진정시키고 위로하는 향기'라는 뜻입니다. 레아흐רֵיחַ는 '향기fragrance, 냄새scent, 아로마aroma'라는 뜻이며 니호아흐נִיחוֹחַ의 동사 원형인 누아흐נוּחַ는 '쉬다, 잠잠히 머물다'는 뜻입니다. 누아흐נוּחַ가 니호아흐נִיחוֹחַ가 되어 '고요하고 평온하게 하는, 진정시켜주는'이라는 뜻이 됩니다. 우리가 하나님을 위해 아낌없이 모든 것을 태워드리는 예배를 올려드릴 때 그 예배가 하나님의 마음을 고요하고 평온하게 하며 위로하는 향기가 되어 하늘 보좌에 퍼진다는 것을 하나님은 '향기로운 냄새'라고 표현하셨습니다. 하나님이 받으시는 것은 그저 예물을 태운 냄새가 아니라 예물을 통해 담긴 사랑과 헌신입니다. 그래서 예배는 종교 의식이 아니고 형식도 아닙니다. 하나님께 가까이 오도록 부르시고 길을 열어주신 예물(코르반)을 통해 우리의 사랑과 헌신, 중심을 담아 나아갈 때 그 예배는 하나님과 하늘을 위로하고 평온하게 하는 향기로운 냄새가 됩니다. 그리고 사랑과 헌신이 담긴 이 예물은 바로 우리 자신이 됩니다.

성도의 삶은 희생의 삶입니다. 자기의 생명을 산 제사로 드리다가 죽는 것입니다. 그리고 희생의 마지막 종착점은 재가 되는 것입니다. 다 타고 남은 재가 사람의 눈에는 아무것도 아닌 것이지만 하나님께는 거룩하고 귀하게 여겨졌던 것처럼 하나님은 하나님을 위해 다 태워드리는 성도의 삶을 귀하게 보시며 그 삶을 향기로운 냄새로 받으십니다. 그리고 그 남은 재까지도 귀하고 소중하게 여기십니다.

땅에 있는 성도들은 존귀한 자들이니
나의 모든 즐거움이 그들에게 있도다(시편16:3)
성도들의 죽음조차도 주님께서는 소중히 여기신다(시편116:15 새번역)

제물과 번제단

소제의 제사에서 중요한 것은 제물에 누룩을 넣지 않는 것입니다. 누룩을 넣지 않은 제물에 기름과 유향을 섞어서 태워 올려드림으로 하나님께 향기로운 냄새가 되게 하여 하나님의 마음을 만족시키는 예배가 소제입니다. 누룩은 부풀어 오르게 하는 것으로 신약성경에서 누룩은 악한 것들(고전5:6,8)과 악한 교리들을(마16:6,11-12) 의미합니다. 그래서 소제의 제물에는 어떤 것도 섞지 않고 오직 그 자체만으로 순수하게 하여 하나님께 드려지도록 했습니다.

속죄제와 속건제에서 제물은 지극히 거룩합니다. 이 제물로 제사를 드린 후에는 아론의 자손 제사장이 그 거룩한 제물을 취할 수 있었습니다. 화목제는 감사와 서원과 자원의 제사로서 화목제에 드려지는 제물은 성전으로 경배하러 온 경배자들이 성막 뜰에서 함께 나눠 먹었습니다. 그러나 부정한 자는 함께 참여할 수 없었습니다.

모든 제사를 통해 하나님께서 한결같이 말씀하신 것은 '제물은 거룩하다'는 것입니다(레6:17,25, 7:6). 제물(코르반)은 거룩하지 못한 우리가 거룩한 하나님께 나아갈 수 있도록 드려지는 것으로써 희생의 피로 말미암아 하나님과 우리를 연결하는 다리 역할을 할 뿐만 아니라 하나님의 마음을 기쁘게 해드리는 향입니다. 그래서 모든 제물은 거룩해야 합니다. 거룩한 제물을 드리는 이유는 하나님의 백성들이 완전히 하나님께 속하게 하기 위한 것입니다. 제물 자체에 하나님의 마음이 있으셨던 것이 아니라 그것을 통해 하나님이 자신의 백성과 연합하려고 하셨던 것이 본질입니다.

그래서 하나님은 모든 제사를 드린 후에 제물을 끝까지 거룩하게 다루라고 명하십니다(레6:26,27, 7:6,15). 제사는 거룩하게 드렸는데 후에 바쳐진 제물을 부정하게 다루거나 그 제물을 먹는 자들이 합당하지 못할 경우 앞에서 드렸던 제사의 모든 것이 더렵혀지고 오히려 가증한 것이 되어 하나님이 받으실 수 없는 제사가 될 수 있기 때문에 태도와 자세가 흐트러지지 않도록 끝까지 거룩하게 이어가라고 말씀하십니다. 그 이유는 제사가 사랑과 경배가 아닌 의무와 책임으로 흘러가서 제사의 본질이 흐트러지지 않도록 하기 위함입니다. 하나님은 제사를 드리는 우리들이 왜 제사를 드리고 있는지 끝까지 기억하여 그 거룩함을 삶에서도 이어가길 원하셨습니다. 하나님은 제사를 통해 자신의 백성들이 삶 속에서도 거룩하기를 원하셨기에 제사를 드리는 규례들을 명령하시고 이것에 대해 책임을 다하도록 가르치셨습니다.

많은 사람들이 예배를 드린 후에 삶의 자리에서 자기의 기준과 생각으로 살아가는 것을 봅니다. 예배와 삶이 이중적이 되며 거룩함으로 이어지지 않는 것은 하나님이 기뻐하시는 예배가 아닙니다. 예배 자체가 우리의 목적이 아닙니다. 예배를 통해 우리를 거룩하게 하시고 하나님과 연합하게 하는 것이 하나님의 목적입니다. 예배 후에 삶의 자리에서 우리의 부정함이나 합당치 못함이 앞서 드렸던 예배가 열납되느냐와 열납되지 않고 오히려 가증히 여기시게 되느냐를 결정하게 될 수 있다는 것을 명심해야 할 것입니다.

주님은 이런 마음을 예레미야 7:22-23을 통해 번제와 희생에 대한 하나님의 본질을 명확하게 하십니다.

> 내가 너희 조상들을 이집트 땅에서 인도하여 낸 날에, 내가 너희 조상들에게
> 말하고 그들에게 명한 것은 사실은 번제물들이나 희생제물에 대한 것이 아니었다.
> 내가 번제와 희생을 너희에게 가르쳤던 본질은 너희가 내 목소리를
> 들으라고 한 것이었다. 그리하면 나는 너희 하나님이 되겠고
> 너희는 내 백성이 되겠다고 한 것이다. 너희는 내가 명한 모든 길로 걸어가라
> 그리하면 너희가 잘되리라 하였다(렘7:22-23, 진리의 집 번역)

사도 바울은 우리 몸이 거룩한 산 제물이 되게 하라고 권면합니다(롬12:2). 우리 자신이 주님의 마음을 기쁘게 해 드리는 거룩한 제물이 될 때 하나님과 연합할 수 있기 때문입니다.

마태복음 23:19에서 예슈아는 "소경들이여, 어느 것이 크뇨 예물(제물)이냐, 예물(제물)을 거룩하게 하는 제단이냐"고 물으십니다. 제단은 하나님의 거룩한 불이 담겨 있는 곳입니다. 이 거룩한 불은 하늘의 영역에 속해있던 것으로 땅으로 던져져 땅에 하늘의 영역을 풀어 놓았습니다. 그래서 제물이 제단에 올려져 접촉하게 되는 순간 제물도 함께 거룩하게 되는 것입니다. 번제단은 예슈아의 십자가를 예표합니다. 십자가로 인해 우리는 우리를 부정하게 하는 모든 죄로부터 정결함을 받고 하나님께 나아감을 얻었습니다.

부정은 우리가 사망에 접촉했을 때 생깁니다. 그런데 아이러니하게도 주님이 죽으신 십자가는 우리를 다시 살리셨습니다. 이유는 그분의 죽으심으로 우리가 생명을 얻었기 때문입니다. 십자가가 세워진 골고다는 해골의 장소라는 뜻으로 죽음과 사망의 장소입니다. 그런데 그 곳에 십자가가 세워짐으로 그 장소에 모든 죄와 사망이 옮겨지면서 생명으로 바뀌는 거룩한 교환이 일어났습니다. 그러므로 십자가에 접촉하는 자는 생명을 얻게 됩니다.

마찬가지로 하나님은 번제단에서 희생제물이 피를 흘리며 죽음을 통해 하나님께 드려지지만 이 희생의 죽음을 통해 우리가 사망에서 생명으로 옮겨질 수 있음을 미리 알게 하셨습니다. 십자가가 죽음의 장소가 아니라 우리에게 영원한 생명을 얻게 하는 장소가 된 것처럼 번제단은 희생의 죽음이 드려지는 장소가 아니라 우리가 새로운 생명을 얻게 되는 장소로 만드셨기에 번제단을 거룩하게 하셨고 그 제단 위에 드려진 제물도 거룩하다고 하시는 것입니다. 예슈아는 우리의 번제단이자 또한 제단 위에 올려진 희생제물이셨습니다. 번제단과 제물이 거룩하듯이 예슈아는 거룩한 분이셨기에 그 몸에 닿기만 해도 병든 자가 나음을 얻었습니다.

부정한 것은 전염성이 있습니다. 부정한 생각, 감정, 행동, 말 등에 닿으면 우리의 몸과 혼도 그렇게 따라가는 것을 봅니다. 그런데 거룩에도 전염성이 있습니다. 번제단이신 예슈아의 십자가가 우리에게 닿으면 즉, 그 십자가의 영향력이 나의 삶에 더 크게 작용하면 나는 거룩해지고 생명으로 충만하게 됩니다. 또한 내가 주님의 십자가를 따르며 번제단에 오르고 나 자신의 삶 전체가 번제가 된다면 나에게 접촉하고 닿는 모든 이들이 생명으로 충만하게 될 것입니다. 우리의 삶이 예수님처럼 번제로 올려드려지게 되고 번제단에 올려지는 산 제물의 삶이 되는 것, 이것이 번제의 삶입니다.

> 그러므로 형제들아 내가 하나님의 모든 자비하심으로 너희를 권하노니 너희 몸을 하나님이 기뻐하시는 거룩한 산 제사로 드리라 이는 너희의 드릴 영적 예배니라 (롬12:1)

제사장의 소제

아론과 그의 아들들이 기름부음을 받는 날에 하나님은 그들에게 소제의 제사를 올려드리라 명하셨습니다(레6:13). 이 때 드려지는 소제는 상번제처럼 소제의 예물의 절반은 아침에, 절반은 저녁에 올려드리도록 했습니다. 또한 백성이 드리는 보통 소제의 경우 제사 이후 남겨진 곡식들은 제사장이 먹게 되어있었지만 제사장들의 소제의 예물은 온전히 불사르고 먹지 말라고 명령하셨습니다(레6:23).

제사장들이 올려드리는 소제는 매일 태워드리는 예배인 상번제와 같은 것이었습니다. 제사장은 상번제로 드리는 예물을 다 태워드릴 때 소제의 예물도 온전하게 태워드렸습니다. 아침과 저녁으로 양의 예물로 태워드리는 드리는 상번제가 온 백성을 위한 제사였다면, 제사장이 직접 가져온 소제의 예물로 상번제와 함께 올려드리는 예배는 제사장 자신을 위한 예배였습니다. 자신을 곱게 갈아서 하나님께 온전히 헌신하여 드리는 제사장의 소제의 예배는 예슈아께서 모범으로 보여주신 헌신과 같습니다. 예슈아는 자기 자신을 온전히 하나님께 바쳐드렸고, 이것은 곧 온 이스라엘과 열방을 위한 헌신이 되었습니다. 제사장의 소제는 자기 자신을 위해 올려드리는 예배였지만 그것이 곧 온 민족을 대표한 예배가 되었습니다. 마찬가지로 예배자의 헌신은 일차적으로는 자기 자신을 하나님께 올려드리는 것이면서 동시에 나라와 민족을 향한 헌신이 됩니다. 예배자가 매일 올려드려야 하는 예배는 온전히 다 태워드리는 예배(번제), 자신을 완전히 곱게 갈아서 올려드리는 예배(소제)가 되어야 합니다. 이런 예배는 하나님께 향기로운 냄새가 될 것입니다.

DAY 2 레6:24-7:10 / 브리트 하다샤 마9:13-25

속죄제 제물 - 접촉하는 모든 자는 거룩할 것이며

속죄제와 속건제는 죄를 대속하기 위한 제사로 두 가지 제사의 규례는 같습니다. 하나님은 속죄제와 속건제 제물로 드려진 고기를 지극히 거룩하다고 말씀하셨습니다(레6:25, 7:1). 속죄제 제물로 드려진 고기는 고기조차 거룩해서 그 고기에 접촉만 해도 거룩해집니다. 또한 제물로 드려질 때 피가 어떤 옷에든지 묻게 되면 그 피는 거룩한 곳에서 씻어야 합니다(레6:27). 또한 속죄제물과 속건제물로 드려진 고기는 제사장인 남자들만 먹을 수 있었는데 그 이유는 그 제물이 지극히 거룩하기 때문입니다(레6:29, 7:6). 그러나 단 하나, 제물의 피를 가지고 회막에 들어가서 성소를 깨끗하게 하기 위해 드려진 속죄제물의 고기는 온전히 불살라야 합니다(레6:30).

우리의 죄를 대속하기 위해 드려진 예슈아는 지극히 거룩하신 자신의 몸을 단번에 드리심으로 우리를 거룩하게 하셨습니다(히10:10). 그의 몸과 피에 닿기만 하여도 우리는 정결하게 됩니다. 혈루병 여인이 예슈아의 겉옷 가에 닿는 순간 여인의 부정함이 예슈아의 몸을 부정하게 한 것이 아니라 하늘의 생명이 여인에게로 들어가 여인의 몸을 치유하여 온전하게 했습니다. 혈루병 여인이 예슈아의 몸에 닿기만 하여도 내가 나으리라는 믿음을 가질 수 있었던 것은 거룩한 번제단에, 또한 거룩한 속죄제물의 고기에 닿기만 하여도 거룩해지는 것처럼 하늘에서 오신 거룩한 예슈아에 닿기만 하여도 자신이 온전해질 것이라는 믿음의 행동으로 이어졌을 것입니다. 예슈아의 옷자락 끝에 닿는 것은 곧 하늘의 영역에 닿는 것입니다. 그 끝에 살짝 닿기만 하여도 우리는 하늘의 영역으로 들어갈 것이고, 하늘의 생명이 우리 안으로 들어와 우리를 온전하게 할 것입니다. '닿기만 하여도'라는 믿음이 우리 안에 있기를 소망합니다.

DAY 3 레7:11-38

샬롬의 제물

다른 제사들이 예슈아의 몸과 피, 그분 자체를 의미한다면 화목제(제바아흐 쉴라밈זֶבַח שְׁלָמִים)는 예슈아의 사역의 절정을 예표합니다. 화목제(샬롬의 제사)는 백성들과 하나님 사이를 하나로 이어주는 제사입니다. 예슈아는 아버지와 우리를 하나되게 하기 위해 이 땅에 오셨습니다. 미드라쉬 라바에서는 오직 샬롬이신 그분(메시아)만이 화목제를 올려드릴 수 있다고 말합니다.[4] 이 말은 샬롬의 왕이신 메시아만이 진정한 샬롬의 제사를 하나님께 올려드릴 수 있으며, 샬롬을 이루실 수 있다는 의미로 이미 유대인들은 그들의 조상들로부터 받은 토라를 통해 메시아가 샬롬의 사역을 하실 것이라는 것을 알고 있었다는 것을 볼 수 있습니다. 예슈아는 샬롬의 왕이신 메시아로서 오셨고, 다시 오실 때 완전한 샬롬을 온 우주에 충만하게 하실 것입니다.[5]

레위기 7장에서는 화목제의 규례를 가장 마지막에 가르쳐주고 있습니다. 또한 레위기

---

4 【레위기 라바9:8】
5 【이사야 9:7】 그 정사와 평강의 더함이 무궁하며

8장에서 제사장의 위임식을 위한 제사를 드릴 때도 화목제는 속죄제와 번제 다음으로 드려졌습니다. 제사의 순서에서 화목제가 마지막으로 드려지는 것은 마지막 날에 예슈아로 인해 하나님과 우리의 하나됨이 완성될 것이라는 것을 예표해 줍니다. 하나님은 사람이 하나님께 가까이 나아가 그분의 식탁에서 그분과의 사귐, 교제를 누리기 전에 반드시 해결되어야 할 죄와 장애들이 다뤄진 뒤에 화목제가 드려질 수 있게 하셨습니다. 속죄제는 흠없고 완전하며 무한하신 하나님 앞에서 우리의 죄성과 잘못된 자아로 인해 하나님께 나아가기에 우리가 얼마나 자격 없는 자들인지를 인정하게 합니다. 속죄제를 통해 하나님 앞에서 우리의 죄를 고백하고 하나님의 자비를 구한 뒤에는 번제를 통해 하나님께 우리 자신을 온전하게 내어드리는 제사를 올려드리게 됩니다. 이것은 나를 완전히 하나님께 굴복하겠다는 의미입니다. 죄를 인정하고 하나님께 완전히 굴복하여 나 자신을 드린 뒤에 우리는 비로소 하나님과의 화목을 누리는 사귐으로 들어갈 수 있습니다. 하나님은 속죄제와 번제 이후에 화목제를 올려드리도록 하심으로 거리낌 없이 하나님과의 교제를 누릴 수 있도록 하셨습니다.

화목제는 하나님과 우리 사이의 분열이 극복되고 하나님과의 사귐을 누리게 됨을 예표하는 평강(샬롬)의 예배입니다. 성경의 수많은 구절들은 하나님이 샬롬을 자신의 백성들에게 주실 것임을 말하고 있으며, 또한 샬롬이 가장 큰 축복이라는 것을 증언합니다.[6] 아론의 제사장 축복에서도 하나님은 자신의 백성들에게 샬롬을 주실 것을 마지막에 언급합니다(민6:24-26). 이 모든 것은 샬롬이 인류 역사 가운데, 그리고 이 땅에 이뤄질 모든 것의 절정이 될 것이라는 것을 보여줍니다.

> 샬롬은 이 세상에서 모든 것의 절정이 될 것이다. 우리가 어떻게 앞으로 오는 세상(올람 하바)에 샬롬이 이뤄질 것이라는 것을 알 수 있는가? 이사야 66:12은 여호와께서 평강을 강같이 주실 것이라 말하고, 지혜자들은 샬롬은 위대하며 기름부음 받은 왕이 오실 때 그는 오직 샬롬과 함께 오는 세상을 여실 것이라고 말한다. 이사야 52:7 또한 좋은 소식을 전하고, 샬롬을 공포하며, 복된 좋은 소식을 가져오며, 구원을 공포하는 자의 발이 어찌 그리 아름다운가라고 말하며 이런 자들이 시온을 향하여 네 하나님이 통치하신다고 선포할 것이라고 말한다 (레위기 라바9:9)

---

6 【시편 29:11】 여호와께서 자시 백성에게 힘을 주심시여 여호와께서 자기 백성에게 평강의 복을 주시리로다
【시편 34:14】 악을 버리고 선을 행하며 화평(샬롬)을 찾아 따를지어다

예슈아가 처음 오셨을 때 그분은 샬롬을 가져오지 않았습니다. 예슈아는 제자들을 향해 그가 샬롬보다는 오히려 칼을 가지고 왔다고 말씀하셨습니다(마10:34). 몇몇 유대 랍비들은 이 말씀을 들어서 예슈아가 메시아가 될 수 없는 이유라고 말하기도 합니다. 하지만, 이 말은 예슈아께서 다시 오셔서 완전한 샬롬을 이루시기 전까지는 이 땅에 진리로 인한 끊임없는 갈등과 전쟁이 있을 것을 말씀하신 것입니다. 평강(샬롬)의 왕이신 예슈아는 반드시 다시 오셔서 샬롬을 완성하실 것입니다.

불부패성

고린도전서 15:53에서 사도 바울은 육체 즉, 몸의 부활에 대해 "이 썩을 것이 반드시 썩지 아니할 것을 입겠고 이 죽은 것이 죽지 아니함을 입으리로다"라고 확신있게 말합니다. 현재 우리의 몸은 썩을 수 밖에 없는 것이지만 우리가 마지막 날에 부활할 때에는 반드시 썩지 아니할 몸으로 부활할 것입니다. 희생제사의 제물에 대한 규례는 사도 바울이 믿었던 썩어짐으로부터 썩지 아니함으로, 부패함으로부터 부패하지 않은 상태로 우리가 변형될 것이라는 것을 암시해줍니다.

그의 예물의 제물이 서원이나 자원하는 것이면 그 제물을 드린 날에 먹을 것이요
그 남은 것은 이튿날에도 먹되 그 제물의 고기가 셋째 날까지 남았으면
불사를지니 만일 그 화목제물의 고기를 셋째 날에 조금이라도 먹으면
그 제사는 기쁘게 받아들여지지 않을 것이라(레7:16-18)

화목제물을 드린 자들은 그 고기를 이튿날까지는 먹을 수 있었지만 셋째 날에는 반드시 불태워야 했습니다. 남겨진 고기는 셋째 날부터는 부패하기 시작하기 때문입니다. 하나님의 하늘 처소를 반영한 땅의 성소는 반드시 부패를 피해야 합니다. 비록 희생제사가 죽음을 요구하지만, 제물의 부패 과정은 용납하지 않습니다. 제물이 부패되기보다는 차라리 완전히 태워지는 것이 더 낫습니다. 성소는 불부패성을 상징하기 때문입니다. 그래서 모든 제물에 부패를 막는 소금을 뿌리도록 명하신 것입니다(레2:13). 희생제사와 성소는 영원한 생명 즉, 부패하지 않고 썩지 않는 생명을 상징하는 것으로 영원하신 하나님을 향한 예배와

장소가 되어야 합니다.

화목제물은 셋째 날의 메시아의 부활을 예표합니다. 주님은 셋째 날에 부활하셨습니다. 예슈아의 죽은 몸은 결코 부패하지 않았습니다. 주님의 부활로 인해 우리의 육체도 부패로부터 불부패성으로 완전히 변형될 수 있게 되었습니다. 멸망될 수 밖에 없었던 우리는 멸망하지 않을 존재, 영원한 존재로 변형될 것입니다.

> 이 썩을 것이 썩지 아니함을 입고 이 죽을 것이 죽지 아니함을 입을 때에는
> 사망을 삼키고 이기리라고 기록된 말씀이 이루어지리라 사망아 너의 승리가
> 어디 있느냐 사망아 네가 쏘는 것이 어디 있느냐 (고전15:54-55)

DAY 4 레8:1-13

제사장 모세

아론과 그의 아들들이 공식적으로 제사장이 되기 전에 모세는 하나님의 거룩한 회막에 들어가서 하나님의 음성을 듣고 하나님을 섬길 수 있는 유일한 사람이었습니다. 그는 희생제사를 준비하였고, 거룩한 향을 올려드렸으며, 모든 제사를 지휘했습니다. 이것은 그가 곧 제사장 직임을 수행한 제사장이었음을 의미합니다. 모세는 아론을 대제사장으로 임명하였고, 아론과 그의 자손들이 제사장 직임을 수행할 수 있도록 교육하였으며, 그들에게 기름을 부은 자로서 아론의 제사장 직임보다 더 높은 역할을 가지고 있었지만 그는 시나이 산 아래서 위임된 제사장들의 구성원에 속하지는 않았습니다.

모세가 제사장으로서 기름부음을 받지도 않았고 제사장도 아니었지만 제사장의 직임을 수행할 수 있었던 이유는 그가 레위 지파로서 레위의 증손자였고, 레위는 아담으로부터 시작된 제사장의 세대간 연결고리를 이미 이삭으로부터 전수받은 제사장이었기 때문입니다. 아담은 에덴-동산에서 추방되기 전 7년 동안 에덴-동산에서 제사장으로서 숙지해야 할

모든 것을 배우고 익히고 실습했었습니다.[7] 창세기 2:15의 '에덴-동산을 경작하며 지키게 하시고'에서 '경작하다'라고 번역된 히브리어 아바드עָבַד는 예배와 관련된 모든 일들을 하는 것을 의미합니다. 하나님을 섬기는 것과 관련된 모든 일에는 건축 노동(출1:14), 성막을 짓는 일(출35:24), 성전을 짓는 일(대하34:13), 세마포 짜는 일(대상4:21) 등과 같은 일들도 있지만, 특별히 제사를 드리는 것과 관련된 모든 섬기는 일들을 하는 것이 히브리어의 아바드עָבַד입니다. 물론 아바드עָבַד 안에 경작의 일과 농사의 일, 각종 향료를 경작하는 일들도 포함되어 있지만, 그 모든 것들도 결국은 제사를 섬기는 일에 필요한 경우라고 볼 수 있습니다.

에덴-동산에서부터 아담에게 전수되었던 제사장 직분과 관련된 모든 지식들은 셋에게 그리고 에녹에게, 또한 노아와 셈에게, 그리고 아브라함과 이삭에게까지 전달되었으며 이삭은 하나님의 뜻에 따라 레위에게 제사장 직분을 전수해주어 이후 레위의 자손들이 하나님을 섬기는 레위 사람 제사장들이 되었습니다.[8] 레위의 이름의 뜻은 '연합'입니다. 레위는 그 이름의 뜻대로 하나님과 연합된 자로서 하나님을 가까이에서 섬기는 제사장 가문이 됩니다.

모세와 아론은 레위의 증손자인 직계 후손으로서 '레위와 세운 나의 언약'[9]의 승계자였습니다. 특별히 모세는 거룩한 시나이 산에서 하나님과 얼굴과 얼굴을 마주했던 자 즉, 하나님과 직접 교제한 자로서 하나님과 특별한 친밀함을 누리던 자였습니다. 하나님과의 깊은 교제와 친밀함은 우리를 제사장이 되게 합니다. 하나님으로부터 하늘의 권위가 직접 우리에게 주어집니다. 하나님과의 친밀함은 일 년에 단 한 번만 지성소에 들어가는 것이 아닌 항상 그분의 임재 가운데 우리가 거할 수 있게 합니다. 하나님의 임재는 우리에게 밝히 보여주고, 깨닫게 하며, 알게 합니다. 하나님이 보여주신 것을 세상에 전달하고 보여주고 진리를 알게 하는 자, 이것이 제사장입니다. 하나님은 우리를 제사장으로 부르셨습니다.

너희는 택하신 족속이요 왕 같은 제사장들이요 거룩한 나라요 그의 소유가 된
백성이니 이는 너희를 어두운 데서 불러 내어 그의 기이한 빛에 들어가게
하신 이의 아름다운 덕을 선포하게 하려 하심이라(벧전2:9)

---

7 【희년서 3:15】 첫 번째 희년의 첫 이레에[1-7 A.M.] 아담과 그의 아내는 7년 동안 에덴-동산에 있으면서 예배의 일을 하며 그곳을 지켰다. 우리는 그에게 직무를 주었으며 예배의 일에 관련된 모든 것을 할 수 있도록 지도해 주었다

8 카이로 게니자와 쿰란 동굴에서 발견된 아람어 레위 문서 참조.

9 【말라기 2:5】 레위와 세운 나의 언약은 생명과 평강의 언약이라

제사장 위임식의 기름부음과 예복과 관

제사의 모든 규칙을 명하신 후, 이제 제사를 집례해야 할 아론과 그의 아들들을 위임하기 위해 모세는 회중을 회막문에 모이게 합니다(레8:4). 모든 회중이 보는 앞에서 모세는 아론과 그의 아들들을 씻기고 순서에 따라 하나씩 제사장의 모든 예복을 입히고 관을 씌우고 '여호와께 성결'이라고 쓰인 금 패를 관 위 전면에 붙입니다(레8:7-9). 이로써 모든 이들 앞에서 그들에게 구별된 제사장이라는 정체성과 권위를 부여합니다. 또한 기름부음에 쓰이는 기름을 성막의 모든 기구에 발라 거룩하게 합니다. 성막은 하나님이 거하실 처소이며 그 처소를 섬기는 제사장들도 하나님의 거룩함에 접촉하는 자들이기에 하나님은 모든 백성들이 보는 앞에서 성소의 모든 기구와 제사장들이 함께 거룩하게 구별되도록 하십니다.

제사장은 공무를 집행할 때 합당한 예복을 입어야 하나님을 섬기는 일을 할 수 있게 됩니다. 육안으로 보이는 예복과 관이 있는 것처럼 육안으로 보이지 않는 영적인 예복과 관도 있습니다. 바벨론에서 예루살렘으로 귀환한 대제사장 여호수아는 더러운 예복을 입고 있는 상태였습니다. 스가랴 선지자는 그의 이러한 예복의 상태로 인하여 사탄으로부터 공격받으며 참소받는 장면을 영적으로 바라봅니다. 여호와께서 천사에게 명하시니 천사가 그의 더러운 옷을 벗기고 주님께서는 그의 죄악을 제하여 버리시며 천사에게 명하여 그에게 아름다운 예복을 입히라 하십니다(슥3:4). 그때 스가랴 선지자는 정결한 관을 여호수아의 머리에 씌워 주시길 기도로 요청합니다(슥3:5).

누구든지 그리스도와 함께 그리스도 안에서 세례(침례) 받은 자는 그리스도를 옷으로 입은 사람이 됩니다. 그리스도로 옷 입는 것은 곳 그리스도로 싸여지는 것입니다. 하나님은 우리의 더러운 옷을 벗기고 몸을 맑은 물로 씻고 그리스도로 옷 입혀주심으로 그리스도의 의로 감싸주셔서 우리도 왕 같은 제사장으로 살아가기에 합당한 자가 되게 해주십니다. 그리고 우리의 손에 제사장의 직무를 맡겨주십니다.'위임하다'의 히브리어 표현은 말레 야드 מִלֵּא יָד 곧 '손을 가득 채워주다'는 뜻입니다. 하나님께서 우리에게 어떤 것을 맡겨주시면서 위임해주신다는 것은 곧 우리가 그 일을 감당할 수 있도록 우리의 손을 가득 채워주시는 것을 의미합니다.

누구든지 그리스도와 합하기 위하여 침례를 받은 자는
그리스도로 옷 입었느니라(갈3:27)

Peacemaker(화평케 하는 자) 아론의 기름부음

아론은 기름부음을 받고 모든 제사장들을 대표하는 대제사장이 되었습니다. 시편 133편은 아론의 기름부음을 형제의 연합 즉, 형제간의 샬롬과 비교하여 노래하고 있습니다. 유대 랍비들은 시편 133편이 아론의 기름부음을 기억하기 위해 불린 노래였을 것이라고 설명합니다. 대제사장 아론은 예배자들과 하나님 사이를 연결하는 자로서의 역할을 감당했을 뿐 아니라 형제들 사이의 분쟁을 해결하는 역할도 했습니다. 이것이 시편 133편에서 형제들의 연합이 아론에게 부어진 기름부음과 비교되어 불리는 이유입니다.

또한 아론의 기름부음은 헐몬의 이슬이 시온의 산들에 내림과 같습니다(시133:3). 시온의 산들은 예루살렘의 언덕들을 의미합니다. 헐몬 산과 시온 산은 거리적으로 약 200km나 멀리 떨어져 있습니다. 이슬은 헐몬의 풍성한 물 근원이 되어 헐몬 산을 가득 적셔주고, 또한 헐몬산 밑자락의 물 근원들에서 나오는 풍부한 물은 요단강으로 흘러내려가지 시온산으로 흘러올라가지 않습니다. 그럼에도 시편 기자가 헐몬산의 이슬이 시온의 산들 위에 내린다고 하며 두 장소가 서로 연결되어 있는 것으로 이해합니다.

눈에 보이는 물의 흐름이 있고 보이지 않는 곳에서 흐르는 생수의 흐름도 있습니다. 실제 물이 있고 영적으로 흐르는 물이 있습니다. 이스라엘 땅에서 헐몬 산은 물리적으로 가장 높은 산이며 시온 산은 영적으로 가장 높은 산입니다. 전혀 다른 두 산이 하늘에서 내리는 이슬로, 동일한 물 근원으로 적셔지며 서로 하나로 연결되어 있는 것처럼, 또한 아론의 기름부음(제사장적 기름부음)이 그렇게 전혀 다른 두 관계를 보이지 않게 연결시켜 하나되게 하는 샬롬(화평, 화목)의 사역을 하는 것을 시편 기자는 바라보고 있는 것입니다.

깊고 고요한 밤 기온이 가장 낮은 동트기 직전에 이슬이 맺힙니다. 곧이어 태양이 떠오르면 이슬은 빛을 머금은 영롱한 이슬이 되어 반짝입니다. 땅이 죽은 자를 내어놓는 부활도 이와 같습니다. 이슬은 죽은 자의 부활을 상징합니다.

> 주의 죽은 자들은 살아나고 그들의 시체들은 일어나리이다 티끌에 누운 자들아,
> 너희는 깨어 노래하라 주의 이슬은 빛난 이슬이니 땅이 죽은 자들을 내놓으리로다
> (사26:19)

이슬이 시온의 산들 위에 내리는 장면은 곧 예슈아의 재림 때 있을 첫째 부활의 장면을 그려줍니다. 빛나는 이슬 같이 나타난 자들이 시온 산들의 하늘을 덮고 내려올 그때 주님은 복을 명하십니다. 그 복은 곧 영생입니다.

DAY 5 레8:14-21 / DAY 6 레8:22-29

위임식의 희생제사들

제사장 직분의 위임에서 먼저는 제사장을 물로 몸을 씻기고 예복을 입히며 관을 씌우고 기름을 붓습니다. 그후에 아론과 그의 아들들을 위한 세 가지 제사를 드립니다.

먼저는 이들의 죄를 사할 속죄제를(레8:14), 다음은 이들의 삶을 다 태워 드릴 번제를(레8:18), 그리고 이들에게 모든 직무를 완전히 위임하는 위임의 제사를 드립니다(레8:22). 위임의 제사를 드릴 때 아론과 그의 아들들의 오른쪽 귀, 오른쪽 엄지 손가락, 오른쪽 발가락에 피를 바릅니다. 그들이 옳은 것을 듣고, 옳은 일을 행하고, 옳은 곳을 가도록 구별합니다. 제사장들은 하나님과 백성들의 사이를 이어주는 다리가 되도록 부름 받은 구별된 사람들입니다. 그러므로 이들의 귀와 손과 발은 늘 거룩해야 합니다. 제사장들은 바른 판단과 생각, 미쉬파트מִשְׁפָּט를 위해 하나님과의 쩨덱צֶדֶק이 온전해야 하고, 옳은 것을 듣고 옳은 말을 해야 합니다. 또한 제사장들은 옳은 일을 행하고 옳은 곳을 감으로써 백성들을 바른 방향으로 인도해야 합니다. 그래서 모세는 그들의 오른편에 피를 발라 정결하게 하여 거룩하게 구별합니다.

위임식의 제사가 끝나고 마지막으로 모세는 관유와 제단의 피를 가져다가 아론과 그의 아들들의 옷에 뿌림으로 그 옷을 거룩하게 합니다. 옷은 그들의 정체성이자 하나님이 주신 임무를 맡은 자들이라는 상징입니다. 제사장의 정체성은 하나님의 거룩함을 나타내는 자들이며 그들의 임무는 백성들의 죄의 문제를 대신하여 하나님 앞에 나아가 그 죄를 제단에 태우고 하나님과 백성들이 화목할 수 있도록 섬기는 것입니다. 그래서 하나님은 먼저 그들의 옷에 피를 뿌리심으로 그들의 죄를 덮으시고 거룩하게 하십니다. 그리고 나서 하나님은 피 뿌린 옷을 입은 대제사장 아론과 그의 아들들이 회막에서 칠일을 머물면서 하나님이 명령하신 것을 지키고 따르도록 하십니다. 이 칠일은 완전한 기간으로써 하나님의 명령이 무엇인지 철저하게 배우고 순종하기 위해, 또한 구별된 생각과 행동을 위해 제사장들이 하나님 앞에 깊이 머무는 시간을 보낼 수 있도록 하나님이 허락하신 시간이며 이들을 온전하게 하기 위한 시간입니다.

제사장의 귀와 손과 발은 제사장이 무엇을 듣고 행해야 하는가를 상징합니다. 우리가 예배자로, 제사장으로 부름 받았다면 세상과 하나님의 다리 역할이 되기 위해 철저하게 우리의 귀와 손과 발 즉, 우리가 듣는 것과 행하는 것을 바르게 하고 거룩하게 지켜야 합니다. 하나님이 다른 지파와는 달리 레위지파를 따로 세워서 '레위와 세운 나의 언약'을 주신 이유는 그들에게 다른 누구보다도 하나님을 더 경외하고 하나님 가까이에서 하나님의 이름을 두려워 떨며 섬기게 하며, 그들의 입에 진리의 토라가 항상 있어 불의함이 없게 하고, 그들이 화평과 정직한 중에서 하나님과 동행하며, 많은 사람을 돌이켜 죄악에서 떠나게 하려 함이었습니다(말2:4-7).

이를 위해 우리가 듣는 것은 하나님의 말씀과 음성이어야 하고, 우리가 섬기는 것은 하나님의 마음이 머무는 곳이어야 하며, 우리의 발은 언제나 하나님이 가라고 하시는 곳을 향해 움직여야 합니다. 하나님의 말씀과 그 음성을 듣고 하나님의 마음이 머무시는 곳을 섬기며 하나님이 가라고 하신 곳을 가기 위해 우리는 하나님 앞에서 먼저 깊이 머무는 시간을 충분히 가져야 합니다. 하나님 앞에서 머무는 시간이 없다면 우리는 하나님이 명하신 것이 무엇인지, 하나님이 가르쳐 주고 계신 것이 무엇인지 들을 수 없고 하나님이 원하시는 방향으로 움직일 수 없습니다. 하나님의 말씀과 가르침을 듣지 못하는 제사장은 백성들을 하나님께로 인도할 수 없습니다. 하나님 앞에 머물지 않는 예배자들과 사역자들은 세상으로부터 들은 것들이나 혹은 자기 스스로의 판단으로 성도들을 이끌려고 할 것이며 이것은 소경이 소경을 인도하는 것처럼 모두를 사망으로 이끌고 갈 것입니다. 그러므로 예배자와 사역자들은 날마다 무엇을 듣고 있으며 무엇을 행하고 있는지 체크해야 합니다. 이것은 하나님 앞에 깊이 머무는 시간동안 이뤄질 수 있습니다.

제사장의 입술은 지식을 간직하고 지켜야 하고 사람들이 그 입에서 토라를 찾고
구하게 되어야 할 것이니 이는 제사장은 만군의 여호와의 사자이기 때문이다
(말2:7 진리의 집 번역)

【주제 #1】 레위의 기도문

카이로 게니자와 쿰란 사본에서 발견된 '아람어 레위 문서'(쿰란에서 발견된 문서 중에서 가장 오래된 문서 중에 하나)에는 레위의 긴 기도문이 포함되어 있다. 그리스어 '레위의 유언' Athos 사본에서도 포함되어 있는 이 기도문이 4QTLevi와 대조해서 복원되었다. '레위와 세운 나의 언약'과 연관된 레위의 긴 기도문을 아래에 소개한다.

그리하여 나는 내 옷들을 세탁했고, 정결한 물로 그것들을 깨끗하게 했다. 나는 또한 흐르는 물로 온 몸을 씻었으며, 나는 모든 절차를 바르게 했다. 그리고 나는 내 눈과 내 얼굴을 하늘을 향해 들었고, 내 입을 열어 말하였다. 나는 내 손가락을 거룩한 하늘 성소를 향하여 진실되게 뻗으며 기도했다.

나의 주님, 모든 마음을 아시는 당신, 오직 당신만이 마음들의 생각들을 다 이해하십니다.
이제 내 자녀들이 나와 함께 있으니, 내게 모든 진리의 좁은 길들을 허락하소서.
나의 주님, 불의한 영과 악한 생각, 음행이 나로부터 멀어지게 하시고 거만함이 내게서 떨어져 나가게 하소서.
오 주님, 성령님, 나에게 계시하여 주소서. 모략과 지혜와 지식과 힘을 내게 허락하소서.
나로 당신이 기뻐하시는 것을 행하며 당신 앞에서 은총를 얻고, 당신의 말씀을 찬양하게 하소서. 주님, 그것은 당신 앞에서 기쁘고 선한 것입니다.
그리고 어떤 사탄도 나에게 권력을 행사하지 못하게 하시고 나로 당신의 길에서 벗어나게 하지 못하게 하소서. 나의 주님, 내게 자비를 베풀어주시고 내가 앞으로 나아가게 하시며, 내가 당신의 종이 되어 당신을 잘 섬기게 하소서. 그래서 당신의 평화의 벽이 나를 둘러싸고 당신의 능력의 피난처가 모든 악으로부터 나를 보호하게 하시기를 기도합니다.
그리하여 불법의 뿌리까지도 뽑아 버리셔서 불법을 하늘 아래에서 쓸어버리시고 지면에서 불법을 끝내소서. 오 주님, 제 마음을 모든 불순함으로부터 정결하게 하시고, 제 자신이 당신께 들어 올려지게 하소서.
그리고 당신의 얼굴을 당신의 종 야곱의 아들로부터 돌리지 마소서. 오 주님, 당신은 나의 아버지 아브라함과 나의 어머니 사라를 축복하셨으며 당신은 그들에게 영원히 복된 의인의 씨를 주시겠다고 말씀하셨나이다.
당신의 종 레위가 당신 곁에 가까이 있게 해 달라는 이 기도도 들어 주소서.
그리고 나로 당신의 말씀들 안에 동참하는 자 되게 하셔서 매순간 진리의 판단과 분별을 하게 하소서. 나와 내 자녀들이 모든 시대의 모든 세대 동안 그렇게 되게 하소서.
세상의 모든 날들이 지나는 동안 당신의 종의 자녀를 당신의 면전에서 제외시키지 마소서.

그리고 나는 잠잠하게 계속 기도하고 있었다.

레위의 이 진실된 회개와 헌신과 결단의 기도를 받으신 주님은 레위에게 하늘 방문을 허락하시고 천사의 안내로 주님의 보좌 앞에 이른 레위에게 주님은 "레위야, 내가 너에게 제사장 직분의 복들을 주었노라"고 선포하신다. 이 기도 후에 하나님께서는 레위와 언약을 맺으셨고 '레위와 맺은 이 언약'은 레위의 자손들에게 대대로 계속 이어졌다

DAY 7 레8:30-36

피뿌림

모세는 관유(어노인팅 오일)와 제단의 피를 가져다가 아론과 그의 아들들의 옷에 뿌렸습니다. 관유 즉, 거룩한 기름으로 뿌려진 것은 그들에게 하나님의 권위가 위임되었음을, 또한 제단의 피로써 뿌려짐을 받은 것은 그들이 제사장의 대속 사역의 한 부분을 감당하도록 부름 받았음을 의미합니다.

예슈아와 우리의 관계도 이와 같습니다. 예슈아는 기름부음 받으신 메시아입니다. 우리는 그와 똑같은 권위로 기름부음을 받지는 않았지만 그리스도의 기름부음을 함께 가진 자들로서 그리스도인(기름부음 받은 자)이 되었습니다. 요단강에서 예슈아에게 내려오셨던 성령은 그의 제자들에게도 동일하게 내려오셨습니다. 또한 예슈아가 흘리신 대속의 피는 우리에게 뿌려져 우리를 거룩하게 하였고 우리가 예슈아처럼 제사장적 직임을 수행할 수 있도록 하였습니다. 그의 피는 여전히 살아있고 효력이 있습니다. 예슈아의 피로써 우리는 그의 모든 것(고난와 영광)에 동참할 수 있는 자가 되었습니다. 예슈아의 피뿌림은 우리에게 고난도 통과할 수 있게 하고, 영광도 취할 수 있게 합니다.

아론과 그의 아들들의 제사장 위임식은 메시아닉 킹덤의 모습을 보여줍니다. 메시아

닉 킹덤에서 성전은 다시 세워질 것이며, 그곳에서 제사장 위임식은 다시 이뤄질 것입니다(겔44:11,14). 모든 열방에서 희생제물을 가지고 올라와 하나님의 집을 영화롭게 할 것입니다.

> 게달의 양 무리는 다 네게로 모일 것이요 느바욧의 숫양은 네게 공급되고 내 제단에 올라 기꺼이 받음이 되리니 내가 내 영광의 집을 영화롭게 하리라(사60:7)

하프타라 렘7:21-8:3, 렘9:23-24 / 브리트 하다샤 히9:11-28

예배의 본질과 예배의 삶

하나님은 제사와 예배가 그 본질이 섞이거나 더럽혀지지 않도록 제사의 질서를 잡아주시고 제사 후에 무엇을 해야 하는지를 성실하게 가르쳐 주시고 명령하셨지만 이스라엘은 그것을 지키지 못했습니다. 이들은 결국 하늘의 여왕을 위해 소제를 드리고 다른 신들을 위해 전제를 부음으로 하나님의 노를 일으킵니다(렘7:18). 하나님은 이스라엘 백성을 향하여 말씀하십니다.

> 내가 너희 조상들을 이집트 땅에서 인도하여 낸 날에, 내가 너희 조상들에게 말하고 그들에게 명한 것은 사실은 번제물들이나 희생제물에 대한 것이 아니었다. 내가 번제와 희생을 너희에게 가르쳤던 본질은 너희가 내 목소리를 들으라고 한 것이었다. 그리하면 나는 너희 하나님이 되겠고 너희는 내 백성이 되겠다고 한 것이다. 너희는 내가 명한 모든 길로 걸어가라 그리하면 너희가 잘되리라 하였다(렘7:22-23 진리의 집 번역)

> 그런데 이 뻣뻣하고 고집세고 교만한 사람들아! 힌놈의 골짜기에서 자기 자식들까지 불에 태워 몰렉에게 제물로 바치다니(렘7:31, 진리의 집 번역)

하나님이 우리에게 말씀하신 것은 번제와 희생 그 자체가 아니라 하나님의 음성을 들으라고 말씀하신 것이었습니다. 레위기 1~8장에 제사의 종류와 방법과 규칙들을 말씀하시고 명령하신 이유는 하나님 앞에 와서 지성소에서 하나님의 음성을 들으라고 하신 것입니다. 제사와 예배의 본질은 하나님의 음성을 듣는 것(샤마שָׁמַע)이며 순종하는 것(샤마שָׁמַע)입니다. 그래서 얼마만큼 예배를 잘 드리고 얼마만큼 예물을 많이 바쳤는지 그런 것들로 자랑하지 말고 하나님을 체험으로 아는 것으로 자랑하라고 말씀하십니다(렘9:23-24). 하나님이 정말 무엇을 말씀하시는지 알고자 한다면 예배의 본질을 회복해야 합니다.

레위기에서 가르치는 모든 제사는 하늘의 것들에 대한 모형입니다(히9:23). 예수님이 오셔서 자기 피를 흘리시고 단번에 희생제물이 되심으로 더 이상 피흘리는 희생제사의 방법이 없이도 실제이신 예슈아 하마쉬아흐(예수 그리스도)를 통해서 직접 하늘의 영역에, 하나님께 나아오도록 하셨습니다. 이것이 복음입니다. 그러나 출애굽기와 레위기의 본문에서 성막과 제사장과 희생제사와 관련된 모든 세세한 것들은 폐기처분된 것이 아니라 여전히 우리에게 영적으로 적용되는 지침들이 되며 우리로 하여금 완전하신 예수 그리스도의 실체를 더 풍성하고 깊게 체험하며 알아갈 수 있게 하는 토라(하늘에서 내려온 가르침)로써 유효합니다.

> 내가 토라나 예언서를 폐하러 온 줄로 생각하지 말라 폐하러 온 것이 아니요
> 완전하게 하려 함이라 진실로 너희에게 이르노니 천지가 없어지기 전에는 율법의
> 일점 일획도 결코 없어지지 아니하고 다 이루리라(마5:17-18)

그러므로 레위기에서 말씀하시는 예배의 본질(하나님의 음성을 들음)을 회복하고 하나님을 체험으로 알아가는 일에 힘쓰는 것이 오늘날 왕 같은 제사장으로 부름받은 우리들이 드려야 할 삶의 예배입니다.

하나님이 기뻐하시는 예배는 비본질적인 요소에 마음을 빼앗기는 예배가 아니라 영과 진리로, 우리의 모든 것을 거룩한 산 제물로 코르반 올라, 하늘을 향해서는 다 태워 올려드리는 예배이고, 땅에서는 재만 남는 예배입니다. 이런 예배는 향기가 되어 하나님의 마음을 감동케 합니다. 이 향기는 하나님의 마음을 만족케하는 것입니다. 하나님은 이 모든 예배의 향기를 받으신다고 하셨습니다.

> …여호와께 향기로운 냄새니라(레1:17,2:2,9,12,3:5,16)

번제는 모든 것을 다 태워드리는 제사입니다. 그런데 단 하나, 번제의 가죽은 태우지 않습니다. 가죽은 제사장에게 줍니다(레7:8). 가죽은 옷입니다. 옷은 우리 몸을 덮어주는 것이고, 보호하여 잘 지켜주는 역할을 합니다. 로마서 13:14과 갈라디아서 3:27에서는 '그리스도로 옷 입으라'고 말씀하십니다. 영적인 옷 즉, 그리스도의 옷은 나의 나체, 벗겨진 것, 허물과 수치와 부끄러움을 덮어줍니다. 이것은 그리스도를 체험하는 것입니다. 다 올려드리고 태워드리는 번제의 예배를 드리고 나면 그 제물은 땅의 제단 위에는 재로 남고 또한 남겨진 가죽은 제사장에게 돌려지게 됩니다. 제사장에게 돌려진 제물의 가죽은 그리스도로 옷 입는 것을 예표합니다. 그분의 의로 옷 입혀지고, 그분의 의로 보호가 되므로 사단이 아무리 정죄, 참소, 공격한다 할지라도 더 이상 넘어지지 않게 됩니다. 창세기 3장에서 하나님은 에덴에서 아담과 하와를 쫓아내실 때 가죽옷을 입혀서 보내심으로 어설프게 무화과 나뭇잎으로 자기를 가렸던 그들의 허물을 덮고 보호해 주셨습니다. 하나님은 진노 중에도 사랑과 보호를 잊지 않으셨습니다.

번제의 삶을 살기만 해도 하늘로부터 떨어지는 불이 우리 삶의 악한 것을 태워 거룩하게 하고(소멸하는 불consuming fire), 그 불을 유지함으로 또 다른 이들에게 생명을 전달할 수 있습니다. 또한 의로 옷 입고 그리스도의 사랑과 보호를 한없이 받아 누리게 되고 악한 영의 공격과 정죄로부터 자유하게 됩니다. 이것이 하나님이 우리에게 원하시는 번제의 삶입니다.

예배의 삶을 위해 드리는 기도

주님, 우리는 움직이는 성전 mobile temple입니다. 레위기 말씀의 모든 예배의 모습이 우리 삶의 실체가 되어서 각양 각색의 예배로 다 올려 드려지게 하옵소서. 그래서 우리가 산 제물의 삶을 살아 낼 수 있게 하여 주옵소서. 그리고 이 모든 삶을 통해 우리도 예슈아처럼 다른 사람을 거룩하게 하는 번제단이 되게 하옵소서. 닿는 자마다 새롭게 되고 접촉하는 자마다 치유케 되며 생명을 얻게 될 것입니다. 우리도 예슈아의 삶을 본받아 이 모든 토라의 일점 일획도 떨어지지 않게 하고 모든 토라의 말씀을 순종하게 하소서. 토라에 순종하는 나의 삶을 통해 온 우주 역사가 완성되게 하시며, 온 인류 역사가 최종 완결 상태로 들어가게 하는 일에 한 부분을 잘 감당하게 하여 주소서.

짜브 주간의 말씀

1. 하나님께 가까이 나아가기 위해 드려지는 희생제물을 태우는 불은 거룩한 불이어야 했습니다. 사람들이 만들어 놓은 불이 아닌 하늘에서 내려온 거룩한 불로써 하나님은 번제단과 희생제물까지 거룩하게 하셨습니다.

2. 코르반 올라קָרְבַּן עֹלָה, 번제의 제사는 자기의 생명을 다하여 모두 태워드리는 것이고 이 제사를 위해 드려진 희생예물의 절정은 죽음입니다. 그리스도는 자신의 생명과 전 인생을 온전한 번제로써 하나님께 드리심으로 우리의 본보기가 되어 주시며 하나님께는 향기로운 냄새가 되셨습니다.

3. 성도의 삶은 희생의 삶입니다. 매일 자기의 생명을 산 제사로 드리다가 죽는 것입니다. 그리고 희생의 마지막 종착점은 재가 되는 것입니다. 다 타고 남은 재가 사람의 눈에는 아무것도 아닌 것이지만 하나님께는 거룩하고 귀하게 여겨졌던 것처럼 하나님은 하나님을 위해 다 태워드리는 성도의 삶을 귀하게 보시며 향기로운 냄새로 받으십니다. 그리고 그 남은 재까지도 더 귀하고 소중하게 여기십니다.

4. 제물이 거룩해야 하는 이유는 제물을 드리는 하나님의 백성들이 완전히 하나님께 속하게 하기 위한 것입니다. 제물 자체에 하나님의 마음이 있으셨던 것이 아니라 그것을 통해 하나님이 자신의 백성과 연합하려고 하셨던 것이 제물이 거룩해야 하는 것의 본질입니다.

5. 화목제는 메시아의 사역의 절정을 예표하면서 그리스도를 통해서 우리가 하나님과 더불어 화목(샬롬)을 누릴 수 있다는 것을 보여주는 제사입니다.

6. 주님의 부활로 인해 우리의 육체도 부패로부터 불부패성으로 완전히 변형될 수 있게 되었습니다. 멸망될 수 밖에 없었던 우리는 멸망하지 않을 존재, 영원한 존재로 변형될 것입니다.

7. 하나님과의 깊은 교제와 친밀함은 우리를 제사장이 되게 합니다. 하나님으로부터 하늘의 권위가 직접 우리에게 주어집니다. 하나님과의 친밀함은 일 년에 단 한 번만 지성소에 들어가는 것이 아닌 항상 그분의 임재 가운데 우리가 거할 수 있게 합니다.

8. 예슈아의 피로써 우리는 그의 모든 것(고난와 영광)에 동참할 수 있는 자가 되었습니다. 예슈아의 피뿌림은 우리에게 고난도 통과할 수 있게 하고, 영광도 취할 수 있게 합니다.

9. 번제의 예배의 삶을 살기만 해도 하늘로부터 떨어지는 불이 우리 삶의 악한 것을 태워 거룩하게 하고(소멸하는 불consuming fire), 그 불을 유지함으로 또 다른 이들에게 생명을 전달할 수 있습니다. 또한 의로 옷 입고 그리스도의 사랑과 보호를 한없이 받아 누리게 되고 악한 영의 공격과 정죄로부터 자유하게 됩니다. 이것이 하나님이 우리에게 원하시는 번제의 삶입니다.

짜브 주간의 선포

1. 하늘의 거룩한 불이 내게 임하여 나의 삶이 거룩함으로 온전하게 드려질 수 있게 하소서.

2. 완전하게 태워드리는 번제의 삶은 우리를 죽음으로 이끌어 가는 고난처럼 보이지만 결국은 영광에 이르게 하는 삶임을 기억하며 하나님을 위해 아낌없이 나를 드리는 삶을 살 수 있도록 하소서.

3. 마지막 날에 우리는 예슈아처럼 변형될 것입니다. 부활의 소망이 모든 고난을 통과할 수 있는 힘이 되게 하소서. 날마다 우리를 예슈아의 피로 뿌려주시고 덮어주셔서 우리가 그리스도의 고난과 영광에 동참하는 자가 될 수 있게 하소서.

4. 사람들에게 인정받고 사역을 통해 나의 영향력을 드러내려 하기보다 하나님과의 깊은 교제와 친밀함을 더욱 사모하게 하소서. 친밀함을 통해 알려주시는 하나님의 생각과 방법대로 살아갈 때 자연스럽게 내 삶을 통해 하나님의 영광이 나타나게 하소서.

5. 메시아닉 킹덤에서 세워질 성전에서 거룩한 제사장으로 주님 곁에 서서 섬기며 예배하는 자 되길 소망합니다.

26주간

שְׁמִינִי

SHEMINI

쉐미니, 여덟째

파라샤 **레9:1-11:47**

하프타라 **삼하6:1-7:17**

브리트 하다샤 **히7:1-19 / 요11:47-56**

DAY 1 레9:1-14

여덟째(8), 새로운 시작과 영원

아론과 아들들은 칠일 동안 회막을 떠나지 않고 하나님이 말씀하신 것을 준행합니다(레8:35). 7은 완성의 숫자입니다. 하나님의 창조가 일곱 번째 날에 완성되었듯이 인류 역사도 7000년의 때에 완성될 것입니다. 제사장 위임식이 7일에 끝났다는 것은 거룩한 직무를 감당할 모든 준비가 마무리되고 완성된 성막 안에서, 땅으로 내려온 하늘로 들어가 땅에서 하늘을 누리며 하나님을 섬길 준비가 마무리되었다는 의미입니다. 마침내 여덟 번째 날, 첫 제사를 드림으로 새로운 시작을 열어가게 됩니다.

8은 새로운 시작이자 또한 영생으로 들어가는 시간, 영원을 의미하며 부활을 상징합니다. 그래서 우리가 드리는 주의 첫날이면서도 여덟 번째 날에 드리는 주일예배는 예수님이 죽음을 이기시고 부활하신 날을 기념하는 것이면서 새로운 한 주간의 시작에 영원을 기대하는 믿음으로 올려드리는 예배라는 의미를 가집니다. 그러므로 주일예배는 영생을 맛보는 날입니다. 이전의 죄짓기 쉬운 연약한 육체를 벗어 던지고 예수님처럼 부활하여 완전히 새롭게 된 부활의 거룩한 몸을 입고 영생을 살게 될 것을 기대하며 기쁨으로 드리는 예배가 주일예배입니다. 7일째 창조를 끝내고 안식을 통해 창조를 누리며 8번째 날 새 창조가 시작됩니다. 그러므로 8일째는 세상과 하나님 나라의 완전한 분리가 있는 날이며 아주 작은 섞임도 허락될 수 없는 날입니다. 우리가 드리는 주일예배는 영생의 시간을 맛보는 날이자 세상과 완전히 분리된 날이며 부활의 기쁨을 누리는 아름다운 시간입니다.

7일째 되는 천년왕국의 시간이 지나고 8일째가 되면 새 하늘과 새 땅의 시간이 시작되고, 옛 창조(처음 창조)에 속한 것은 더 이상 존재하지 않으며,[10] 새 창조에 속한 부활의 몸으로 영원히 살아가게 될 것입니다. 이 날은 모든 것이 완전하게 새로워지며 하나님의 영광이 온 우주에 충만하게 나타나는 날이 될 것입니다. 또한 빛나는 부활의 몸을 입은 우리는 영원히 하나님의 제사장으로서의 역할을 감당하게 될 것입니다.

하나님은 이 날을 위해 택하신 제사장들을 거룩하게 함으로 그들을 준비시키고 계십니다. 제사장으로 부름 받은 자들이 거룩함으로 준비가 되었을 때 모든 백성들이 함께 예배의 자리에 나아가 여호와의 영광을 보게 될 것입니다. 하나님은 자신의 영광을 친히 백성들에게 나타내시기 위해 택하고 준비된 자들을 통해 일하십니다. 그리고 택하고 준비된 자들에게 주님이 요구하시는 것은 속된 것으로부터 완전히 구별된 상태인 거룩입니다.

거룩을 위한 격리의 시간

위임식을 준비하는 7일 동안 아론과 아들들은 성막에 남겨져서 외부와 완전히 분리된 상태로 격리되어 있었습니다. 이 격리의 시간이 바로 거룩을 준비하는 시간으로 새로운 것이 시작되기 전에 부정한 것에 닿지 않고, 그들이 잘 준비될 수 있도록 돕는 시간이었습니다. 매년 욤 키푸르(대속죄일)가 시작되기 7일 전에 성전을 섬기는 장로들과 리더들은 대제사장을 자신의 집이 아닌 정해진 곳에 두고 격리시켰다고 합니다.[11] 7일 동안 대제사장은 욤 키푸르(대속죄일)에 올려드릴 예배의 순서를 숙지하고 반복하면서 자신을 정결하게 하는 시간을 보냈습니다. 그리고 8일째, 욤 키푸르(대속죄일)에 거룩한 날의 희생제사를 위해 격리된 곳에서 나와 자신의 직무를 수행했습니다.

격리의 7일 동안 아론와 아들들은 제사장의 역할을 숙지하고 제사의 과정을 반복 학습하였습니다. 제사장들의 7일간의 격리 시간은 하늘 성전의 아버지 곁에서 온 우주의 왕으로 취임하실 그 날을 기다리면서 준비하시는 메시아의 모습을 암시해 줍니다. 예슈아는 이 땅에 왕으로 좌정하시기 위해 아직은 우리에게 밝히 다 나타내지 않으시고 가려지고 숨

---

10 【베드로후서3:12-13】 그 날에 하늘들이 불에 타서 풀어지고 만물의 구성 요소들이 뜨거운 열로 녹아버릴 것이나 우리는 그분의 약속대로 의가 거하는 곳인 새 하늘과 새 땅을 바라보도다.
【요한계시록21:1】 또 내가 새 하늘과 새 땅을 보니, 처음 하늘과 처음 땅은 사라져 없어졌고…

11 【미쉬나 Yoma 1:1】

겨진 채로 하늘에서 대기하고 계십니다. 하나님은 예슈아에게 원수들로 발판이 되기까지 하나님의 오른쪽에 앉아 있으라 명하셨습니다(시110:1). 때가 되면 예슈아는 시온에서부터 권능의 규를 들고 원수들을 심판하실 것입니다. 그리고 하나님의 백성들이 하나님 앞에 나아올 수 있도록 섬기는 영원한 제사장으로서 자신의 백성들을 영원으로 데리고 들어가실 것입니다(시110:4).

여호와의 영광이 너희에게 나타나리라

모세는 아론을 위한 속죄제와 번제의 예물과 이스라엘 자손을 위한 속죄제와, 번제, 화목제의 예물과 소제물을 가지고 나오도록 명령합니다. 모세는 한치의 오차도 없이 하나님이 명하신 대로 하라고 말합니다. 하나님의 영광이 그들 가운데 나타날 것이기 때문입니다(레9:6). 하나님이 가져오라고 명령하신 것, 하라고 명령하신 것, 이 모든 것은 하나님이 친히 그들 가운데 나타나시기 위해 다시 말해, 하나님과 이스라엘 백성이 더 가까워지고 하나되기 위한 명령이었습니다.

아론은 제사장의 첫 직무이자 하나님의 명령을 수행하기 위해 이스라엘을 대표하여 하나님과 백성들 앞에 섰습니다. 그는 하나님께 가까이 나아가기 위해 자신을 위한 속죄제물과 번제물을 먼저 올려드렸습니다. 제사장은 하나님을 섬기기위해, 그리고 하나님의 백성들을 하나님께로 인도하기 위해 먼저 자신을 정결하게 했습니다. 그리고나서 백성들을 위한 속죄제와 번제, 화목제를 올려드릴 때 그 예배가 하나님이 받으시는 향기로운 냄새가 될 수 있었습니다. 예배자의 정결은 곧 하나님이 흠향하시는 예배가 되게 하며, 하나님이 흠향하시는 예배에 하나님은 영광으로 나타나십니다. 이것이 하나님이 원하시는 것입니다. 자신의 영광이 백성들에게 나타나서 그들이 하나님의 영광을 볼 수 있게 하는 것, 땅에서부터 이미 하늘을 경험하게 하는 것, 그렇게 하나님과 하나되는 것이 하나님이 원하시는 것입니다. 하나님의 영광은 거룩하게 준비된 제사장, 그리고 그 제사장을 통해 드려지는 예배, 예배를 위해 백성들이 가져온 헌신과 예물이 하나될 때 나타납니다. 하나님은 자신들의 백성들에게 나타나기 원하시는 하나님입니다. 자신을 보여주기 위해 우리를 거룩하게 하시는 모든 준비를 하나님 스스로가 하셨습니다. 그래서 우리는 그분의 명령대로만 하면 됩니다. 더할 것도 없고, 덜할 것도 없습니다. 하나님이 명령하신 대로만 하면 우리는 그분의 영광을 보게 될 것입니다.

우리의 영원한 제사장 되시는 예슈아께서 자신의 몸을 예물로 드려 거룩한 희생제사를 올려드리셨습니다. 그래서 우리는 예슈아로 인해 언제든지 하나님께 다가갈 수 있게 되었습니다. 거룩한 제사장과 예배가 준비되었으니 우리의 헌신과 예물만 남았습니다. 우리가 하나님께 드릴 수 있는 헌신과 예물은 바로 우리 자신입니다. 우리 몸을 하나님이 기뻐하시는 거룩한 산 제물로 올려드릴 때 하나님이 기뻐하시는 영적 예배가 될 것입니다(롬12:2).

DAY 2 레9:15-24

불 가운데 나타나신 하나님의 영광, 하나님의 영광의 본체이신 메시아

아론과 아들들이 자신을 드리기 위해 거룩하게 하나님 앞에 머무는 시간이 끝나고 여덟째 날이 되자 그들은 하나님이 명령하신 대로 속죄제, 번제, 화목제의 첫 예배를 올려드렸고 마침내 모세와 이스라엘 백성은 모든 것을 완성하고 8일째 새로운 시작으로 들어가게 되었습니다. 이집트의 노예가 아닌 하나님 킹덤의 백성과 신부로서의 삶이 시나이 산의 언약과 함께 시작되었고, 이집트 법의 지배가 아닌 하나님의 법이 적용되며 킹덤의 통치를 받는 시간으로 들어가게 되었습니다. 이로써 이스라엘 백성은 땅에 내려온 하늘을 누릴 수 있는 특권과 유한한 자가 무한하고 영원한 하늘을 맛보는 예배의 즐거움을 누릴 수 있게 되었습니다.

첫 예배 후 아론이 백성을 향하여 손을 들어 축복함으로 모든 예배를 마치고 모세와 함께 회막에 들어갔다가 나와서 다시 백성에게 축복하자 하나님의 영광이 온 백성에게 나타났습니다(레9:23). 그리고 불이 여호와 앞에서 나와 제단 위의 번제물과 기름을 다 태워버리고 하늘이 땅으로 가시적으로 내려왔습니다(레9:24). 그러자 백성들이 소리지르며 엎드립니다. 하늘에서 제단으로 내려온 하나님의 불을 보자 백성들은 소리를 지르게 되는데 '소리치다'라는 히브리어 라난רָנַן은 두려움이 아닌 경외로움 때문에 기쁨으로 소리지른 것(shout for joy)을 표현하고 있는 단어입니다.

하늘이 내려오고 경험되어지는 순간 그들은 경외로움으로 행복의 탄성을 지릅니다. 제단을 사르는 불은 하나님이 예배를 흠향하셨음을 나타내주는 것입니다. 아벨의 제사 때, 모세가 성막을 봉헌할 때, 제사장 위임식 제사 후, 다윗이 아라우나 타작마당에서 제사 드릴 때, 솔로몬이 성전을 봉헌할 때, 엘리야가 무너진 제단을 다시 쌓고 바알 제사장들 앞에서 하나님을 예배할 때 하나님은 하늘에서 불을 내려 주셨습니다. 엘리야가 쌓은 제단 위에 떨어진 하늘의 불은 12지파를 대신했던 모든 제물들을 태움으로써 그들의 죄와 악함을 소멸시켰고 그것을 통해 바알과 아세라 제사장들에게, 그리고 머뭇거리고 있는 어리석은 백성들에게 하나님의 능력과 영광을 나타내셨습니다. 하나님의 불은 그분의 영광이며 자신의 백성들에게 주시는 하나님의 능력입니다. 하나님은 불로써 죄와 악한 것을 태우시고 우리를 거룩하게 하십니다. 거룩은 곧 우리의 능력이 되고, 하나님의 능력은 영광을 나타나게 합니다.

또한 하나님은 사도행전 2장에서 오순절이 시작되는 저녁부터 밤새워 말씀(토라)을 읽으며 기도하던 제자들에게 오순절 아침 상번제 시간에 하늘에서 성령의 불을 내려 보내셔서 사람 성전의 마음 제단에 불이 활활 타오르게 하셨습니다. 하나님의 불이 하나님의 성막에, 성전에, 그리고 사람에게 내려왔습니다. 불로써 하나님은 자신의 영광을 보이셨습니다. 하나님은 보이는 분이 아니십니다. 또한 하나님의 형상은 어떤 것 하나로 견주어서 표현될 수 없습니다. 그런 하나님이 자신을 보이게 나타내시는 방법이 바로 그분의 영광입니다. 영광은 하나님을 표현해주는 단어입니다. 보이지 않으시는 하나님이 자신을 가시적으로 나타내는 방법이 영광이고, 하나님은 자신의 영광을 즉, 자신의 존재와 임재를 구름(출16:10)과 불(레9:24) 안에서 나타내셨습니다.

하나님의 영광의 현현, 나타나심의 절정은 바로 예슈아입니다. 예슈아는 보여지고, 만져지고, 느껴지는 존재로 우리에게 나타나신 하나님의 영광이며 임재입니다. 예슈아는 하나님의 영광의 광채시며, 본체의 형상이십니다(히1:3). 하나님은 예슈아를 통해 하나님의 영광을 알 수 있는 빛을 우리 마음에 비춰주셨고(고후4:6), 예슈아는 나를 본 자는 곧 아버지를 보았다고 말씀하셨습니다(요12:45).

지금은 하늘 아버지 우편에 계시면서 온 우주의 왕으로, 영원한 제사장으로 취임하실 날을 기다리고 계신 예슈아께서 그 날에 이 땅으로 오실 때, 우리는 하나님의 영광을 마주하며 이스라엘 백성들처럼 탄성을 지르며, 소리를 지르고 환호하며(라난) 엎드릴 것입니다.

온 백성이 이를 보고 소리 지르며 엎드렸더라(레9:24)

【주제 #2】 제사장의 축복

아론의 첫 제사의 모든 직무가 끝나고 아론은 백성들을 향해 손을 들어 축복하였다. 유대 랍비들은 이 때 아론이 했던 축복이 민수기 6:24-26의 축복이라고 말한다. 이 축복문에는 3가지 다른 이름들이 있다.

첫째, 이 축복문은 제사장 축복(아론의 축복)이라고 불린다. 매일의 상번제가 드려지고 난 뒤에 하나님은 이 축복문으로 제사장들이 이스라엘 백성을 축복하게 하셨기 때문이다.
둘째, 회당에서는 이 축복문을 '두카닝'이라고 불렀다. 성전 시대 때 제사장들이 백성들을 축복하기 위해 두칸 דוכן 이라고 불리는 단 위에 올라서서 기도했기 때문이다. 히브리어 두칸 דוכן 은 '단 위에 올라서다'는 뜻이다.
셋째, 탈무드에서는 이 축복문을 '두 손 들기the lifting of the hands'라고 언급한다. 성전시대에 제사장들은 백성을 축복하기 위해 자신의 두 손을 들고 손가락을 히브리어 쉰ש자 모양으로 만들었다. 제사장은 히브리어 쉰ש을 하나님의 이름을 예표하는 약자로 사용했다.

그들은 이같이 내 이름으로(쉐미שְׁמִי) 이스라엘 자손을 축복할찌니
내가 그들에게 복을 주리라(민6:27)

제사장들이 자신의 손으로 쉰ש자를 만든 것은 '내 이름으로'라고 말씀하신 쉐미שְׁמִי라는 단어에서 나온 것으로 그들은 히브리어 쉰ש을 손가락 모양으로 만들어 하나님의 축복을 수행하였다. 쉰ש은 엘샤다이אֵל שַׁדַּי를 표하며 또한 쉐마 이스라엘שְׁמַע יִשְׂרָאֵל, 샬롬שָׁלוֹם, 예루살렘 יְרוּשָׁלַיִם 을 생각나게 해준다.

예슈아는 죽으시고 부활하신 뒤에 제자들을 데리고 감람산 베다니로 가셔서 그 손을 들어 제자들을 축복하셨다(눅24:50). 마치 아론이 그의 첫 번째 제사 직무를 마치고 백성들을 축복했을 때 손을 들어올렸던 것처럼, 예슈아는 자신의 몸을 드린 십자가의 희생을 이루신 후 손을 들어 자신의 제자들을 축복하셨다. 누가는 예슈아가 자신의 손을 들어올려 제자들을 축복하셨다고 증언함으로써 그가 제사장적 축복을 했다는 것을 암시해주었다. 예슈아가 자신의 손을 들어올려 제자들을 축복할 때 그들은 예슈아의 손에 새겨진 선명한 못자국을 보았을 것이다. 예슈아가 제자들을 축복하실 때 그는 하늘로 올려지시면서 하나님의 영광을 나타내셨다. 손의 못자국은 고난의 흔적이면서 동시에 하나님의 영광의 흔적이다.

DAY 3 레10:1-11

거룩한 불 VS 이상한 불

이스라엘 백성은 하나님이 친히 내려 주신 영광의 불을 경험하였습니다. 거룩한 불이 제단에서 타올랐고 제단의 불이 꺼지지 않도록 희생제물로 번제의 예배를 드리는 제사장들의 임무가 시작되었습니다. 하나님은 이미 7일의 제사장 위임식을 통해 그들이 지켜야 할 것을 자세하게 가르치셨으며 그들은 회막 안, 하나님 앞에서 깊이 머무는 시간을 지냈습니다. 이 시간동안 하나님이 가르쳐 주신 모든 것을 숙지하면서 그들은 거룩하게 구별되었고, 모든 것이 완성되고 새로운 시작을 알리는 예배를 통해 아론과 그의 아들들은 하나님의 거룩함을 경험하였습니다.

하나님의 거룩함을 경험했고, 또 자신들을 거룩하게 구별하는 시간을 보냈지만 아론의 아들 나답과 아비후는 하늘에서 내려준 불이 아닌 다른 불(레10:1)로 하나님 앞에 분향했습니다. 결국 불이 여호와 앞에서 나와 그들을 삼켜버렸고 이 일로 그들은 죽게 됩니다(레10:2). 그들은 정확하게 두 가지 잘못을 범했는데 하나는 대제사장인 아론이 행해야 할 분향하는 일을 각자의 향로를 가져다가 자기들이 한 것이며, 다른 하나는 하나님이 명하시지 않은 다른 불로 분향한 것입니다. 여기서 '다른'이라고 번역된 히브리어 자라זָרָה는 '이상한strange'이라는 뜻입니다. 이상한 불, 정체를 알 수 없는 불, 어디서부터 왔는지 모르는 불입니다. 이 단어는 창녀prostitute, 매춘부harlot라는 뜻도 가지고 있습니다. 나답과 아비후가 하나님 앞에 올려드린 불은 번제단의 거룩한 불, 하나님의 영광의 불이 아닌 어디서부터 왔는지 모르는, 섞여 있는 이상하고 음란한 불이었습니다.

도대체 그들은 이 불을 어디서 가져온 것일까요? 7일 동안 하나님의 회막을 떠나지 않으며 그 말씀을 지켰는데도 왜 그들은 눈 앞에 보이는 번제단의 거룩한 불을 사용하지 않은 것일까요? 그리고 왜 그들은 자신들의 직무가 아닌 대제사장의 임무를 행한 것일까요? 그들 안에 있던 자기 생각, 자기 의가 여전히 사라지지 않았던 것입니다. 하나님의 말씀을 듣고도 자기의 생각대로 좇은 것입니다. 그들은 하나님의 영광을 보았으면서도 여전히 자신의 생각을 따르고 있었습니다. 그리고 이 자기 생각은 결국 그들의 불신과 교만으로부터 나온 조급한 행동이었으며 하나님의 명령을 거역한 것이었습니다. 하나님은 죄를 용서하시는 자비의 하나님이시지만 결코 가볍게 넘어가지 않는 죄가 있는데 그것은 바로 '거역'입니다. 하나님은 이스라엘 백성이 거역할 때 엄하게 다스리셨습니다. 거역은 점치는 죄와 같습니다(삼상15:23). 점치는 것은 귀신이나 어두운 영을 통해 앞일을 보는 것으로 하나님이 아닌 다른 신(어둠의 영이나 귀신)의 권위 아래로 들어가는 것이기에 이것은 우상숭배입니다. 우상숭배는 하나님이 가증히 여기시는 죄이며, 또한 영적 음란의 죄입니다. 아답과 나비후가 자신의 생각과 의를 좇아서 하나님의 말씀을 거역한 죄는 곧 우상숭배, 영적 음란의 죄를 범한 것이었습니다.

나답과 아비후도 거룩한 불을 보았습니다. 그들은 하나님 앞에서 말씀을 지켰습니다. 하지만 그들은 자신들에게 주어진 직무가 아님에도 그 영역을 넘보고 월권했습니다. 그들의 교만은 하나님을 거역하게 하였고 하나님의 불이 아닌 자신들의 생각에 따른 불을 사용함으로써 하나님의 거룩함을 나타내야 할 사명을 다하지 못하였습니다. 하나님이 명하신 모든 거룩한 의식을 참여하고 몸에 그 피를 뿌렸음에도 불구하고, 또한 거룩한 기름을 몸에 부었음에도 불구하고, 나답과 아비후는 자신의 생각을 따라 하나님이 명하시지 않은 다른 불로 거룩한 분향단에 올려드리다가 죽임을 당하고 맙니다.

아무리 거룩한 의식을 행하고 거룩한 순간에 참여했다고 할지라도 마음에 숨겨진 자신의 의도와 속된 것이 완전히 분리되지 않으면 하나님이 아닌 자기 스스로를 따라가게 됩니다. 하나님이 분노해서 그들을 죽이신 것이 아니라 그들이 스스로 거룩함을 선택하지 않음으로 거룩함이 그 본성이신 하나님의 불이 그들을 삼키도록 한 것입니다. 하나님의 불은 소멸하는 불입니다. 이 불은 제사를 기쁘게 열납하심으로 거룩한 제물을 태우는 영광의 불로 임하기도 하지만(레9:24) 거룩함을 나타내지 않은 제사장들의 교만과 헛된 자기 의를 태워버리는 심판의 불로 임하기도 합니다(레10:2). 그래서 하나님은 이스라엘 백성에게 죽음으로 인해 슬퍼할 것이 아니라 여호와의 치신 불, 심판의 불로 인하여 슬퍼하라고 하십니다(레10:6).

성령을 받았다고 하면서도 하나님의 불, 하나님의 에너지가 아닌 자신의 불, 자신의 에너지를 사용함으로써 하나님의 영광과 역사를 막고 결정적인 순간에 사탄(대적자)의 역할을 하는 경우가 많습니다. 나답과 아비후처럼 하나님의 불이 아닌 나의 힘으로 쓰는 불은 결국 죽음을 불러옵니다. 자신만 상하게 하는 것이 아니라 많은 사람을 다치게 합니다. 예배자들은 예배 가운데 하나님의 불을 경험하고 있는지 아니면 자신의 불(자기 의와 생각과 열정)을 사용하고 있는지 늘 살펴보아야 합니다. 이것은 자신을 겸손하게 엎드릴 때 가능합니다.

교만함은 조급하게 행동하게 하며 결국은 하나님을 거역하게 합니다. 결정적인 순간에 자신을 나타내는 불을 쓰지 않으려면 우리는 겸손을 훈련해야 합니다. 그리고 거룩해야 합니다. 철저히 구별, 분리되어야 합니다. 외적으로는 세상으로부터도 분리되어야 하고 내적으로는 나의 혼에 섞여 있는 것들을 분리해야 합니다. 분리가 곧 거룩의 과정입니다. 혼에 섞여 있는 것들을 분리하는 거룩의 과정을 거치지 않으면 나답과 아비후처럼 영광을 경험하고도 자신의 옛 자아를 좇다가 심판과 죽음을 경험할 수 있습니다. 우리의 죄의 본성은 쉽게 가져올 수 있고 사용할 수 있는 이상한 다른 불, 섞여 있는 불 혹은 자기 생각에 옳다고 여기는 합리적인 불을 사용하게 합니다. 그러나 이것은 거룩한 하나님 앞에서는 용납될 수 없습니다. 지금 우리 안에 그리고 교회 안에서 사용되고 있는 불이 세상에서 섞여 들어온 이상한 다른 불이기에 하나님의 거룩한 소멸하는 불이 이것들을 태우고 있는 것은 아닐까요? 하나님은 모세에게 말씀하십니다.

나를 가까이(카로브קָרוֹב) 하는 자에게 내 거룩함(카도쉬קָדוֹשׁ)을 나타내겠고
내 영광(카보드כָּבוֹד)을 나타내겠다(레10:3)

나답과 아비후는 하나님을 가까이한 것 같았지만(카로브קָרוֹב) 가장 중요한 순간에 자신의 생각(세상)을 따라감으로써 하나님을 가까이하지 않았음을 나타냈습니다. 하나님의 회막에 있으면서도 하나님을 가까이하지 않은 그들의 결국은 죽음이었습니다. '다른'이라고 번역된 히브리어 자라זָרָה의 첫 번째 뜻이 '이상한'이라는 뜻을 가지고 있다면 두 번째는 '별거하고 있는 즉, 친밀함이 떨어지는'이라는 뜻이 있습니다. 하나님과의 친밀함이 떨어지면 결국 자기에게 더 익숙하고 친밀한 것을 사용하게 됩니다. 그렇게 되면 무엇이 하나님으로부터 온 것인지 세상으로부터 온 것인지 분별력을 잃게 됩니다. 분별력을 잃으면 섞이게 됩니다. 자라זָרָה의 세 번째 뜻은 '음란, 매춘하는'이라는 뜻입니다. 세상과의 섞임, 그것이 영적인 음란입니다. 하나님을 가까이하지 않는 사람은 하나님의 거룩함을 볼 수 없고 그는 결국 하나님의 영광을 볼 수 없습니다(레10:3).

교회에서 예배 드리는 것이 그리스도인을 거룩하게 하는 것이 아닙니다. 내가 교회에 있고 예배를 드리는 것이 하나님과 가까이하고 있다는 것을 의미하는 것도 아닙니다. 자신

의 의와 생각을 철저하게 구별하고 분리해 내고 하나님의 거룩함을 구할 때 진짜 하나님의 백성이 되는 것입니다. 회막에 들어갈 때 포도주와 독주를 마시지 말라고 하신 것은(레10:9) 세상이 주는 쾌락과 생각을 가지고 들어가지 말라는 것입니다. 그렇게 할 때 비로소 거룩하고 속된 것을 분별하며 부정하고 정한 것을 분별할 수 있기 때문입니다(레10:10). 분별력을 잃으면 거룩함도 잃게 됩니다. 분별력을 잃을 때 무엇이 하나님으로부터 온 것인지 아닌지 알 수 없게 되며 그렇게 되면 정한 것과 부정한 것을 바로 판단할 수 없기에 섞이게 되고 그 때 거룩함을 잃게 됩니다. 거룩함을 지킬 수 있는 방법은 오직 하나, 하나님과의 친밀함입니다.

DAY 4 레10:12-15

거제와 요제

하나님은 번제단에서 태워드리지 않고 남은 제물들을 아론과 그의 아들 제사장들에게 그들의 소득으로 허락하셨습니다(레10:15). 이 때, 하나님은 제사장들의 몫으로 허락하신 제물을 그들이 취하기 전에 거제와 요제로 하나님께 먼저 올려드리라고 말씀하십니다. 들어올린 제물, 거제는 테루마תְּרוּמָה라고 하며, 흔들어 드린 제물, 요제는 테누파תְּנוּפָה라고 합니다.

들어올린 제사, 거제(테루마תְּרוּמָה)는 희생제물의 일부를 위로 들어올리는 제사 행위로 이것은 제물을 들어올리면서 하나님께 속한 것이라는 것을 선포하는 행위입니다. 그후 그 제물을 다시 내리면서 하나님의 공급하심과 그들의 몫을 챙겨주심에 감사를 표현하는 것입니다. 하나님이 제사장들에게 주신 제물의 일부는 곡식, 기름, 포도주, 희생 가축이 포함되었습니다. 거제는 물질을 하나님과 그의 나라를 위해 드린다는 봉헌의 의미와 함께 우리가 물질을 하나님께 드릴 때 그것을 받으시며 그 물질이 땅에서 하나님 나라를 이루는 일에 쓰여지도록 거룩하게 하신다는 의미를 가지고 있습니다.

흔들어 드리는 제사, 요제(테누파תְּנוּפָה)는 희생제물을 주님 앞에서 수평으로 앞뒤로 흔드는 제사입니다. 이 제사는 보통 화목제물의 가슴을 흔들면서 행해졌고, 거제와 마찬가지로 요제의 제물도 제사장의 몫으로 주어졌습니다. 흔든 제물은 우리의 헌신되고 복된 삶을 하나님 앞에 올려드리고, 우리가 하나님의 공급하심을 누리게 하시는 하나님의 은혜에 감사를 표현하는 것이며, 또한 하나님이 베푸신 복을 예배 공동체와 함께 나눔으로 예배자들 간에 화목을 누리는 것을 의미합니다. 거제가 제물을 하나님께 올려드리는 것이라면, 요제는 하나님의 백성들에게 수평적으로 나누어 주는 것입니다.

하나님은 거제와 요제의 제물을 제사장들의 몫으로 챙겨주셔서 제사장들이 하나님과 백성을 위해 성전 봉사를 계속 할 수 있도록 하셨습니다. 또한 하나님께 드려진 제물을 제사장에게 소득으로 허락하심으로써 하나님이 그들의 공급자가 되시며 그들이 책임지시는 하나님이심을 그리고 그 풍성함을 서로 나누게 하시는 하나님이심을 잊지 않고 항상 기억하게 하셨습니다.

흔든 가슴과 들어올린 뒷다리는 너와 네 자녀가 너와 함께 정결한 곳에서 먹을지니 이는 이스라엘 자손의 화목제물 중에서 네 소득과 네 아들들의 소득으로 주신 것임이니라. 그 들어올린 뒷다리와 흔든 가슴을 화제물의 기름과 함께 가져다가 여호와 앞에 흔들어 요제를 삼을지니 이는 여호와의 명령대로 너와 네 자손의 영원한 소득이니라(레10:14-15)

말씀을 가르침을 받는 자는 가르치는 자와 모든 좋은 것을 함께 하라(갈6:6)

DAY 5 레10:16-20

다로쉬 다라쉬 דָּרֹשׁ דָּרַשׁ

모세가 속죄제 드린 염소를 찾은즉 이미 불살랐는지라(레10:16)

한글 성경에는 모세가 속죄제물로 드려진 염소를 찾았다고만 번역했지만 영어는 'searched carefully'라 하여 '주의 깊게 찾았다'라고 번역하였고, 히브리어 원어는 다로쉬 다라쉬דָּרֹשׁ דָּרַשׁ라 하여 '찾다'는 의미의 동사를 두 번 반복하며 강조했습니다. 다로쉬דָּרֹשׁ는 부정사 절대형, 다라쉬דָּרַשׁ는 동사의 과거형으로 '찾다, 요구하다'는 뜻입니다. 모세는 속죄제물로 드려진 염소를 찾았고, 또 계속해서 찾고 있었습니다. 정통 유대인들은 토라를 부지런히 연구하고 그 안에서 의미들을 찾을 때 다라쉬라는 동사를 사용합니다. 예를 들어, 토라의 짧은 가르침을 드라샤 דְּרָשָׁה라고 하며, 토라의 전통적인 주석이나 해석을 미드라쉬 מִדְרָשׁ라고 부릅니다. 다라쉬라는 동사에서 파생된 미드라쉬는 토라를 공부하는 것이 끊임없이 무언가를 찾는 과정이라는 것을 암시해줍니다.

우리가 사용하고 있는 대부분의 히브리어 성경은 맛소라 사본 입니다.[12] 맛소라 사본에서 레위기 10:16은 모세의 토라 5권의 가장 중앙 즉, 정확히 절반이 되는 곳에 위치해 있는 구절입니다. 만약에 토라 두루마기를 한 사람은 앞에서부터 뒤로 읽어가기 시작하고, 또 다른 한 사람은 뒤에서부터 앞으로 읽어가기 시작하면 두 사람은 정확히 레위기 10:16에서 만나게 됩니다. 토라의 가장 중앙에 위치한 이 구절의 단어는 바로 다로쉬 다라쉬, 찾고 찾으라입니다. 무엇을 찾고 찾는가하면 바로 토라를 찾고 찾는 것입니다.[13]

하나님은 신명기 6:7을 통해 우리에게 앉을 때나, 걸을 때나, 심지어 잠이 들고 깨는 순간까지도 토라를 부지런히 공부하고 연구하여 자녀들을 가르치라고 명령하셨습니다. 토라를 가르치려면 우리가 먼저 토라를 배워야 합니다. 토라를 찾는 사람은 공부하고, 연구하고, 토의하고, 끊임없이 묵상해야 합니다. 이것이 토라를 찾는 과정입니다. 우리가 토라를 찾아야 하는 이유는 그 안에서 메시아이신 예슈아를 발견하기 때문입니다.

너희가 성경을 연구하는 것은 영원한 생명이 그 안에 있다고 생각하기 때문이다.
성경은 나에 대하여 증언하고 있다(요5:39, 새번역)

예슈아는 바리새인들을 향해 그들이 끊임없이 성경을 연구하는 이유가 그 안에 영원한 생명이 있음을 알고 있기 때문이라고 말씀하시며 그들이 찾고 있는 영원한 생명이 예슈

---

12 맛소라 사본은 5-9세기에 성전파괴 이후 나라를 잃어버린 유대인 학자들 중 맛소라 학파들이 자신들의 정체성인 토라와 성경의 말씀들을 정확하게 보존하기 위해 이전에 없던 모음들을 찍어서 히브리어 성경을 보존한 사본을 말한다.

13 이 두 가지 단어는(다로쉬 다라쉬)는 토라의 말씀들의 중앙에 위치해 있다. 이것은 토라 전체가 끊임없는 질문을 중심으로 돌아가고 있음을 우리에게 가르쳐준다. 사람은 토라를 공부하고, 더 깊이 구하고, 더 넓게 이해하기를 결단코 멈추지 말아야 할 것이다. Nosson Scherman and Meir Zlotowitz, eds: A New Translation with a Commentary Anthologized from Talmud, Midrashic, and Rabbinic sources, 1990

아이심을, 또한 성경이 예슈아에 대해서 증언하고 있음을 말씀하셨습니다. 그러나 그들은 생명을 얻기 위해 예슈아께 나아가지 않았습니다(요5:40).

모세가 속죄제물을 찾은 것은 바로 우리의 속죄제물이 되신 예슈아를 찾은 것과 같습니다. 하나님은 죄를 모르시는 분께 우리 대신 죄를 씌우셨습니다. 우리가 그분 안에서 하나님의 의가 되게 하기 위해서입니다(고후5:21). 모세가 속죄제물을 찾고 찾았듯이 토라가 증언하고 있는 메시아이신 예슈아를 부지런히 찾고 찾을 때 우리는 하나님과 의의 관계를 회복하고, 더 나아가 하나님의 의가 되어 영원한 생명을 얻게 될 것입니다.

DAY 6 레11:1-38 / DAY 7 레11:39-47

내 안에 무엇을 받아들일 것인가?

나답과 아비후의 실수 이후 하나님은 백성에게 거룩함을 더욱 강조하셨고 거룩함을 지키기 위해 가르치신 것이 먹는 것에 관한 규례였습니다(레11장). 먹는 것을 구별하도록 가르치신 이유는 먹는 것이 우리의 생명과 관계되어 있고 사람이 무엇을 먹는가가 그 사람을 만들어가기 때문입니다. 먹는 것은 존재를 결정합니다. 우리가 듣고 보는 것, 우리의 육체로 받아들이는 모든 것은 먹는 것으로 표현할 수 있습니다. 먹는 것을 구별하는 것을 통해 하나님은 자신의 백성들이 철저하게 하나님으로부터 온 것을 듣고, 보고, 먹음으로 자신들의 정체성을 거룩하게 지켜나가길 원하셨습니다. 하나님은 우리의 영, 혼, 육 모두가 하나님 앞에 거룩함으로 드려지기 원하셨고 그래서 우리 몸을 구별하여 거룩하게 하고(레11:44) 거룩한 산 제물로 드리라고 하십니다(롬12:1).

부정한 것은 더러운 것과 다릅니다. 부정한 것은 깨끗하지 않은 상태입니다. 아직 완전히 더러워진 상태는 아니지만 그렇다고 깨끗한 것도 아닙니다. 깨끗하지 않은 것을 먹는다는 것은 우리를 결국 더러운 상태로 만들어 완전히 망가지게 합니다. 우리의 몸이 부정해지면 생각도 마음도 같이 부정해집니다. 이스라엘 백성은 하나님이 먼저 선택한 백성이었습니다. 그래서 하나님의 백성으로서 모범이 되어야 했고 또한 그들의 혈통으로 메시아가 태어나야 했기에 하나님은 그들의 몸도 거룩함으로 최상의 상태를 유지하길 원하셨습니다. 그래서 정한 음식, 부정한 음식까지 나누어 그들의 몸을 거룩하게 하여 섞이지 않도록 하셨습니다. 섞이는 것은 모든 죄와 어둠의 시작입니다. 그러므로 거룩함을 위해 철저히 내 안에 섞여 있는 것들, 특별히 세상으로부터 섞여 들어온 가르침과 생각의 영역을 분리해야 합니다. 완전한 분리는 거룩함이며, 거룩함의 결과는 영생입니다.

부정한 것을 먹는 것도 안 되지만, 그 부정한 동물의 주검 즉, 시체에 닿아서도 안 됩니다. 시체에 접촉하는 것은 사망에 접촉하는 의미합니다. 또한 죽은 시체는 이미 변질된 요소를 가지고 있어 사람에게 또 다른 종류의 질병을 통한 죽음을 가져오게 할 수도 있습니다. 이것은 내가 무엇을 먹느냐 무엇을 받아들이고 있느냐도 중요하고 내가 무엇을 접하고 있느냐도 하나님 앞에서 거룩하게 살아가는 성도들의 삶에서 아주 중요한 문제라고 알려주시는 것입니다.

나는 여호와 너희의 하나님이라 내가 거룩하니 너희도 몸(네페쉬נֶפֶשׁ)을 구별하여 거룩하게 하고 땅에 기는 길짐승으로 말미암아 스스로 더럽히지 말라(레11:44)

이 구절에서 몸이라는 단어는 네페쉬נֶפֶשׁ로 쓰여 졌는데 네페쉬는 생명, 혹은 혼이라는 뜻을 가지고 있습니다. 단순히 우리 몸만을 구별하는 것이 아니라 우리의 혼도 구별하도록 하셨습니다. 영, 혼, 육 모두를 정결하게 구별하는 것이 하나님의 뜻입니다. 그래서 사도 바울은 주님의 나라를 기대하고 주님의 오심을 기다리는 데살로니가교회 성도들을 향해 "너희의 온 영과 혼과 몸이 우리 주 예수 그리스도께서 강림하실 때에 흠 없게 보전되기를 원하노라(살전5:23)"라고 말했습니다. 우리가 거룩해야 함은 하나님을 가까이하기 위함이며 또한 우리가 하나님께 속해있기 때문입니다. 주님과 완전히 하나되는 시간을 위해 우리는 끊임없이 영, 혼, 육을 정결하게 다루어야 합니다. 영, 혼, 육이 정결하고 온전한 한 사람은 많은 이들에게 하나님의 영광을 나타내는 거룩한 통로가 될 것입니다.

【주제 #3】 정한 짐승과 부정한 짐승에 대한 영적 의미와 적용

하나님은 고기로 먹을 수 있는 동물과 그렇지 않은 동물을 세심하게 구별해 주신다. 그것은 동물 자체가 정하고 부정하다는 의미라기보다는 그 동물이 우리의 몸과 혼에 유익한지 아닌지에 따라 나누신 것이며 우리 몸과 혼에 유익한 것이 곧 영을 보호하는 것이기에 유익한 동물들이 가지고 있는 영적인 의미를 우리가 알기를 원하신다.

● 굽이 갈라지고 새김질하는 것

굽이 갈라졌다는 것은 가야할 곳과 가지 말아야 할 곳을 구분한다는 것을 의미한다. 분별이 있고 지혜가 있는 사람은 어떤 길과 장소가 하나님이 기뻐하시는지 아닌지를 알 수 있다. 이런 사람은 있어야 할 자리와 있지 말아야 할 자리를 분별하며, 가야 할 자리와 가지 말아야 할 자리를 정확하게 결정한다.

새김질은 한번 먹은 식물을 다시 꺼내어 씹어서 소화시키는 방법을 말한다. 새김질을 하는 동물 중에서 소는 위가 4개가 있어서 한 번 위에 넣은 풀을 3번에 걸쳐 조용한 시간에 다시 올려 씹는다. 보통 4번에 걸쳐 씹는데 1차는 마른 풀을 입에서 위통에 넣는 과정이고 2차는 다시 씹어서 침과 섞이도록 적시고 3차는 충분히 맛을 낸 다음 4차로 소화를 시킨다. 음식을 급하게 먹지 않고 천천히 씹는 것을 반복하면서 완전하게 소화시키는 것이 새김질하는 동물들의 특징이다. 새김질하는 동물이 음식을 천천히 씹어 소화시키는 것처럼 말씀을 새김질하는 사람은 말씀을 한 번 읽는 것이 아니라 반복해서 읽고 또 생각하고 묵상하는 사람이다.

하나님은 굽도 갈라지고 새김질도 하는 동물이 정한 동물이라고 하셨다. 가야 할 곳과 가지 말아야 할 곳, 그리고 있어야 할 곳과 있지 말아야 할 곳을 분별하고 진리의 말씀을 반복적으로 묵상하는 사람이 거룩함을 유지하며 살아갈 것이다. 진리의 말씀을 반복적으로 되새김질하여 완전히 소화하는 사람이 어느 길로 가야 할지, 무엇을 선택해야 할지 분별할 수 있는 지혜를 가지게 될 것이다.

● 지느러미와 비늘이 있는 것

지느러미는 물고기의 좌우 균형을 맞춰주는 기관이고 비늘은 물속에 있는 나쁜 물질들이 몸 안으로 들어오지 못하도록 걸러주고 막아주는 역할을 한다. 세상 속에 살면서도 세상의 영향을 거절할 수 있고 세상의 영향력이 자기 몸 안으로 들어오지 못하도록 막을 수 있는 사람, 그래서 세상 가운데서도 자유함을 잃지 않고 살아갈 수 있는 사람은 비늘이 있는 물고기와 같은 사람이다. 또한 생각과 결정이 좌우로 치우치지 않고 다수에 의해 선동되지 않으며 중심을 잡을 수 있는 사람이 지느러미가 있는 물고기와 같은 사람이다. 하나님은 우리가 지느러미와 비늘이 있어 좌우의 균형을 가지며 세상의 침범을 받지 않고 세상 속에 있어도 사망의 영향력이 아닌 생명의 영향력 안에서 자유하길 원하신다. 이런 사람은 거룩을 지키며 살아갈 수 있다.

● **정한 새**

하나님은 시체를 먹는 잡식성을 가지고 있는 새나 육식하는 새는 부정하지만 생명의 씨앗을 먹는 새는 정하다고 말씀하신다. 이런 새는 정결한 생명을 섭취하며 땅의 경계에 제한을 받지 않고 자유롭게 날아다니면서 자기가 먹은 씨앗을 배설물을 통해 또 다른 곳으로 옮겨 놓아 생명을 퍼트린다. 하나님의 말씀의 씨앗을 받아 잘 자라게 하는 사람은 열매를 맺어 또 다른 생명의 씨앗을 다른 곳에 나눔으로 생명이 계속 확장되어 나가게 한다.

우리가 먹고 접하는 동물이 어떤 식성을 가지고 있는지도 우리 몸에 영향을 미친다. 하나님은 우리가 사망에 접촉하길 원하지 않으신다. 부정적이고 어둡고 불신하는 것은 모두 사망과 관련된 것이다. 이런 것들은 하나님이 주시는 아름다운 것들을 취할 수 없게 한다. 하나님은 우리가 언제나 생명을 접촉하며 자유와 기쁨을 누리길 원하신다.

● **날개가 있고 뒷다리가 있는 것**

날개가 있고 뒷다리가 있는 곤충은 땅의 장애물에 제한받지 않고 거침없이 뛰어다니고 때로는 자기의 경계를 넘어 날아서 움직이기도 한다. 하나님은 우리가 이 땅에 살지만 땅의 영역에 제한받으며 사는 것을 원하지 않으신다. 땅에 살지만 하늘의 영역에 접촉하길 원하시며 언제든지 담대하게 하늘을 향해 뛰어 오르길 원하신다. 하나님의 나라는 침노하는 자의 것이라고 말씀하셨다(마11:12). 또한 하나님은 제한이 없으신 하나님이시다. 하나님이 주시는 능력과 성령 안에서 우리는 담대하고 힘차게 하늘의 영역을 침노하는 자가 될 수 있다.

● **땅에 기어다니는 짐승들**

하나님은 땅에 기어다니는 짐승들은 부정하다고 말씀하신다(레11:29,41,43). 땅에 기어다니는 짐승들은 어둡고 축축하고 음울한 것을 찾는 경향이 있다. 이런 것들은 영적으로는 뱀, 악한 영, 귀신, 땅만 생각하게 하는 것, 영적인 부정함, 두려움을 주는 것과 관련이 있다. 하나님은 이런 것들이 우리의 몸에 들어와 생각과 감정, 영에 영향을 미치길 원하지 않으신다. 그래서 몸을 구별하여 땅에 기는 짐승들이 우리를 더럽히지 못하도록 하라고 말씀하신다(레11:44). 여기서 몸이라고 번역된 히브리어는 네페쉬נֶפֶשׁ로 이것은 혼을 의미한다. 땅에 기어다니며 어두운 것을 찾아다니는 짐승들이 우리의 혼을 어둡게 하고 음울하게 하며 더럽힐 수 있다고 말씀하신다.

사도 바울은 우리가 땅에 있는 것들에 마음을 두지 말고 위에 있는 것들, 하늘에 속한 것들에 마음을 두라고 권면한다(골3:1-2). 땅에 있는 지체, 땅에 속한 것은 음란과 부정과 사욕과 악한 정욕과 탐심이라고 하였다(골3:5). 우리는 땅에 살고 있지만 하늘에 속한 자들로 부름받았다. 이런 믿음이 있다면 어둡고 부정적인 것에 집중하지 않고 하늘의 기쁨과 밝음, 빛에 집중해야 한다.

● **사망에 접촉된 질그릇은 깨뜨리라**

하나님은 조금의 사망이라도 우리에게 들어오지 못하도록 차단하라 하신다. 우리는 흙으로 만들어진 질그릇과 같아서 사망의 영향에 자꾸 접촉하면 결국 그것에 물들어 버리고 만다. 회개를 통해 잘못된 영향력들을 잘라 버린다고는 하지만 그릇에 조금씩 남겨두고 아껴둠으로써 어느 순간 이런 것들로 나를 채우게 할 수 있다. 그래서 조금이라도 사망의 영향력이 있는 것이라 여겨진다면 절대 아끼지 말고 과감하게 그것을 깨뜨리고 잘라버려야 한다.

무엇을 먹느냐, 무엇을 받아들이느냐, 무엇을 접촉하느냐에 따라서 우리의 몸과 마음과 생각은 부정해질 수도 있고 거룩함을 유지할 수도 있다. 거룩함이란 구별됨인데 구별됨이 없을 때 섞이게 되고 혼동과 혼란이 오면서 분별력이 약해지게 된다. 어떤 사람을 만나느냐, 어떤 생각과 사상과 이데올로기를 받아들이느냐, 어떤 정보를 받아들이느냐를 항상 민감하게 분별해서 받아들일지 말지를 결정하고, 접촉할지 말지를 결정해야 하며, 어느 입장에 서야할지 아니 이미 어느 입장에 서있는지 살피고 자신을 분별해야 한다. 영, 혼, 육의 거룩함은 섞인 것들을 분리하는 과정에서부터 시작하고 사망이냐, 생명이냐의 문제이며 결국 우리가 얼마만큼 아름다운 영생으로 나아가게 될 것인가에 대한 문제이다.

하프타라 삼하6:1-7:17

나의 의지를 깨뜨리는 예배

하나님의 거룩함과 영광을 막는 결정적인 충돌은 자기 자신 안에 숨어 있습니다. 나답과 아비후도 그러했고 웃사도 그러했습니다(삼하6:6-7). 하나님의 궤는 그룹들 사이에 앉아계신 '만군의 여호와의 이름으로 불리는 궤'였습니다(삼하6:1). 그 거룩한 궤를 이십 년이나 모신 아비나답의 아들 웃사가 그 거룩함에 대해 몰랐을 리가 없습니다. 그 궤에 하나님이 친히 좌정해 계심을 그도 알고 있었을 것입니다. 그럼에도 결정적인 순간 자신의 판단과 생각에 따라 그 궤를 손으로 붙들다가 죽임을 당하게 됩니다. 거룩함으로 준비되지 않은 그의 상태가 거룩함이 본성이신 하나님의 거룩함과 부딪쳐 죽게 됩니다.

또한 하나님의 산 시온을 여부스 족속으로부터 차지하고 그곳에 하나님의 법궤를 두고자 한 다윗의 소망은 아름답고 선한 것이었지만 다윗조차도 하나님의 궤를 자신의 생각에 따라 빨리 가져올 방법에만(새 수레) 집중한 나머지 제사장 외에는 멜 수 없는 하나님의 궤를 일반 사람에게 맡깁니다. 그리고 웃사의 죽음을 통해 그는 자신을 다시 살피는 시간을 갖게 되고, 그동안 궤가 오벧에돔의 집에 머물러 있으면서 하나님이 그 집에 큰 축복을 주시는 것을 보게 됩니다. 오벧에돔의 집에 내려진 하나님의 축복을 듣고 보며 다윗은 하나님의 사람들을 준비시켜 다시 궤를 메고 시온으로 올라옵니다.

우리는 많은 순간 하나님을 예배하고 또 나의 것을 다 내어드리는 헌신의 다짐을 하고 실제로 포기하고 내려놓는 것을 훈련하지만, 스스로도 모르게 남겨져 있던 세상적인 생각과 경험과 자기 의가 결정적인 순간에 하나님의 거룩한 영광을 방해하는 것을 경험합니다. 하나님의 거룩함에 가장 가까이 다가가는 순간이 나의 어둠이 가장 드러나는 순간이 되기도 합니다. 그러므로 더욱 철저하고 매순간 자신을 깨뜨리려는 의지가 필요하며 하나님의 가르침과 긍휼을 겸손하게 구해야 합니다.

그러나 우리가 나를 내려놓고 하나님의 방법과 말씀을 따르려 할 때 세상은 강하게 비웃습니다. 미갈은 하나님의 법궤, 그분의 임재 앞에서 춤을 춘 다윗을 강하게 비꼬았습니다.

왕이 어찌나 영화로우신지 방탕한 자가 염치없이 자기의 몸을 드러내는 것처럼
오늘 그의 신복의 계집종의 눈 앞에서 몸을 드러내셨도다(삼하6:20)

미갈은 사람들의 눈을 의식하고, 세상의 관점으로 다윗에게 말했습니다. '왕이 체통을 지켜야지 그게 뭡니까'라는 신랄한 비판입니다. 그러나 다윗은 "이것은 여호와 앞에서 한 것이니라 … 내가 여호와 앞에서 뛰놀리라(삼하6:21)" 라고 말하며 하나님의 관점으로 말합니다. '세상이 천하다고 비웃을지라도 하나님이 기뻐하시는 것을 나는 택하겠다'고 말합니다. 미갈과 다윗의 대화는 철저한 인본주의, 사람 중심의 생각과 신본주의, 하나님 중심의 생각을 대조적으로 보여줍니다.

세상은 세상이 옳다고 여기는 프레임을 설정하고 교회에게조차 그것을 강요합니다. 그런데 교회는 세상이 그렇게 말해도 하나님이 옳다고 말씀하시는 것에 순종해야 하는데 세상의 프레임을 그대로 받아들여서 세상이 말하는 대로 비판합니다. 세상을 변화시키는 통

로로 세움 받은 교회가 세상을 따라갑니다. 세상과 섞인 교회는 분별을 잃고 거룩함도 잃어버리게 됩니다. 섞임, 이것은 우리를 하나님으로부터 떨어지게 하는 사탄의 강력한 전략입니다.

하나님은 '심장을 살피며 폐부를 시험하고 각각 그의 행위와 그의 행실대로 보응하시는 하나님'이십니다(렘17:10). 겉으로 드러나는 것으로는 아무것도 쉽게 판단할 수 없습니다. 또한 스스로 자신을 속여서도 안 됩니다. 하나님은 모든 것, 특별히 나조차도 은근히 덮어버리려는 가장 깊은 근원을 다 알고 계십니다. 거룩한 곳에 참여했다고 해서, 거룩한 의식을 했다고 해서 그것 자체가 나를 거룩하게 하지 않습니다. 나의 가장 깊은 곳의 근원 가운데 여전히 섞여 있는 것과 자기 중심적인 본성을 완전히 잘라내는 은혜가 있기를 구합니다.

브리트 하다샤 히7:1-19 / 요11:47-56

8일에 시작된 제사장의 직무

7일의 위임식이 지나고 아론은 자신을 위한 속죄제와 번제의 예배를 드린 후 백성들이 가져온 예물로 백성을 위한 속죄제와 번제, 소제, 화목제를 하나님께 올려드립니다. 그렇게 8일째가 되는 날 제사장의 직무가 본격적으로 시작됩니다. 제사장은 백성을 대신해 희생제사를 하나님께 올려드림으로 백성들이 하나님께 나아갈 수 있도록 죄를 속죄하는 직무를 가졌습니다. 이것은 우리의 대제사장 되신 예슈아의 모습을 보여줍니다.

히브리서에서 예슈아는 아론의 혈통이 아닌 멜기세덱의 계통을 따른 제사장으로서(히7:15), 육신에 속한 율법이 아닌 오직 불멸의 생명의 능력을 따라 제사장이 되셨다고 말씀합니다(히7:16). 예슈아는 번제단인 십자가 위에서 자신의 몸을 희생제물로 다 태워드리셨고 값을 지불하셨습니다. 그리고 번제단의 불을 가지고 성소에 들어가 분향하여 그 향이 하늘로 올라간 것처럼 예슈아는 성소의 휘장을 찢으시고 부활하심으로 승천하여 하늘 지성소로 올라가셨습니다. 영원과 부활을 상징하는 8일째 제사장의 직무가 시작된 것처럼, 예슈아의 부활로 인해 우리에게 새로운 제사장적 직무가 시작되었습니다. 그것은 우리가 예배를 할 때 육신에 속한 영역으로 예배를 담당하는 것이 아니라 부활의 영으로 하늘에 속한 실제 속에서 예배를 올려드려야 하는 직무입니다.

많은 경우 예배자들이 처리되지 않은 혼적인 영역을 가지고 제사장적 직무를 하려고 합니다. 혼적인 예배 안에도 기본적인 은혜가 있지만 이것은 지성소의 예배가 될 수 없습니다. 혼적인 예배는 다른 불로써 누룩이나 꿀을 섞은 과장과 자기만족적 예배라는 특징이 포함되어 있어서 자기 열정과 만족에 그치는 경우가 많습니다. 그러나 지성소의 예배는 온전히 하나님을 만족케 하는 예배입니다. 지성소의 예배는 성령을 통해서 진리에 속한 것으로, 그리고 부활하신 예슈아를 통해서만 드려질 수 있습니다. 영으로 드리는 예배는 하늘의 실제를 경험하게 합니다. 하늘의 실제가 없이 붕 떠 있는 것 같은 예배, 예배의 분위기만 만들려는 예배는 온전한 예배가 아닙니다. 예슈아는 “하나님은 영이시니 예배하는 자는 영과 진리로 예배해야 하느니라(요4:24)”고 말씀하셨습니다. 영으로 드리는 예배가 우리를 허상이 아닌 영적인 실제에 다가가게 합니다. 또한 허상에 속한 것이 아니라 실제에 속한 것으로 가득할 때 참된 영적인 실제들 안에서 예배드릴 수 있습니다. 이러한 예배가 땅에서 하늘을 경험하는 진정한 예배, 지성소의 예배입니다.

단 한 번의 희생제물로써 자신을 드리셨으며 영원한 대제사장이 되신 예슈아를 통해 지성소로 들어가는 예배를 드릴 때 하나님과 연합하여 하늘 보좌로부터 권세있는 중보를 하며 이 땅을 섬기는 것을 훈련하고 경험하게 될 것입니다. 영과 진리로 예배하는 삶을 사는 예배자들, 부활의 능력으로 제사장적 직무를 감당하는 예배자들을 통해 하늘의 예배가 드려질 때 하나님의 킹덤을 경험하고 알게 될 것이며 이런 자들이 왕 같은 제사장이 되어 주님과 함께 영원히 다스리게 될 것입니다.

【주제 #4】 멜기세덱은 누구인가?

예수님 시대를 포함하여 그 이전 모든 이스라엘과 유대인들의 해석에서는 멜기세덱을 노아의 아들 셈의 다른 이름으로 이해하고 있다 (탈무드와 그 외에 타르굼과 같은 다른 문헌들과 쿰란사본들과 야샬의 책, 에녹서들, 희년서등).

성경에서 제시해주는 나이를 통해서 계산하면 셈은 홍수 후에 502년을 더 살아서 아브라함보다 75년을 더 살았고, 야곱이 50세때 죽었다는 것을 알 수 있다. 아브라함은 멜기세덱을 예루살렘에서 만났을 때 멜기세덱에게 십분의 일을 드렸고 멜기세덱은 떡과 포도주로 전쟁에서 돌아온 그를 맞이해준다. (예루)살렘의 왕이었고 의의 왕이었던 멜기세덱은 홍수 이전에 98년을 살았고, 홍수 이후에도 그의 14대 후손인 야곱 때까지 살았던 역사적인 인물이었다. 그는 당시 예루살렘 산지에 살면서 수 세대가 지나도 계속 살아 존재하던 신성한 인물로 여겨졌을 것이다. 이삭과 야곱도 예루살렘에서 자리를 지키며 살고 있던 셈의 장막에서 홍수 이전 시대를 살아 보았던 셈으로부터 에덴-동산과 아담과 하와, 가인과 아벨, 에녹과 아버지 노아등 조상들에 대한 많은 이야기들을 전해 듣게 된다.

시편 110편은 시나이 산 아래서 시작된 아론의 대제사장 계열과는 전혀 다른 계열을 따라서 멜기세덱이 대제사장이었다고 알려준다. 예수님도 아론의 혈통으로서의 대제사장이 아닌, 멜기세덱과 같은 계열을 따라 하늘 지성소에 들어가는 대제사장이 되신 영원한 대제사장이시다 (히5:6).

에녹2서의 부록과 사해사본의 멜기세덱 문서에서는 우리가 일반적으로 생각할 때 좀 과하다 할 정도로 셈이라는 존재의 탄생과 멜기세덱의 승천과 멜기세덱이 천사들 중에서도 매우 높은 천사가 되어 영원한 제사장의 직무를 담당하고 있으며 멜기세덱이 거의 엘로힘과 같은 존재로서 묘사되는 이야기들이 있을 정도로 멜기세덱은 신비에 묻힌 존재이다.

멜기세덱에 관하여는 우리가 할 말이 많으나 너희가 듣는 것이
둔하므로 설명하기 어려우니라(히5:11)

당대 최고의 권위였던 가말리엘의 문하에서(발 밑에서) 배워 유대교의 모든 학문에 능통했던 바울도 멜기세덱에 대한 많은 정보들을 알고는 있었지만 듣는 자들의 이해가 짧고, 잘 이해할 수 있도록 더 깊고 자세하게 이야기하기에는 지면상의 한계도 느꼈던 것 같다.

바울이 (근대에 와서 여러 주장이 제기되지만 오랫동안 전통적으로 바울이 히브리서의 메인 저자로 알려져 왔다) 히브리적 배경을 가지고 있던 유대인들에게 히브리서를 적으면서도 이렇게 조심스러워하며 잘 이해하도록 설명하기에 어렵다고 말할 정도인데 그런 모든 배경과 자료

가 훨씬 부족한 상태에서 멜기세덱에 대해서 신약성경만 보고서는 온전한 그림을 이해하기에 한계가 있는 것은 당연할 것이다. 하지만 예슈아께서 아론의 계열이 아닌 멜기세덱의 계열을 따른 영원한 대제사장이되신 것과 멜기세덱이 여러가지 면에서 그리스도를 예표해 준다는 것(그의 이름들과 그의 삶과 그의 삶의 자리와 떡과 포도주와 대제사장인 것)을 이해하는 것만으로도 부족하지는 않은 것 같다.

하지만 이렇게 한번 생각해보면 어떨까? 하나님은 우리를 왕 같은 제사장으로 불러주셨다. 우리는 부활, 휴거 할 것이며 하나님은 부활의 몸을 입은 우리를 엘로힘보다는 낮게, 천사들보다는 높게 높여주실 것이다. 그리고 우리가 부활하면 우리는 하나님께 드려지게 되며 하나님은 우리를 왕들과 제사장들로 삼으셔서 우리가 땅 위에서 왕 노릇하며 통치하고 다스리게 하실 것이다.

그들이 새 노래를 불러 이르되 두루마리를 가지시고 그 인봉을 떼기에
합당하시도다 일찍이 죽임을 당하사 각 족속과 방언과 백성과 나라 가운데에서
사람들을 피로 사서 하나님께 드리시고 그들로 우리 하나님 앞에서 나라와
제사장들을 삼으셨으니 그들이 땅에서 왕 노릇 하리로다 하더라 (계5:9-10)

이것은 복음의 정수이고 태초부터 우리를 위한 극히 경외로운 하나님의 계획이다. 네 생물과 이십사 장로들이 이 새 노래를 부르는 장면은 어린 양이 봉인된 두루마리의 일곱 인을 떼시며 그 종말 시대를 마무리하고 곧 첫째 부활과 휴거의 사건 그리고 천년왕국을 시작하시려는 순간이었다.

우리가 한번 주어진 인생을 사는 동안 믿음으로 얼마나 하나님의 형상을 본받고 닮으려고 했는지에 따라서 부활 이후의 우리 모습과 영광은 각각 다를 것이다. 우리는 부활 이후에 부활의 몸으로 영생하며 천사와 같이 되고 천사보다 더 높은 권위를 위임받아 왕들과 제사장들이 되어 이 땅에서 왕 노릇하며 통치하고 다스리게 될 것이다. 이를 위해 하나님은 모든 사람에게 한번 인생으로 살아가는 기회를 주셨다. 이러한 일이 일어날 역사의 마지막 순간이 다가오는 시점에 우리는 살아가고 있다.

성경에서 극소수의 몇몇 사람들에게는 하나님이 예외적으로 좀 더 특별하게 먼저 그렇게 대우하셨을 수도 있었겠다고 생각을 열어본다면 에녹이나 멜기세덱이나 엘리야 같은 경우도 충분히 이해가 될 것이라 생각된다. 이 모든 역사의 사건들이 다 우리의 구원을 위해서 하나님께서 미리 셋팅해 놓으신 일들이며 미래에 성취될 일들의 예표가 되어 우리가 더 놀랍고 영화롭고 영원한 일들을 믿음으로 바라보게 해준다. 하나님의 지혜와 지식의 풍성함에 깊이 감사하지 않을 수 없다.

쉐미니 주간의 말씀

1. 7은 완성의 숫자입니다. 하나님의 창조가 일곱 번째 날에 완성되었듯이 인류 역사도 7000년의 때에 완성될 것입니다. 8은 새로운 시작이자 또한 영생으로 들어가는 시간, 영원을 의미하며 부활을 상징합니다. 7일째 되는 천년 왕국의 시간이 지나고 8일째가 되면 진정한 새 하늘과 새 땅의 시간이 시작되고, 옛 창조(처음 창조)에 속한 것은 더 이상 존재하지 않으며, 새 창조에 속한 부활의 몸으로만 영원히 살아가게 될 것입니다.

2. 제사장들의 7일간의 격리 시간은 하늘 성전의 아버지 곁에서 온 우주의 왕으로 취임하실 그 날을 기다리면서 준비하시는 메시아의 모습을 암시해 줍니다. 때가 되면 예슈아는 하나님의 백성들이 하나님 앞에 나아올 수 있도록 섬기는 영원한 제사장이 되어 자신의 백성들을 영원으로 데리고 들어가실 것입니다(시110:4).

3. 하나님의 영광은 거룩하게 준비된 제사장, 그리고 그 제사장을 통해 드려지는 예배, 예배를 위해 백성들이 가져온 헌신과 예물이 하나될 때 나타납니다.

4. 하나님의 불은 그분의 영광이며 자신의 백성들에게 주시는 하나님의 능력입니다. 하나님은 불로써 죄와 악한 것을 태우시고 우리를 거룩하게 하십니다. 거룩은 곧 우리의 능력이 되고, 하나님의 능력은 영광을 나타나게 합니다. 보이지 않으시는 하나님이 자신을 가시적으로 나타내는 방법이 영광이고, 하나님은 자신의 영광을 즉, 자신의 존재와 임재를 구름(출16:10)과 불(레9:24) 안에서 나타내셨습니다.

5. 하나님의 영광의 현현, 나타나심의 절정은 바로 예슈아입니다. 예슈아는 보여지고, 만져지고, 느껴지는 존재로 우리에게 나타나신 하나님의 영광이며 임재입니다. 예슈아는 하나님의 영광의 광채시며, 본체의 형상이십니다(히1:3).

6. 아무리 거룩한 의식을 행하고 거룩한 순간에 참여했다고 할지라도 마음에 숨겨진 자신의 의도와 속된 것이 완전히 분리되지 않으면 하나님이 아닌 자기 스스로를 따라가게 됩니다. 하나님이 분노해서 나답과 아비후를 죽이신 것이 아니라 그들이 스스로 거룩함을 선택하지 않음으로 거룩함이 그 본성이신 하나님의 불이 그들을 삼키도록 한 것입니다. 하나님의 불은 소멸하는 불입니다.

7. 내가 무엇을 먹느냐 무엇을 받아들이고 있느냐도 중요하고 내가 무엇을 접하고 있느냐도 하나님 앞에서 거룩하게 살아가는 성도들의 삶에서 아주 중요한 문제라고 알려주시는 것입니다.

쉐미니 주간의 선포

1. 하나님이 받으시는 예배를 위해 준비된 예배자 되게 하소서. 거룩을 위해 구별된 시간, 격리된 시간이 내 삶에 주어질 때 기쁘고 기대하는 마음으로 그 시간을 지날 수 있게 하소서. 준비되는 시간 동안 내가 해야 할 역할이 무엇인지 명확히 알고 훈련되게 하소서. 그리고 하나님의 때가 되었을 때 하나님이 명령하신대로 수행하는 예배자 되게 하소서.

2. 예배를 받으시는 하나님, 우리의 예배가 하나님이 기뻐하시는 거룩한 예배 되게 하시고 우리의 예배를 흠향하실 때 불을 던져 주셔서 그 불로써 우리가 하나님의 능력을 힘입어 하나님의 영광을 나타내는 자 되게 하소서.

3. 하나님을 위한다고 하면서 나의 생각과 의를 좇아가려는 본성을 철저히 구별하여 주시길 기도합니다. 삶의 모든 순간 하나님이 원하시는 것을 묻고 순종하는 삶을 살게 하소서.

4. 내가 접하고 있는 것, 먹고 있는 것, 보고 있는 것, 듣고 있는 모든 것까지 세심하게 살펴보고 인도해 주시는 성령님께 나를 맡깁니다. 나의 내면의 가장 깊은 것도 통찰하시는 하나님 앞에서 은근히 덮어버리는 죄까지 드러내시고 소멸하는 불로 태워주실 때 불평하는 것이 아니라 은혜로 받아들일 수 있는 겸손함을 더하여 주소서.

5. 나도 모르게 하나님이 기뻐하지 않으시는 것을 받아들인 것이 있다면 잘라주시고, 우리를 향해 달려드는 인본주의와 세상의 음란함이 나도 모르게 접촉된 영역을 씻어주소서. 받아들이지 않아야 할 것이 내 안에 들어와 있음을 깨닫는 순간 과감하게 아까워하지 않고 버리는 용기를 더하여 주소서.

27주간

תַזְרִיעַ

TAZRIA

타즈리아, 임신

파라샤 **레12:1-13:59**

하프타라 **왕하4:42-5:19**

브리트 하다샤 **눅7:18-35 / 눅22:1-13**

DAY 1 레12:1-8

여인의 출산

몸의 정결함은 생각과 마음, 곧 혼의 정결함을 가져오고 몸과 혼의 정결은 영을 보호합니다. 영, 혼, 육의 정결은 우리의 생명뿐 아니라 영생과도 관련된 문제입니다. 아이를 출산하는 것은 곧 이 땅에 생명을 가져오는 것이고, 이 땅에서 출생한 생명은 영원한 생명과 연결되기 때문에 하나님은 여인이 아이를 출산한 뒤 몸을 정결하게 함으로써 여인의 몸도 보호하고, 이제 막 이 땅에서 생명을 시작하게 된 아이를 보호할 수 있도록 출산 뒤 여인의 몸의 정결법을 가르쳐 주십니다.

아이를 낳을 때 여인들은 온 몸의 뼈와 마디가 열리고 아이가 나오는 산도도 열리면서 많은 피를 쏟습니다. 몸이 열리면서 여인들은 생명을 낳지만, 동시에 열린 곳을 통해 더러운 균에 감염될 수 있는 가능성도 생깁니다. 출산 이후에도 한 동안 산도가 열려있는 상태로 있게 됩니다. 하나님은 이렇게 피를 흘리는 상태를 깨끗하지 못하다고 말씀하시는데 이러한 상태는 감염의 원인이 되기도 하기 때문입니다. 그래서 하나님은 열린 곳을 통해 몸이 감염되지 않게 할 뿐 아니라 출산으로 인해 쏟은 피가 몸 안에서 새롭게 형성될 수 있도록 일정 기간동안 다른 것과 접촉하지 않는 보호의 시간을 보내도록 명하십니다. 이것은 아이를 낳은 여인을 보호하는 것이면서 동시에 새 생명을 보호하는 것입니다. 하나님이 정해주신 보호 기간이 지나면 생명을 출산한 여인과 출생한 아이는 자신들의 생명을 하나님께 맡기는 번제와 속죄제의 제사를 드림으로 하나님 앞으로 다시 나아갈 수 있게 됩니다.

정결(거룩)은 하나님께 나아가는 길이며, 하나님과 연합할 수 있는 열쇠입니다. 출산한 여인이 열린 산도를 통해 흐르는 피로 감염되지 않고 몸을 깨끗하게 관리할 수 있도록 하신 것은 하나님께 나아가는 길을 열어주신 은혜입니다. 사람을 향한 하나님의 생각은 언제나 생명과 축복입니다.

【주제 #5】 출생 후 정결의 과정을 거친 뒤 에덴-동산으로 들어가도록 예정된 인생

여자가 남자 아이를 낳으면 7일 동안 부정한 상태에 있게 되고, 제8일에는 남자 아이의 포피살이 베어져야 한다. 출산한 여인은 산혈이 깨끗해지며 정결케 되는 기간이 차기까지 33일을 더 머물러야 하며 총 40일을 채우게 된다. 여자가 여자 아이를 낳으면 두 번의 7일 동안 부정한 상태에 있게 되고, 산혈이 깨끗해지며 정결케 되는 기간이 차기까지 66일을 더 머물러야 하며 총80일을 채우게 된다. 출산한 여자가 7일과 두 번의 7일 동안 부정하다는 것은 부정한 상태로 지낸다는 것이며, 바꿔 말하면 정결해지는 기간을 보낸다는 의미가 된다. 여자가 산혈이 깨끗해지며 정결케 되는 기간이 차기까지 각각 총 40일과 총 80일을 더 머물러야 한다는 것은 7일과 14일을 지나 부정한 상태는 끝나더라도 완전하게 정결케 되기까지, 그리고 거룩한 곳에 들어가기까지 피가 정결해지는 기간 또는 정결한 피안에 더 머물러 있어야 한다는 것을 의미한다.

성경 자체로는 남자 아이의 출산일 경우 7일의 시간과 8일째의 할례, 총 40일을 채워야 하는 것, 그리고 여자 아이의 출산일 경우 두 번의 7일과 총 80일을 채워야 하는 것이 어떤 의미가 있는지 명시하고 있지 않지만 이 기간이 '생명의 출산'과 '부정한 상태에서 정결하게 되는 기간'과 '정결한 피에 머무는 기간을 채운 후에 거룩한 곳으로 들어가도록 허락되어진다'는 정도는 명확하게 이해할 수 있다.

그렇다면 이 본문의 숫자의 의미를 모세와 이스라엘 사람들과 고대 유대인들은 어떻게 이해했을까? 희년서에서는 아래와 같이 설명하고 있다.

> 3:8 첫째 주에 아담과 그 갈비뼈인 그의 아내도 창조되었다. 둘째 주에 그분께서 그녀를 그에게 보여주셨다. 이러한 이유로 남자는 7일 동안, 여자는 두 번의 7일 동안 그들의 부정한 기간을 지내도록 그 계명이 주어졌다.
> 3:9 아담은 그가 창조된 그 땅에서 40일을 다 채운 후에 우리는 그를 에덴-동산으로 데리고 와서 그것을 섬기고 지키게 하였다. 그러나 그의 아내는 80일이 되던 날에 그들이 데려왔고 그 후 그녀는 에덴-동산으로 들어왔다.
> 3:10 이러한 이유로 출산하는 여자에 관한 계명이 하늘 돌판들에 기록되어 있다. 만일 여자가 남자 아이를 낳으면 그 여자는 그 첫 주의 날수에 맞춰 7일 동안 부정하게 지내야 하고 그녀의 산혈을 정결케 하는 기간으로 33일을 지내야 한다. 남자 아이의

경우 이 날들을 채울 때까지 그녀는 신성한 물건을 만지거나 성소에 들어가지 못한다.
3:11 그러나 여자 아이의 경우에는 처음 그 두 주의 날수를 따라 두 주 동안 부정하게 지내고 그녀의 산혈을 정결케 하는 기간으로 66일을 지내어 그 날들은 총 80일이 될 것이라.
3:12 그녀가 이 80일을 다 채웠을 때 우리는 그녀를 에덴-동산 안으로 데려왔다.
이는 에덴-동산이 모든 땅보다 더 거룩하고 그 곳에 심겨진 모든 나무도 거룩하기 때문이다.
3:13 그러므로 남자 아이나 여자 아이를 낳는 여인들에 관한 규례가 제정되어 있는데 남자 아이나 여자 아이를 위한 이 날들이 차기까지는 그녀는 어떤 신성한 것도 만지지 말고 성소에 들어가지도 말아야 한다.
3:14 이것은 이스라엘이 모든 날들 동안 지키도록 그들을 위해 기록된 토라와 증거니라.[14]

남자의 출생과 여자의 출생과 관련이 있는 7일과 두 번의 7일은 아담과 하와가 지음 받은 것 즉, 그들의 출생과 관련이 있다. 그리고 정결해지는 40일과 80일을 채운 후 거룩한 곳으로 들어갈 수 있게 된다는 것은 아담과 하와가 지음 받은 후 각각 40일과 80일이 지나고 나서 에덴-동산으로 들어가게 된 것과 연결되어 있다. 즉, 인간이 비록 낮은 몸으로 비천한 몸으로 태어나지만 그 부정한 상태에서 정결케 되는 기간을 각각 다 채우고 나서 결국은 낙원(樂園 에덴-동산)으로 들어가게 된다는 것을 의미하는 것이다.

히브리어로 '너는 몇 명의 자녀를 낳고 싶니?'라고 물을 때 '너는 몇 명을 이 세상으로 데리고 오고 싶니?'라고 묻는다.

כמה את רוצה להביא לעולם ?

까마 아트 로짜 레하비 라올람

창세 전에 하나님에 의해 예정된 사람은 여인의 자궁을 통해서 이 세상에 태어난다. 그리고 비록 낮고 비천한 몸으로 살아가지만 정결의 과정을 지나서 결국 셋째 하늘에 있는 낙원(樂園 에덴-동산)으로 들어간다. 하늘의 예루살렘은 우리의 어머니와 같다(갈4:26). 그곳에서 마치 어머니의 자궁과 같이 다 모여서 대기하고 있던 자들이 부활의 아침에 다시 부활의 자녀로서 출생하게 될 것이다. 그 때 부활의 몸으로 출생한 우리는 그리스도와 함께 땅에 회복된 에덴-동산(낙원(樂園))으로 다 함께 들어가게 될 것이다.

그분은 만물을 복종시킬 수 있는 권능으로 우리의 비천한 몸을 변화시키셔서 자기의 영광스러운 몸과 같은 모습이 되게 하실 것입니다(빌3:21)

14 출처: AHPI(고대히브리관점연구소) 번역본.

여인의 후손

'임신하다'라는 히브리어 단어는 하라הָרָה입니다. 하지만 레위기 12:2에서 '여자가 임신할 것이다'는 타하레תַּהֲרֶה가 아닌 타즈리아תַזְרִיעַ로 쓰여서 자라זָרַע동사로 여자의 임신을 표현하고 있는데 이런 표현은 일반적인 상황에는 쓰이지 않는 독특한 표현입니다. 자라זָרַע는 '씨를 뿌리다'는 의미로 창세기 1:15에서 하나님이 여인의 후손을 약속하셨을 때 쓰인 단어입니다. 여인의 후손이란 여인의 씨를 의미하고, 여인의 씨는 곧 메시아를 의미합니다. 아담 이후의 모든 인류는 다 아담의 씨로 태어납니다. 그러나 레위기 12:2에서 "여인이 임신하여(타즈리아תַזְרִיעַ) 남자 아이를 낳으면"이라고 말씀하신 것은 이 본문에서 여인의 임신을 단순히 아이를 가진 것(하라)으로 보지 않고 하나님이 약속하신 여인의 후손 즉, 하나님이 약속하신 그 씨를 여인(마리아)이 잉태하여 메시아(예슈아)를 낳게 될 것임을 보여줍니다. 하나님은 여인이 임신하여 남자 아이를 낳게 되는 것이 결국 여인의 씨를 통해 뱀(사탄)의 머리를 쳐서 상하게 할 것이라는 하나님의 계획이 반드시 성취될 것이라는 것을 자라זָרַע라는 단어를 통해 레위기 12:2에 심어놓으신 것입니다.

레위기 12:5에서 여인이 여자 아이를 낳는 경우에서는 타즈리아תַזְרִיעַ라는 단어가 없이 바로 '여자 아이를 출산하면'이라고 일반적인 상황으로 서술하고 있습니다. 남자 아이는 의도적으로 '여인의 씨'라는 단어가 추가되었지만 여자 아이의 경우는 평범한 아담의 씨로부터 시작된 보편적인 모든 인류를 생각하게 해줍니다.

하나님은 아브라함에게 많은 자손을 약속하셨을 때도 자라זָרַע라고 말씀하셨고, 사도 바울은 이 아브라함의 씨가 곧 메시아라고 하였으며(갈3:16), 다른 선지자들이나 사도들은 다윗의 씨가 메시아라고 했습니다(렘33:22, 요7:42, 롬1:3, 딤후2:8). 이와 같이 씨(자라זָרַע)는 곧 메시아를 상징하기 때문에 레위기 12:2에서는 여자의 임신에 일반적으로 사용하지 않는 자라זָרַע동사를 사용함으로써 여인의 씨(제라זֶרַע)를 통해 오실 메시아에 대한 힌트를 우리에게 준 것입니다.

이러한 해석은 여인을 이스라엘로, 남자 아이를 메시아로 보는 것입니다. 사도 요한도 해산의 고통을 겪고 있는 여인의 환상을 보면서 이스라엘의 고난의 역사를 아들을 낳는 여자가 겪는 해산의 고통으로 이야기하며(계12:1-5) 이스라엘을 '남자를 낳은 여자'로 상징적인 표현을 하고 있습니다(계12:13).

이 아들을 낳는 여자에 대한 또 다른 해석의 관점이 있습니다. 선지자들은 해산의 고통을 이스라엘이라는 나라가 다시 세워지는 과정이나 메시아닉 킹덤이 시작되기 전의 상태로 비유했습니다(사66:7, 미4:9-10) 예수님도 감람산에서 예루살렘 성을 바라보며 메시아닉 킹덤이 시작되기 직전 이 땅에 있을 엄청난 환란과 고통을 '해산의 고통'이라는 개념으로 예언했습니다(마24:8, 막13:8). 사도 바울도 잉태된 여자에게 해산의 고통이 이름과 같이 여호와의 날이 오게 될 것이라고 말했습니다(살전5:3). 놀랍게도 랍비들은 레위기 12:2의 여인이 남자아이를 낳으면 7일 동안 부정한 상태가 되는 것을 메시아닉 킹덤 직전의 7년 환란과 같다고 해석하기도 했습니다.

하나님은 구속의 약속을 위해 토라 곳곳에 종말론적 상징들과 비유들을 히브리어 단어에 심어 놓으셨습니다. 여인의 임신과 해산의 과정을 통해서 메시아의 오심과 그 과정 가운데 있게 될 고통까지 알게 하시고 결국은 약속하신 것을 이루시는 하나님의 신실함을 알게 하셨습니다. 토라의 단어 하나에도 나타나있는 하나님의 구속의 언약은 신비 그 자체입니다.

아담과 하와가 처음 존재하게 된 과정도 출산된 것과 같습니다. 그 이후 지금까지 아담의 씨로 태어나는 모든 인류도 출산의 과정으로 땅에 태어나게 됩니다. 특별히 여자의 씨로 태어나신 예슈아께서도 출산의 과정으로 땅에 사셨습니다. 예슈아를 믿고 성령으로 거듭난 것도 영적 출산의 체험입니다. 우리의 어머니인 위에 있는 예루살렘의 자궁(아브라함의 품, 셋째 하늘의 에덴-동산, 낙원(樂園))에서 대기하고 있다가 천년왕국을 시작하시기 위해서 예슈아께서 다시 오시는 과정에서 첫째 부활에 참여하게 될 모든 자들도 단체적인 출산을 통해서 태어날 것이며, 동시에 메시아 왕국 시대가 출산될 것입니다. 그리고 마지막으로 새 하늘 새 땅 새 예루살렘이 출생하는 가장 위대한 출산이 있을 것입니다. 모든 출산의 과정에는 해산의 고통이 따르지만 새 생명에 대한 기쁨으로 인하여 이전 고통은 기억나지 않게 될 것입니다. 이러한 기대와 믿음을 가지고 우리 속에 그리스도의 형상이 이루기까지 해산하는 수고를 하는 우리가 되길 축복합니다.

여자가 해산하게 되면 그 때가 이르렀으므로 근심하나 아이를 낳으면 세상에 사람 난 기쁨을 인하여 그 고통을 다시 기억지 아니하느니라(요16:21)

나의 자녀들아 너희 속에 그리스도의 형상이 이루기까지 다시 너희를 위하여 해산하는 수고를 하노니 (갈4:19)

정결예식

남자 아이나 여자 아이를 낳고 정결해지기 위한 시간을 각각 40일, 80일을 지난 뒤에 어머니는 자신과 아이를 위한 번제와 속죄제의 예배를 위해 예물을 가지고 하나님께 나아갔습니다(레12:6). 하나님이 피와 몸의 정결을 위한 기간을 주신 이유는 정결의 과정을 통해서 거룩한 곳으로 다시 들어올 수 있게 하기 위한 것이었습니다. 40일 혹은 80일 동안 여인은 성물을 만지지도 못하고, 성소에도 들어갈 수 없었습니다(레12:4). 모든 것이 금지되었던 시간을 지나 다시 하나님께로 나아갈 때 번제와 속죄제를 올려 드림으로써 여인뿐 아니라 아이도 하나님께 함께 나아갈 수 있는 은혜를 얻게 됩니다.

예수님의 어머니 마리아도 모세의 율법을 지키기 위해 정결예식의 날에 산비둘기 한 쌍이나 집비둘기 둘로 번제와 속죄제를 올려드리기 위해 예루살렘 성전으로 갔습니다(눅2:22-24). 마리아는 모세의 율법에 순종하면서 동시에 하나님의 뜻을 이루었습니다. 마리아가 정결예식을 위한 예물을 하나님께 올려드린 것은 예수님이 번제물과 속죄제물로써 하나님께 드려지게 될 것임을 암시하면서 예수님의 희생을 통해 우리가 구원을 얻고 하나님께 나아갈 수 있게 될 것임을 보여 주었습니다. 율법을 폐하러 온 것이 아니라 완전하게 하기 위해 오셨다고 말씀하신 대로(마5:17) 여인의 임신과 출산에 대한 모세의 율법은 예수님의 초림 때 성취되었고, 다시 오실 때 부활의 출산과 메시아닉 킹덤의 해산과 함께 완전하게 이루어질 것입니다.

DAY 2 레13:1-17 / DAY 3 레13:18-23

피부의 나병

나병은 피부에 생기는 병으로 피에 독이 쌓이면 그것이 피부로 드러나게 되면서 몸을 썩어 들어가게 하는 병입니다. 나병은 처음에는 작은 피부병처럼 보이는 것으로부터 시작하지만 결국은 온 몸을 썩어 들어가게 합니다. 그래서 하나님은 피부에 생기는 작은 변화라도 반드시 제사장에게 보여서 정확한 진단과 처방을 받도록 명하십니다. 왜냐하면 이 작은 피부의 변화가 어떤 결과를 가져올지 알 수 없기 때문입니다. 하나님은 나병에 대한 규례를 다른 병들에 비해 더 자세하게 가르쳐 주십니다. 제사장은 하나님의 말씀에 따라 피부에 생긴 것들을 자세히, 그리고 지속적으로 관찰하면서 이것이 나병인지 일반 피부병인지를 진단합니다.

피부가 우묵하게 패였거나 색점이 생기면 이것은 가벼운 피부병이거나 혹은 악성 나병일 수 있는 가능성이 있습니다. 이런 피부병들의 특징은 우묵하게 패였거나, 색점이 생기거나, 몸에 퍼지는 것입니다. 하나님은 이런 것들이 부정하다(깨끗하지 않다)고 하셨습니다. 만약 퍼지지 않으면 진영 바깥으로 일정기간 격리되었다가 몸을 깨끗하게 씻고 돌아올 수 있지만, 병이 퍼지게 되면 진영 바깥에서 혼자 살아야 합니다. 왜냐하면 이 병은 다른 사람을 감염시킬 수 있기 때문입니다. 나병은 피의 전염병이기 때문에 한 사람뿐 아니라 공동체에 해를 끼칠 수 있습니다. 피를 통해 생명이 태어나기도 하지만 더러운 피는 전염을 통해 죽음에 이르게 합니다. 하나님은 작은 피부병으로 시작된 것이 공동체에 전염되어 죽음의 영향력이 공동체에 흐르는 것을 원치 않으셨기 때문에 철저하게 피부의 상태를 살피도록 하셨습니다.

이렇게 몸의 겉부분에 생긴 작은 변화도 하나님이 간과하지 않도록 하신 이유는 큰 문제들은 모두 작은 것에서부터 시작하기 때문입니다. 피부의 변화에 따른 정확한 처방은 큰 문제를 막아줄 수 있지만 초기에 바른 처방을 받지 못하면 병을 키워서 결국 자신과 공동체까지 어려움이 되는 상황이 생깁니다. 그래서 하나님은 우리의 몸에 생긴 변화, 생각과 감정에 생긴 작은 변화를 아무렇지 않게 지나치는 것을 원하지 않으십니다. 작은 것도 하나님께 묻고, 미리 예방하고 처방하는 것이 큰 병을 막습니다. 또한 하나님이 친히 우리 몸의 작은 질병도 치료하시고 고쳐주십니다. 우리 몸의 거룩은 하나님과 하나되는 열쇠이기 때문에 하나님은 우리의 온전함을 가장 원하십니다. 나병이 작은 피부병으로부터 시작해서 우리 몸을 썩어 들어가게 하듯이, 우리 마음의 생각과 감정에 생긴 작은 쓴뿌리들을 간과하면 그것이 쌓여서 생명이 흐르게 하는 피에 독소가 되고, 독소가 색점으로 드러나 우묵하게 되면 결국 나병처럼 우리 마음을 썩어 들어가게 합니다.

그런데 피부의 나병이(문둥병) 단순한 세균의 감염에 의해서가 아니라 죄로 인해 하나님이 허락하시는 경우도 있었습니다. 미리암이 동생 모세를 비방하며 권위에 대항했을 때(민12:10), 엘리사의 사환 게하시가 나아만 장군을 쫓아가서 은 두 달란트와 옷 두 벌을 받았을 때(왕하5:27), 남유다 웃시야 왕이 성전의 불을 직접 향단에 분향하려 했을 때(대하26:19) 나병이 온 몸에 퍼졌습니다. 세 가지 사건은 모두 교만과 불순종, 권위에 대한 선을 넘었을 때 발생한 일입니다. 미리암이 모세를 비방한 것에 대해 하나님은 하나님의 권위에 반역한 것으로 받아들이셨습니다(민12:8-9). 게하시의 탐욕스러운 행동은 선지자 엘리사의 명을 거역함으로 하나님이 기름부으신 자의 권위를 넘어섰습니다. 웃시야 왕은 남유다 왕 중 가장 강성한 왕이었음에도 그 마음이 교만해져서 하나님이 택하신 제사장의 권한을 넘어서서 성전으로 직접 들어가 분향하려 했고, 제사장 아사랴는 용맹한 자 팔십인을 데리고 웃시야 왕을 따라 들어가 그것을 막아섭니다.

> 여호와께 분향하는 일이 왕의 할 바가 아니요 오직 분향하기 위하여 구별함을
> 받은 아론의 자손 제사장의 할 바니 성소에서 나가소서 왕이 범죄하였으니
> 하나님 여호와께 영광을 얻지 못하리이다(대하26:18)

아사랴는 용맹한 자들을 데리고 들어가 왕에게 담대하게 하나님의 뜻을 상기시켜 줌으로써 왕이 범죄하지 않을 수 있도록 도우려 했지만 웃시야는 교만하여 제사장 아사랴의 말을 듣지 않았고, 결국 하나님이 허락하신 제사장의 권한을 넘어섬으로써 이마로부터 나병이 발하는 결과를 가져왔습니다. 나병은 고의로 죄를 짓는 것과 선을 넘은 죄, 하나님의 권위에 대항하는 것과 같은 교만이 있을 때 내려졌던 하나님의 엄중한 심판의 결과였습니다.

하나님이 허락하신 경계(바운더리)를 넘어서는 것은 곧 하나님의 영역을 침범하는 것과 같습니다. 우리의 생각과 감정에 들어와 있는 작은 교만은 우리로 하여금 교만한 행동을 하게 하고 이것은 어느 순간 하나님의 영역을 침범하게 하여 우리 자신뿐 아니라 공동체에까지 해를 끼치는 나병과 같이 됩니다. 하나님은 교만한 자들에게 나병을 내리심으로써 영적인 교만이 나병과 같은 것임을 우리에게 가르쳐 주십니다. 교만은 하나님의 권위를 건드리며 공동체를 전염시키는 나병입니다. 나병이 피부의 작은 색점으로부터 시작되듯이, 교만도 자기를 세우고 인정받고 싶어하는 작은 생각들과 감정으로부터 자랍니다. 그래서 매순간 우리는 자신의 생각과 감정에 어떤 것이 섞여있는지 면밀히 체크하고 말씀을 통해 점검받아야 합니다. 이것이 나를 보호하고 공동체를 보호하는 것입니다.

DAY 4 레13:24-28

제사장의 판단

나병인지 아닌지를 진단하기 위한 격리 기간은 7일입니다. 7일 동안 제사장은 면밀하게 환부를 들여다보고 관찰함으로써 하나님이 말씀해주신 나병에 대한 증상들을 파악하고 정확한 진단을 내립니다. 나병을 진단하는 제사장의 실험기간은 하나님이 각 사람의 행위들을 면밀히 들여다보시는 마지막 최종 심판을 암시합니다. 모든 사람, 살아있는 자나 죽은 자 모두 부활하여 마지막 심판대에 설 것입니다. 마치 제사장이 나병의 증상인지 아닌지를 자세히 들여다보는 것처럼, 하나님은 각 사람의 죄와 행위들, 혹은 선한 행위들을 자세히 살펴보실 것입니다. 하나님으로부터 영적인 나병에 걸린 자라는 진단을 받게 되면 그 사람은 영원히 거룩한 성소에 들어가지 못하게 될 것입니다. 새 예루살렘에는 무엇이든지 속된 것이나 가증한 일 또는 거짓말하는 자는 결코 들어갈 수 없기 때문입니다(계21:27).

모든 인간은 죄로 인해 병들었습니다. 그래서 우리 모두는 잠재적인 영적 나병 환자들입니다. 하지만 작은 피부병이 시작되었다고 해서 그것만으로 나병이라고 진단할 수 없는 것처럼 우리가 죄를 지었다고 해서 그것만으로 완전히 정죄당하지 않습니다. 나병의 증상처럼 보이는 것 자체가 나병은 아닌 것입니다. 작은 피부병이 시작되었을 때 그것이 나병인지 아닌지 최종 결정을 내리기 전까지 7일의 시간이 주어진 것처럼, 우리가 죄를 지었다고 해도 완전한 판결이 있기 전까지 즉, 하나님의 최종적인 상벌이 결정되기 전까지는 우리에게 시간이 있습니다. 죄의 증상들만 가지고 하나님은 우리를 심판으로써 정죄하지 않으십니다. 우리에게 정결하다고 진단받을 수 있는 시간을 허락해 주십니다. 그러므로 7일의 격리 기간은 소망이고 은혜입니다.

DAY 5 레13:29-39 / DAY 6 레13:40-52

감염과 격리

문제는 피부에 병이 났거나 곰팡이가 생긴 것 자체가 아니라 감염입니다. 이런 것들은 사람의 몸에 붙어서 감염시키기도 하지만 집과 같은 건물, 사람이 속해 사는 공간에도 붙어 있을 수 있습니다. 감염은 순식간에 한 가족이나 공동체를 병들게 합니다. 그러므로 내가 어떤 사람과 주로 접촉하는지, 나의 몸은 깨끗한지, 내가 사는 공간은 늘 청결한지를 살피는 것은 우리 자신만 살피는 것이 아니라 내가 속해 있는 모든 사람과 공간을 살펴보는 것과 같습니다. 그러므로 피부에 생긴 색점이나 우묵 패인 것과 같은 현상들, 집에 생긴 색점들은 순식간에 병들게 할 수 있음을 기억하고 초기에 잘 살펴서 근원을 없애야 합니다.

사람의 피부에 난 병이 다른 사람을 감염시키듯 우리의 생각과 감정이 우묵하게 패였거나 정체를 알 수 없는 색깔들이 들어오게 되면 우리 자신만 부정하게 되는 것이 아니라 주위를 감염시킬 수 있습니다. 마찬가지로 나의 생각과 감정은 어떤 것에 영향을 받고 접촉하고 있는지를 살펴보고 패인 것은 없는지 정체를 알 수 없는 생각과 감정이 흘러 들어온 것은 없는지도 살펴보아야 합니다. 마음을 어둡게 하고 부정적인 것에 집중하게 하는 생각들과 감정의 흐름에 접촉되어 있다면 그것으로부터 나를 격리시켜야 하며, 혹 내 안에 그런 것이 있다면 나 스스로를 돌아보고 내가 감염을 시키는 자가 되지 않도록 해야 합니다.

한 사람의 범죄가 인류에 죄를 가지고 들어왔듯이, 한 사람의 희생이 인류에 생명을 얻게 하였습니다(롬5:17). 한 사람이 공동체를 살릴 수도 있고 죽일 수도 있습니다. 그리고 이것은 작은 변화로부터 시작됩니다. 그래서 하나님은 작은 균열과 변화가 큰 사건으로 이어지지 않게 하기 위해 격리라는 방법을 사용하십니다. 하나님이 피부병과 나병에 걸린 사람들을 격리시키신 이유는 모두를 보호하기 위함입니다. 격리는 회복과 치유를 위한 하나님의 보호이자 은혜의 처방입니다. 병에 걸린 사람은 스스로 자신을 돌아보고 병을 치유할 수 있는 시간과 기회를, 병에 걸리지 않은 사람들에게는 감염되지 않을 수 있는 기회를 주십니다.

부패와 폐쇄

병 있는 날 동안은 늘 부정할 것이라 그가 부정한즉
혼자 살되 진영 밖에서 살지니라(레13:46)

레위기에서 진단하고 있는 나병의 증상들은 모두 부패와 관련되어 있고, 이것은 결국 육체가 썩게 되는 것으로 이어집니다. 부패하다는 것, 몸이 썩기 시작했다는 것은 곧 죽음을 의미합니다. 나병은 피부의 한 부분이 썩기 시작함으로써 이미 죽음이 진행되고 있음을 알려주는 질병입니다. 하나님의 거룩한 성소는 죽음과 부패가 닿을 수 없는 곳입니다.

그래서 토라는 사망의 영향에 감염된 어떤 상태로는 거룩한 제사에 참여할 수 없을 뿐 아니라 성소에도 다가갈 수 없으며, 심지어 제사의 전 과정 중에 부패를 의미하는 어떤 것도 존재하지 못하도록 했습니다. 예를 들어 제물로 바쳐진 고기가 이틀이 지나면 부패가 시작되기 때문에 완전히 태워져야 한다는 것, 누룩이 들어간 유교병은 소제로 드려질 수 없다는 것이 그 예입니다. 하나님이 모든 제물에 부패 방지의 의미가 있는 소금을 치도록 명령하신 것도 또 하나의 예입니다.

하나님의 성소는 불멸성과 불부패성을 나타냅니다. 하나님의 임재 안에는 질병과 부패, 죽음이 있을 수 없기 때문에 하나님은 이미 몸에 부패의 과정이 시작된 나병환자를 거룩한 성소에, 또 진영 안에 들어오지 못하게 하셨습니다.

예슈아는 영적 나병도 육체의 부패도 갖지 않으신 유일한 분이십니다(시16:10). 죽음으로부터의 부활은 그의 육체를 썩어짐으로부터 불멸의 상태로 옮겨 놓았습니다. 그러므로 예슈아는 하나님의 거룩한 성소를 영원히 섬기실 수 있는 온전한 제사장입니다. 예슈아의 사역 가운데는 나병 환자를 치유하신 사역이 여러 번 기록되어 있습니다. 예슈아께서 하나님의 성소에 가까이 갈 수 없고, 백성들의 진영에조차 들어갈 수 없는 존재인 나병 환자를 고쳐주신 것은 부패와 죽음의 상태를 완전히 치유하여 생명으로 넘치게 하심으로 성소로 나아갈 수 있게 하셨음을 의미합니다. 예수님을 찾아왔던 나병 환자들이 예수님께 자비와 치유를 구했던 것처럼 우리 영혼의 나병을 위해 예수님께 나아가 자비와 치유를 구해야 합니다. 나도 모르게 감염된 것들, 그것으로 인해 작은 것이라도 표출되었다면 제사장에게 얼른 보여야 하는 것처럼 예수님께 밝히 드러내 보이면 자비의 시간을 통해 새롭게 될 것입니다. 우리의 대제사장 되시는 예수님은 우리를 자세히 살펴보시고 돌봐주심으로 우리를 치유하셔서 당신의 거룩한 하늘 지성소로 들어가게 하실 것입니다.

DAY 7 레13:53-59

옷에 생긴 곰팡이

옷은 우리의 몸에 직접적으로 닿는 것입니다. 우리가 생명의 상태인지 죽음의 상태인지는 우리 밖으로 표출되며 우리 몸에 접촉되어 있는 것을 통해서 나타납니다. 그런 의미에서 옷에 생긴 곰팡이는 곧 나병의 증상으로 간주됩니다. 고대 시대에는 천이 귀했기 때문에 일반인들은 많은 옷을 가지고 있지 않았습니다. 옷 하나를 버리는 것은 재산 중 일부를 없애는 것과 같은 것이었습니다. 하나님은 아무리 귀한 소유라 할지라도 옷에서 곰팡이가 발견되면 나병으로 간주하고 불사르도록 명령하십니다. 그러나 옷의 소중함을 배려하신 하나님은 옷에 나타나는 곰팡이들도 그것이 진짜 나병의 증상과 같은지 아닌지를 살펴볼 수 있는 7일의 시간을 허락하십니다(레13:50).

7일 동안 살펴보고 색점들 즉, 곰팡이가 퍼지지 않았으면 빨았다가 다시 한번 7일을 살펴보게 하고, 그 이후에 이상 징후가 발견되면 불사르게 하셨고, 이상 징후가 없으면 다시 빨아서 깨끗하게 하여 입도록 하셨습니다. 옷의 정결을 위해서도 긴 시간 동안 제사장을 통해 정확한 진단을 내리게 하심으로써 우리의 몸에 닿는 것조차 거룩하게 지킬 수 있도록 하셨습니다. 하나님은 우리의 몸을 거룩하게 창조하셨습니다. 죄로 인해 썩고 죽을 수 밖에 없는 상태가 되었지만 원래 하나님이 창조하신 우리의 몸은 거룩한 것입니다. 예수님은 자신의 육체를 가르쳐 성전이라고 하셨고(요2:21), 사도 바울도 우리 몸이 거룩한 하나님의 성전이라고 했습니다(고전3:16-17). 하나님의 성전은 하나님이 들어와 사시는 하나님의 집입니다. 영도 중요하고 혼도 중요하지만 몸의 건강과 몸의 위생상태를 관리하는 것도 중요합니다. 우리가 드리는 영적 예배는 우리의 몸을 살아있는 제물로 거룩하게 드리는 예배이기 때문입니다.

하프타라 왕하4:42-5:19

겸손과 순종이 곧 치유의 길

나병 환자였던 아람 장군 나아만은 자신의 치유를 위해 포로로 잡혀온 어린 히브리 여종의 말을 듣고 하나님의 사람인 엘리사를 찾아 이스라엘 땅으로 옵니다. 그러나 그는 엘리사의 치유 처방책을 듣고 크게 실망합니다. 엘리사가 내려준 처방법은 나아만이 생각하고 기대한 치유의 방법이 아니었기 때문입니다. 그는 "내 생각에는(왕하5:11)"이라고 말하며 엘리사의 처방책을 따르지 않고 화가 난 채로 돌아가려 합니다. '내 생각에는'이라는 자신이 정해 놓은 틀, 혹은 더 합리적이고 옳다고 믿는 것들은 하나님의 말씀과 명령을 가볍게 여기게 하며 듣지 못하게 합니다. 이것이 바로 하나님보다 높아진 생각이며 세상을 따르는 생각입니다(고후10:5). 자기의 경험, 지식, 논리, 능력 등이 힘이 될 때 이것은 하나님보다 높아지는 생각이 됩니다. 생각은 언제나 결과를 낳으며 세상을 따르는 생각들은 결국 하나님을 대적하는 결과를 불러옵니다.

한번 높아진 생각은 쉽게 바뀌지 않습니다. 쉽게 바뀌지 않는 생각들은 견고한 진이 되어 우리를 고집스럽게 하고 교만하게 합니다. 그래서 바울은 생각에 변화를 받으라고 권고합니다(롬12:2). 나아만은 자신의 생각에 부합하지 않을 뿐 아니라 하찮게 느껴진 엘리사의 제안과 하나님의 명령을 무시하고 돌아서려 하지만 지혜로운 종들의 말을 듣고는 '내 생각에는'을 내려놓고 "하나님의 사람의 말대로(왕하5:14)" 순종하였고 결국 그는 완전히 치유를 받습니다. 그가 생각한 대로 했다면 그는 결코 치유받지 못했을 것입니다. 하지만 하나님의 사람 선지자의 말, 하나님의 말씀대로 했을 때 그는 완전한 치유를 받게 됩니다. 그는 몸만 치유받은 것이 아니라 온 천하에 하나님만이 참 신임을 알고 그 삶의 모든 예배를 여호와께만 드리겠다고 결단하게 됩니다(왕하5:17). 하나님이 말씀하신 대로 하면 그것이 보호이고 생명입니다. 말씀에 대한 순종은 우리 몸의 생명만 지켜주는 것이 아니라 영을 살게 합니다. 왜냐하면 살아계신 하나님이 어떤 하나님인지 아는 지식이 우리 안에 체험됨으로써 하나님을 더욱 경외하게 되기 때문입니다.

나아만은 권력과 재력을 지닌 장군이었지만 나병 환자였습니다. 큰 것을 이루었지만 자기 몸은 돌보지 못했습니다. 그래서 그는 모든 것을 가져도 불행한 사람이었습니다. 그런데 포로로 잡혀온 히브리 여자아이 한 명과 그의 종들이 나아만의 치유를 위한 통로가 되었습니다. 작고 낮은 자들이 나아만에게 하나님의 위대함을 알려주는 통로가 되었습니다. 나아만은 몸의 치료만 받은 것이 아니라 전능하신 하나님을 알게 되었습니다. 나아만이 한 것은 작은 자들의 말을 들은 것이었습니다. 모든 것을 가진 자라는 교만함이 가득 차 있었다면 그는 작은 자들의 말을 듣지 않았을 것입니다. 교만은 죄나 질병을 해결할 수 없고, 낫게 할 수 없습니다. 영향력있고 유명하지만 교만으로 높아져 있어서 영적인 나병의 상태에 있는 지도자들은 불행한 사람들입니다. 스스로 크다고 여기는 사람들의 방법은 하나님의 방법이 아니라 지극히 인본주의적인 생각과 방법으로 해결하려 합니다. 나아만이 교만한 상태를 유지했다면 결코 나병을 고칠 수 없었을 것입니다. 그러나 그의 몸의 질병이 그를 듣도록 만들었습니다. 몸의 질병이 그를 겸손하게 했고 몸과 영혼이 함께 구원받게 하였습니다.

하나님은 겸손한 마음가운데 역사하십니다. 우리 마음에 나병처럼 문드러지고 썩어들어간 곳이 있다면 하나님 앞에서 겸비해야 합니다. 우리의 생각에 합리적이지 않다고 하면서 하나님의 말씀과 명령을 무시한다면 우리는 결코 하나님의 치유와 은혜를 경험할 수 없을 뿐 아니라 결국은 하나님을 대적하고 돌아서는 사람이 될 것입니다. 하나님은 작고 연약한 것을 통해 역사하십니다. 그래서 작고 연약함이 하나님의 강함이 됩니다. 세상의 작은 것을 통해 하나님은 당신의 전능하심을 드러내십니다.

브리트 하다샤 눅7:18-35

여인이 낳은 자 중 가장 큰 자

예수님은 세례 요한을 여인이 낳은 자 중에 가장 큰 자라고 말씀하셨습니다. 하지만 하나님 나라에서는 극히 작은 자라도 그보다 크다고도 하셨습니다(눅7:28). 예수님은 하나님의 나라가 아주 작은 것에서부터 시작한다는 것을 아셨기에 하나님 나라를 작은 겨자씨에 비유하셨습니다. 작지만 그 결과가 결코 작지 않다는 것을 아셨기 때문입니다. 그래서 작은 자들, 일반 백성과 세리들, 스스로를 죄인이라고 생각하는 자들은 세례 요한의 말씀을 듣고 세례를 받고 하나님을 의롭다고 하였지만 스스로를 높다고 생각하는 자들, 바리새인들과 율법교사들은 세례를 받지 않고 그들을 위한 하나님의 뜻을 저버렸습니다(눅7:30). 결국 지혜의 자녀들은 세상의 지혜가 아닌 하나님의 지혜가 옳다는 것을 입증하게 됩니다(눅7:35). 하나님의 지혜가 있고 그 지혜를 아는 자녀들은 작은 것을 무시하지 않으며 스스로 겸손한 자들입니다. 그들은 작은 것이 귀하다는 지혜를 믿고 행동함으로 지혜가 옳다는 것을 드러냅니다. 곧 지혜로운 자들은 말씀에 순복하며 말씀대로 사는 자들입니다. 예수님이 낮은 자리로 오셨고, 작은 자들을 사랑하셨고, 그들을 섬기셨습니다.

선한 것이든, 악한 것이든 모든 것은 작은 것 하나에서부터 시작합니다. 하나님이 주신 비전이 아무리 크다 할지라도 그 비전을 이루기 위해서는 작은 것 하나에서부터 시작해야 합니다. 이런 과정없이 일단 큰 것부터 제시하고 크게만 하려고 하다가 자신이 말 한 것을 이루어야 하기 때문에 자꾸 거짓말하게 되는 사역자들을 많이 봅니다. 스스로는 하나님이 주신 비전을 위한 것이라고 말하며 합리화하지만 사실은 자신의 욕망을 채우기 위한 것일 뿐입니다. 하나님의 나라는 지극히 작은 것에 있습니다. 이름없이 하나님의 나라를 섬기는 귀한 사람들, 이름없이 자신의 생명을 내어드린 사람들로 인해 하나님의 나라가 확장되어 왔습니다. 하나님의 나라는 작은 것으로부터 시작됩니다. 작은 일에서도 소중함을 발견하며 작은 것부터 사랑하는 사람, 그가 지혜로운 자입니다.

타즈리아 주간의 말씀

1. 몸의 정결함은 생각과 마음, 곧 혼의 정결함을 가져오고 몸과 혼의 정결은 영을 보호합니다.

2. 여인의 임신과 출산에 대한 모세의 율법은 예수님의 초림 때 성취되었고, 다시 오실 때 메시아닉 킹덤의 출산과 함께 완전하게 이루어질 것입니다.

3. 나병이 작은 피부병으로부터 시작해서 우리 몸을 썩어 들어가게 하듯이, 우리 마음의 생각과 감정에 생긴 작은 쓴뿌리들을 간과하면 그것이 쌓여서 생명이 흐르게 하는 피에 독소가 되고, 독소가 색점으로 드러나 우묵하게 되면 결국 나병처럼 우리 마음을 썩어 들어가게 합니다.

4. 하나님은 교만한 자들에게 나병을 내리심으로써 영적인 교만이 나병과 같은 것임을 우리에게 가르쳐 주십니다. 교만은 하나님의 권위를 건드리며 공동체를 전염시키는 나병입니다. 나병이 피부의 작은 색점으로부터 시작되듯이, 교만도 자기를 세우고 인정받고 싶어하는 작은 생각들과 감정으로부터 자랍니다.

5. 죄의 증상들만 가지고 하나님은 우리를 심판으로써 정죄하지 않으십니다. 우리에게 정결하다고 진단받을 수 있는 시간을 허락해 주십니다. 그러므로 7일의 격리 기간은 소망이고 은혜입니다.

6. 예슈아께서 하나님의 성소에 가까이 갈 수 없고, 백성들의 진영에조차 들어갈 수 없는 존재인 나병 환자를 고쳐주신 것은 부패와 죽음의 상태를 완전히 치유하여 생명으로 넘치게 하심으로 성소로 나아갈 수 있게 하셨음을 의미합니다.

7. 하나님이 말씀하신 대로 하면 그것이 보호이고 생명입니다. 말씀에 대한 순종은 우리 몸의 생명만 지켜주는 것이 아니라 영을 살게 합니다. 왜냐하면 살아계신 하나님이 어떤 하나님인지 아는 지식이 우리 안에 체험됨으로써 하나님을 더욱 경외하게 되기 때문입니다.

타즈리아 주간의 선포

1. 죄로 인해 부패하고 죽게 된 우리 몸을 부활을 통해 새롭게 살게 하실 하나님을 찬양합니다. 나는 죽음의 상태가 아닌 영원히 살아있는 상태로 하나님의 킹덤에 있게 될 것을 믿습니다. 사도 신경의 고백대로 몸이 다시 사는 것과 영원히 사는 것을 믿습니다. 이 땅에서의 복에만 초점을 맞추는 메시지가 아닌 부활과 영원을 사모하는 진리가 교회에서 선포되게 하소서.

2. 메시아닉 킹덤의 시작 전에 있게 될 해산의 고통을 잘 감당하고 견뎌낼 수 있는 힘을 더하여 주소서. 이 땅에 다시 오셔서 토라와 예언서를 온전히 이루실 예슈아를 기다리며 소망합니다.

3. 우리를 정결하게 하는 은혜의 격리 시간을 허락해 주심에 감사합니다. 작은 죄도 빨리 인정하고, 조금이라도 가정과 공동체에 보이는 이상 징후가 있을 때 주님께 보여드리고 자비를 구하는 중보자 되게 하소서.

4. 교회와 나라에 퍼져있는 하나님보다 높아져 있는 모든 교만의 나병을 꺾으시고 요단강에 씻겨져 새롭게 된 나아만 장군처럼 자신의 힘과 경험을 다 내려놓고 말씀대로 순종하여 고침받는 교회와 나라되게 하소서.

5. 육신의 일보다 영의 생각을 할 수 있는 거룩한 성전 되게 하소서. 생명과 평안으로 우리 삶을 가득 채워주소서. 나병에 감염된 자가 아닌 생명으로 충만하여 생명을 흐르게 하는 자가 되게 하소서.

28주간

מְצֹרָע

METZORA

메쪼라, 감염된 자

파라샤 **레14:1-15:33**

하프타라 **왕하7:3-20**

브리트 하다샤 **마23:16-24:2,30-31 / 마17:9-13**

DAY 1 레14:1-9

정결함을 위한 예배

하나님은 작은 색점, 피부에 생긴 우묵한 것, 뾰루지나 종기 같은 것들을 잘 살펴서 이것이 한 사람의 몸 전체에 감염되지 않고 공동체에 전염되지 않도록 규례를 주셨습니다. 작은 것도 지나치지 않도록 하심으로 큰 전염을 막도록 하신 하나님은 또한 이 감염으로부터 이미 회복되고 정결하게 된 자들에 대한 규례도 주십니다(레14:3).

피부병 혹은 나병이 제사장의 진단으로 나았다고 판단된 사람들(정결하게 된 자들)이 가장 먼저 해야 할 일은 제사장에게 가서 자신을 보이는 것입니다. 제사장은 나병으로부터 나았다고 여겨지는 자를 진영 밖으로 데리고 나가서 다시 한번 진찰을 한 뒤 그가 정결하게 되었다고 선포해 줍니다(레14:3). 제사장에게 자신을 보이고 정결함을 인정받는 것은 주님께 우리를 보이고 그분으로부터 의롭다고 인정받는 것과 같습니다. 우리를 거룩하고 의롭다고 인정해주실 수 있는 분은 오직 주님뿐이십니다. 주님은 우리를 의롭다고 하시고 의롭게 된 우리를 영화롭게 하십니다(롬8:30).

제사장으로부터 나병에서 정결하게 되었다는 선포를 받은 자는 살아 있는 정결한 새 두 마리와 함께 백향목, 홍색실, 우슬초를 가지고 나아갑니다(레14:4). 백향목은 위엄과 굳건함을, 홍색실은 그리스도의 피를 우슬초는 치유를 상징합니다. 홍색실로 백향목과 우슬초를 묶어서 제사장 앞으로 가지고 나갈 때 제사장은 정결한 두 마리의 새 중 한 마리는 흐르는 물에서 잡아 피를 쏟고 그 피에 홍색실로 묶인 백향목과 우슬초를 찍어 나병 환자였던 자에게 일곱 번 뿌립니다(레14:5-6). 그리고 나머지 한 마리의 새는 놓아줌으로써 완전한 치유와 자유를 선포합니다(레14:7). 두 마리의 새 중 죽은 한 마리는 예슈아의 죽음을, 산 채로 자유롭게 된 새는 예슈아의 부활을 의미합니다. 죽은 새의 피를 환자에게 일곱 번 뿌린 것은 예슈아의 보혈을 뿌린 것이고, 그 피가 우리를 치유하고 자유케 하였음을 선포한 것입니다.

유대 랍비들은 두 마리의 새를 이스라엘의 멸망과 구속으로 보기도 합니다. 출애굽기 4:6-7에서 하나님은 모세의 손이 나병이 되었다가 낳은 표적을 허락하시며 앞선 지팡이가 뱀이 된 표적은 이스라엘 백성들이 믿지 않을지라도 나병 표적은 믿을 것이라고 하셨습니다. 모세의 손이 나병이 되게 하신 것은 이스라엘 백성이 이집트에 묶여 몸은 노예가 되어 있고 그들의 영은 이집트의 우상과 섞여 하나님을 떠나 혼잡하고 더럽게 된 상태를 보여주신 것입니다. 그 손을 나병에서부터 낫게 하시는 표적을 통해 하나님이 육적, 영적 나병의 상태에 있는 이스라엘을 구원하실 것이라는 것을 보여주셨습니다. 이스라엘의 멸망과 구속은 출이집트 이후 바벨론에게 포로 되었다가 귀환한 것을 통해, 그리스로부터 성전을 되찾은 하누카의 사건을 통해, 로마로부터 성전과 나라의 완전한 패망 이후 다시 고토로 돌아온 이스라엘 나라의 건국 사건을 통해 역사 속에서 거듭 성취되었습니다. 성경에서 나병은 살아 있어도 죽은 상태와 다름없는 것으로 규정합니다. 살이 썩고 부패하는 것은 죽음의 영역이기 때문입니다. 이스라엘이 살아 있는 것 같으나 부패하고 썩어들어감으로써 죽은 상태가 되었을 때 하나님은 이들을 영적 나병으로부터 치유하시고 그들이 정결하고 의롭게 되었음을 선포하심으로 속량을 이루십니다.

두 마리의 새 중 한 마리가 산 채로 날려보내질 때 나병의 모든 더러운 것들이 함께 날아갑니다. 이로써 나병 환자는 완전한 자유를 얻게 됩니다. 이것은 나병에서 나은 자에게 하나님이 새로운 기회를 주셨다는 것을 의미하며 동시에 부활을 의미합니다. 죄로 인해 썩고 죽어질 우리의 몸은 예슈아의 부활로 인해 새로운 몸을 입고 영원히 살 존재로 변화되었습니다.

미크베(정결예식)와 침례

두 마리의 새를 통한 구속과 부활에 대한 의식은 정결예식을 행함으로 다시 한번 확증됩니다.

> 일곱째 날에 그는 모든 털을 밀되 머리털과 수염과 눈썹을 다 밀고
> 그의 옷을 빨고 몸을 물에 씻을 것이라 그리하면 정하리라(레14:9)

정결함을 받은 자는 일곱째 날에 몸에 남겨져 있을지도 모를 부분들을 모두 깨끗하게 합니다. 온 몸의 털을 밀고, 몸에 닿아 있던 옷도 깨끗이 빨고, 마지막으로 자신의 몸을 물에 깨끗하게 씻습니다. 히브리어로 몸을 깨끗하게 씻는 의식을 미크베מִקְוֶה라고 부릅니다. 미크베는 헬라어로 밮티조**βαπτίζω**라고 번역되었고, 영어로는 Baptism으로 번역되었습니다. 즉, 유대인들의 정결예식인 미크베는 우리에게 있어서 침례인 것입니다.

세례 요한이 요단강에서 세례를 베푼 것은 이미 그가 하나님의 말씀, 토라의 명령에 따라 정결예식을 행해오고 있었기 때문입니다. 하나님의 성전에 올라가기 전, 병으로부터 깨끗함을 받고 다시 성전으로 나아갈 수 있게 되었을 때 이스라엘 백성들은 미크베(정결예식)를 통해 거룩함으로 하나님 앞에 나아간다는 것을 행위로써 실천해 오고 있었지만, 그들의 마음은 온갖 더러움으로 가득 차 있었기 때문에 세례 요한은 그들에게 침례를 베풂으로써 몸뿐 아니라 마음을 하나님께 완전히 돌이켜 깨끗이 하도록 권면하고 선포한 것입니다. 나아만 장군이 요단강에서 자신의 나병을 고침받은 것처럼 세례 요한은 요단강에서의 침례를 통해 영적 나병 상태인 이스라엘이 회개하고 고침받기를 원했을 것입니다.

예수님 자신도 요단강에서 침례를 받으셨고, 예수님과 그의 제자들도 성전으로 올라가기 전에 미크베(정결예식)를 행하셨습니다. 예수님의 승천 이후 사도들이 예루살렘에서 성령 세례를 받고 수많은 이들에게 복음을 선포할 때 많은 이들이 회개하고 돌아왔고, 바로 그 자리에서 미크베, 곧 침례를 통해 그들의 구속과 부활을 선포할 수 있었던 것은 성전으로 올라가기 전 그들이 미크베(정결예식)를 행해왔었기 때문입니다. 실제 예루살렘의 성전산 주변에서 수많은 정결예식탕이 발견되면서 당시 예루살렘의 인구가 어떠했을지를 가늠할 수 있게 했을 뿐 아니라 한 번에 3,000명, 혹은 5,000명씩 회심한 자들이 그곳에서 침례를 받았다는 것을 입증하게 되었습니다.

유대인들의 미크베는 두 부분으로 나뉘어져 있는데 오른쪽 방향으로 들어가서 온 몸이 완전히 물에 잠기게 한 뒤 왼쪽으로 나옵니다. 오른쪽 계단은 회개의 문을 의미하며 계단으로 내려가면서 죄를 고백하고 몸을 잠기게 할 때 죽음을 선포합니다. 그리고 물에서 나오면서 정결한 새 생명을 얻고 자비의 문을 상징하는 왼쪽 계단으로 올라오면서 긍휼과 자비에 감사드립니다.

그러므로 미크베(정결예식)는 죽음과 부활을 의미합니다. 이것이 곧 침례(세례)입니다. 사도 바울은 우리가 그리스도와 합하기 위하여 세례를 받은 자로서 그리스도로 옷 입었다고 하였고(갈3:27), 또한 그리스도와 합하여 세례를 받은 것은 그의 죽으심과 합하여 세례를 받은 것이며(롬6:3), 그의 죽으심과 같은 모양으로 연합한 자가 되었으면 그의 부활과도 같은 모양으로 연합한 자가 될 것이라고 선포하였습니다(롬6:5). 예수님의 고난과 십자가는 곧 나의 고난과 십자가이며 예수님의 부활은 곧 나의 부활입니다. 미크베(정결예식), 침례를 통해 나는 완전히 하나님께 속한 자가 되었습니다.

【주제 #6】 백향목, 홍색실, 우슬초의 의미

백향목은 소나무과의 식물로 솔로몬은 성전과 궁궐을 짓기 위해 레바논으로부터 많은 백향목을 들여왔다. 특별히 레바논의 백향목은 2500미터의 고지에서 자라며 강한 바람과 추위가 몰아치는 겨울에도 꿋꿋이 자라는 나무이다. 그래서 목질이 단단하고 향이 좋으며 은은한 나무향은 벌레를 막을 뿐 아니라 그 송진은 방부제로 사용되어 건축자재로는 최고의 재료이다. 그래서 백향목은 힘과 영광, 위엄과 고귀함을 상징하기도 하고 흔들리지 않는 굳건함을 의미하기도 하며 특별히 의인은 백향목 같이 성장한다고 비유하기도 한다(시92:12).

홍색실은 염색 기술이 발달하지 않은 고대 사회에서는 매우 구하기 어려운 재료였기에 왕족이나 귀족들의 의상에만 사용되었다. 하나님은 홍색실로 성막의 덮개를 꾸미라 하셨고(출26:1) 대제사장의 옷과(출28:33) 성소의 휘장에도 사용하라고 하셨다(대하3:14). 또한 나병환자를 깨끗케 하는 정결 예식에서 백향목과 우슬초를 홍색실로 묶어서 피를 뿌리는 것은 나병으로부터의 치유가 전적인 하나님의 은혜와 기적임을, 또한 우리의 존재가 죄로부터 분리되어 다시 온전히 하나님께 속한 자가 되었음을 의미하는 것이다.

우슬초는 히브리어로는 에조브אֵזוֹב, 헬라어로는 히솝hyssop이라 불리는데 이 식물은 이스라엘의 거칠고 척박한 들, 산지의 돌 틈 사이에서도 자라는 것으로 어디에서나 구할 수 있는 흔하고 아주 작은 식물이다. 그래서 우슬초는 겸손, 비천함을 상징하기도 한다. 우슬초는 흔히 구할 수 있는 식물이지만 음식이나 치료제로 많이 사용되기에 없어서는 안 될 요긴한 식물이다. 하나님은 이스라엘 백성을 이집트에서 나오게 하실 때 우슬초에 어린 양의 피를 적셔서 문설주에 뿌리라고 명령하셨다(출12:22). 이 구원의 역사에 있어서 우슬초에 적셔진 양의 피는 그리스도의 보혈을 의미한다.

나병은 교만함으로 하나님의 영역을 침범하고 권위에 대적하는 인간의 영적 상태를 보여주는 질병이다. 하나님이 나병을 치유하시고 그 죄를 깨끗케 하는 정결 예식에서 이 세 가지를 사용하심으로 보여주고자 하신 것은 '예슈아'이다. 백향목은 하나님의 아들로서 위엄있고 고귀하신 예슈아의 모습을 의미한다. 반면 우슬초는 하늘 영광을 버리고 땅의 가장 낮은 모습으로 내려오신 예슈아의 겸손을 의미하며, 홍색실은 왕의 권위를 가지셨지만 대신 죄의 댓가를 지불하시고 자기 백성을 구원하신 예슈아의 보혈과 십자가를 상징한다. 이 세 가지를 가져다가 흐르는 물 위에서 잡은 새의 피에 찍게 하시는데 흐르는 물은 생명의 물 되신 예슈아와 그 피를 통해 죄를 용서하시는 하나님의 은혜를 의미한다.

DAY 2 레14:10-20 / DAY 3 레14:21-32

속건제, 속죄제, 번제 그리고 소제

하나님께 나아갈 수 없는 상태였던 나병 환자가 나음을 받고 다시 하나님께 가까이 나아갈 수 있게 되었을 경우, 하나님은 일곱째 날에 미크베(정결예식)를 행하게 하시고 여덟째 날에 제물을 가지고 나와 속건제를 요제(흔들어 드리는 제사의 방식)로 드리고 속죄제와 번제와 소제의 제사를 드리도록 명하셨습니다(레14:8-9,13). 속건제(아샴אָשָׁם)는 허물이 있어 남을 죄짓게 만들거나 실족하게 하였을 때, 혹은 다른 사람의 영역을 침범하여 피해를 주었을 때 그에 합당한 보상을 하고 하나님께 죄를 사하여 주시기를 구하는 제사입니다. 나병 환자였던 자에게 속건제를 드리게 하신 이유는 그들의 병이 전염성이 있음으로 다른 이에게 피해를 줄 수도 있는 것이기 때문에 속건제로 자신들의 허물을 덮도록 하신 것입니다.

나병에서 나은 자가 속건제의 예배를 드려야 하는 또 다른 이유는 나병이 하나님의 영역에 도전하는 인간의 교만한 영적 상태를 의미하기에 자신도 모르게 하나님의 영역에 침범하였을지 모르는 죄에 대해 용서를 구하고 죄사함을 받을 수 있도록 하기 위한 것이었습니다. 그리고 하나님은 예물을 다 태워서 올려드리는 번제와 흔들어서 드리는 요제를 통해 이전에 있었던 모든 질병과 죄를 태워버리고 던져 버리게 하십니다. 그리고 예물의 피를 제사장의 위임식 때 했던 것처럼 오른쪽 귓부리, 오른쪽 엄지 손가락, 오른쪽 엄지 발가락에 바릅니다(레14:14). 정결하게 되어 다시 한번 새로운 기회가 주어졌으니 바른 것을 듣고(본질을 듣게) 바른 것을 행하고(바른 것을 생각하여 행하게 하고) 바른 곳을 향하여 가라는 의미입니다.

하나님은 죄에 감염되었던 사람들에게 새로운 기회를 주십니다. 예슈아의 보혈로 덮고(홍색실) 완전한 치유(우슬초)를 선포하시며 굳건한 믿음(백향목) 위에 서라고 하십니다. 죄사함과 정결함은 예슈아를 통해서만 이뤄짐을 백향목과 우슬초와 홍색실을 통해 예표해 놓으셨습니다. 모든 질병과 죄로부터의 자유는 예슈아를 통해서만 이뤄집니다. 우리가 죄로부터 완전한 자유를 얻는 것은 하나님의 갈망입니다. 하나님의 우리를 향한 생각은 엄한 벌이나 재앙이 아니고 평안과 미래에 소망을 주는 것입니다(렘29:11).

우리 앞에는 죄를 향한 문이 있어 그 문으로 죄가 들어와 사망의 권세로 우리 안에서 역사하려 하지만 생명의 성령을 통해 그것을 뒤집으시고 완전케 하시는 하나님의 역사가 우리와 함께 하고 있음을 붙들어야 합니다. 우리를 죄로부터 자유케 하고 생명을 얻게 하기 위해 하나님은 곳곳에 구원을 위한 방법을 준비해 놓으셨고, 그 구원의 방법과 방향은 모두 예슈아를 말하고 있습니다.

병을 진단하는 제사장

하나님은 제사장이 피부병, 나병, 곰팡이, 유출과 같은 모든 병의 진단을 내리도록 명령하십니다. 모든 병은 하나님이 가르쳐 주신 법에 따라 진단되며 진단의 시행자는 제사장입니다. 제사장은 병을 진단하고 병의 증상이 하나님이 가르쳐 주신 범위 안에 속하면 일단 그를 7일 동안 격리시킵니다. 그리고 7일 후에 다시 가서 살펴보고 재검사를 하고 전염된 것이 아니라고 판정되면 그들을 깨끗하다고 선포하고 진으로 돌아올 수 있도록 합니다. 이것을 위해 제사장은 진 밖으로 격리되어 있는 자에게 직접 찾아가 진찰을 해줍니다(레14:2). 제사장은 전염의 여부에 따라 부정과 정함을 판단하였습니다.

하나님이 이런 종류의 병을 제사장에게 다루라고 하신 이유는 이 병들이 전염병이면서 또한 죄의 문제를 다뤄야 하는 것이기 때문입니다. 죄를 덮고 사하시는 하나님의 은혜와 자비의 통로로써 하나님은 제사장을 세우고 사용하셨습니다. 제사장의 역할은 우리를 구원하셔서 하나님 아버지께로 인도하고 우리의 죄와 병을 치유하신 예슈아의 역할과 같습니다. 제사장으로, 예배자로 부름받은 우리는 아버지의 자녀들이 아버지께로 다가갈 수 있도록 그들의 허물을 덮어주고 살펴주며 예배 안으로 초대하여 그들이 아버지의 은혜와 자비를 받을 수 있도록 돕는 통로가 되어야 합니다. 하나님의 모든 의도는 선하십니다. 하나님의 중심과 마음을 알게 되면 그 말씀을 따르지 않을 수 없습니다. 세상이 합리성과 논리, 증거를 운운하며 하나님의 말씀과 방법을 멸시할 때에도 하나님의 마음을 아는 자들은 굳건한 믿음으로 말씀에 순종합니다. 이런 사람들은 우리를 향한 하나님의 마음이 언제나 헤세드(חֶסֶד인자, 자비, 친절)인 것을 아는 자들입니다.

우리에게 향하신 여호와의 인자하심이(헤세드חֶסֶד) 크시고(가바르גָּבַר) 여호와의 진실하심이(에메트אֱמֶת) 영원함이로다 할렐루야(시117:2)

한 나병 환자가 예수님을 찾아와 원하신다면 자신을 낫게 하실 수 있겠다고 말하며 치유를 구했을 때, 예수님은 그를 불쌍히 여기사 직접 손을 대시며 원하니 나음을 얻으라고 선포하셨습니다(막1:40-41). 나병은 공동체로부터 완전히 격리되어야 하며, 심지어 살짝 닿기만해도 부정해지는 병이지만 예수님은 친히 자신의 손을 나병 환자에게 대셨습니다. 예수님이 나병 환자에게 닿아 부정하게 되는 것이 아니라 나병 환자가 예수님께 닿음으로 깨끗하게 되었습니다. 번제단과 그 위에 온전하게 드려진 제물은 그 재까지도 거룩하다 말씀하시며 닿기만 해도 거룩해질 것이라 하셨던 하나님의 말씀처럼 우리의 제단이며 제물이신 예수님께 닿는 순간 부정한 나병이 깨끗함을 얻었습니다.

예수님은 나병 환자의 간구를 들으시고 그를 불쌍히 여기셨습니다. 사람들은 조그만 잘못이나 연약함이 보여도 정죄하거나 판단하고 자신들의 기준에 따라 평가하면서 더럽고 불결한 것을 피합니다. 하지만 예수님은 우리의 죄와 연약함을 보시고 정죄하지 않으시고 불쌍히 여기십니다. 마음과 영을 문드러지고 썩어지게 하는 죄로부터 벗어나고자 하는 우리의 간절함은 예수님의 긍휼을 입게 합니다. 예수님은 죄인들과 병든 자를 위해 오셨습니다. 그래서 자신의 제자들을 파송하셨을 때 병든 자를 고치며, 죽은 자를 살리며, 나병 환자를 깨끗하게 하며, 귀신을 쫓아내라고 명령하셨습니다(마10:8). 병든 자들 중에서 나병 환자를 특별히 언급하시며 깨끗하게 하라고 명하심으로 죄로 인한 어떠한 질병이나 정죄도 예수님 앞에서는 다 고침 받고 새로워질 수 있음을 보여주셨습니다.

깨끗하게 나음을 얻은 나병 환자를 향해 예수님은 제사장에게 나은 몸을 보이고 모세가 명한 것을 드리라고 하셨습니다(막1:44). 예수님은 제사장에게 하나님이 주신 영적 권위를 존중하셨고, 제사장의 최종 진단을 통해 나병 환자가 완전히 자유함을 얻고 공동체 안으로 들어올 수 있게 하셨습니다. 예수님도 모세의 율법을 지키심으로 율법을 통한 하나님의 뜻을 완성하셨습니다.

기름으로 발려진 나병 환자

속건제물로 드려진 제물의 피가 나병 환자였던 자의 오른쪽 귀와 엄지, 그리고 발가락에 발라진 뒤에 제사장은 기름을 취하여 자기 왼쪽 손바닥에 바르고 오른쪽 손가락으로 기름을 찍어 여호와 앞에서 일곱 번 뿌립니다. 그리고 자신의 왼쪽 손바닥에 남아 있는 기름을 가지고 정결함은 받은 자의 오른쪽 귀와 엄지, 발가락에 뿌려진 피 위에 기름을 바르고, 또 그 기름을 머리에 바릅니다(레14:17-18). 오른쪽 귀, 엄지 발가락에 피가 발라지고 기름이 발라지는 것은 제사장의 위임식 때 행해졌던 거룩한 예식과 같습니다. 다른 점은 제사장은 기름으로 부어졌지만 나병으로부터 정결함을 입은 자에게는 기름이 부어지진 않고 발라짐으로써 그를 구별하였다는 것입니다.

하나님은 나병으로부터 치유받은 자를 제사장을 구별하시고 거룩하게 하신 것과 같은 방법으로 다루셨습니다. 도저히 나을 수 없을 것 같은 병으로부터의 치유는 하나님이 직접 역사하셔서 이룬 기적입니다. 하나님은 우리의 힘으로는 도저히 해결될 수 없는 죄로부터 우리를 건져내신 것이 나병에서의 치유처럼 기적이라는 것을 알게 하셨습니다. 나병으로부터 정결함을 입은 자들을 다시 거룩하게 구별하신 것처럼 죄인인 우리를 하나님의 거룩한 백성으로 구별하시고 제사장적 기름을 발라주심으로 자유를 얻게 하실 뿐 아니라 그 자유 안에서 하나님을 예배하고 하나님께 가까이 갈 수 있는 은혜까지 더해 주셨습니다. 정결함을 입은 자의 오른쪽 귀와 엄지, 발가락에 발라진 피와 기름처럼 우리를 예슈아의 피로 덮어주셨고, 성령의 기름을 부어 새롭게 태어나게 하셨습니다.

DAY 4 레14:33-57

집에 생기는 곰팡이

토라는 집에 생기는 곰팡이를 사람의 몸에 생긴 나병과 같은 것으로 간주합니다. 집은 사람이 머무는 곳입니다. 사람의 영은 사람의 몸이라는 집에 거하고, 사람의 몸은 건축물인 집 안에 머뭅니다. 그러므로 우리가 있는 곳이 깨끗해야 우리 몸도 깨끗할 수 있습니다. 그래서 하나님은 집안 곳곳에 작게 시작된 곰팡이를 살피도록 하십니다. 또한 옷에 나타나는 색점도 살피도록 하십니다. 우리가 거하는 곳, 우리가 입는 것 하나하나도 정결함을 가지도록 하십니다. 왜냐하면 우리 몸이 우리 영의 집이기도 하지만 하나님이 거하시는 미쉬칸מִשְׁכָּן(성막)이기도 하기 때문입니다.

피부에 난 것뿐 아니라 집에 난 곰팡이나 균들까지도 하나님이 철저하게 다루도록 하시는 이유는 이런 것들이 사람의 몸에 붙어 온갖 병을 일으키는 감염의 원인이 되기 때문입니다. 집안의 곰팡이가 발견되고 제사장에 의해 그것이 곰팡이로 진단되면 뿌리까지 뽑아 버리기 위해 곰팡이가 피었던 돌과 흙을 파서 바깥 부정한 곳에 가져다 버리도록 명하십니다. 집 안의 곰팡이를 철저히 해결하지 않으면 사람이 격리되는 상황이 생길 수 있기 때문에 하나님은 문제가 되는 것은 아예 제거해 버리도록 하십니다. 우리의 몸과 생각과 감정은 환경의 영향을 받기 때문에 우리가 머무는 곳이 정결하게 유지하도록 하나님은 세심하게 집안의 곰팡이까지 해결하는 방법을 알려주십니다. 적은 누룩이 온 덩이에 퍼지듯이 모든 것은 초반에 원인을 잡아야 합니다. 작더라도 내버려 두지 않고 철저하게 다뤄야 합니다. 이것은 또한 하나님이 죄를 다루시는 방법이며 우리의 혼을 다루시는 방법입니다.

하나님이 머무시는 성전이 언제나 거룩해야 하듯이, 성령님이 거하시는 우리의 몸과, 우리가 거하는 집도 거룩하게 지키고 보존되어야 합니다. 하나님이 계시는 곳이 우리가 머무는 곳이고, 우리가 머무는 곳에 하나님도 함께 하시길 원하십니다. 하나님과의 거룩한 연합을 위해 우리의 모든 것을 살피시고 돌보시는 섬세한 하나님이십니다.

DAY 5 레15:1-15 / DAY 6 레15:16-18 / DAY 7 레15:19-33

유출

유출병이 있는 자가 누웠던 침대나 좌석이나 안장이나 닿아서 부정하게 된 것을 접촉하는 자는 함께 부정해짐으로 옷을 빨고 물로 몸을 씻고 나서도 저녁에 이르기까지 부정합니다. 유출이란 '흘러서 나간다'는 뜻입니다. 내 안에 있는 어떤 것이 흘러 나가는데 나 스스로도 통제가 안되는 것이 유출입니다. 레위기 15장에서 유출이라는 단어가 15번 쓰였습니다. 한국어 번역에는 이 유출이라는 단어를 '유출병'이라고 번역했는데 히브리어 원어에는 병이라는 단어가 없고 그냥 유출, 주브זוב라고 쓰여 있으며 이것은 '쏟아 부어지다, 방출되다, 흐르다'는 뜻을 가지고 있습니다. 몸에서 밖으로 나가는 유출은 흘러서 오염시키고 부정하게 합니다.

흐르는 것은 곧 영향력입니다. 하나님은 죄가 흘러 들어오거나 흘러나가는 영향력을 가진 유출로 인해 공동체가 더럽혀지길 원하지 않으셨습니다. 감염된 어떤 균들이 몸 안의 피에 섞여 몸 밖으로 흘러나오게 되면 이것이 또한 다른 사람을 감염시키는 원인이 됩니다. 크고 작은 유출들 모두가 전염의 가능성을 가지고 있기에 하나님은 그것에 접촉만 해도 깨끗하지 않게 된다고 말씀하셨습니다. 그래서 옷을 세탁하고 몸을 물에 깨끗이 씻을 것을 명하셨습니다.

이는 이스라엘 백성이 깨끗하지 않은 것에서 떠나게 하여 이 백성과 함께 거하고 있는 하나님의 성막이 더럽혀지지 않고 그들이 부정한 중에 죽지 않도록 하기 위함이라고 말씀하십니다.

> 너희는 이와 같이 이스라엘 자손으로 그 부정에서 떠나게 하여 그들로 그 가운데 있는 내 장막을 더럽히고 그 부정한 중에서 죽음을 면케 할찌니라(레15:31)

하나님은 사람의 몸이 하나님의 성막임을 말씀하십니다. 그러므로 내 몸이 더러워지는 것은 주님이 거하시는 성전이 더러워지는 것과 같습니다. 예슈아는 예슈아 자신과 예슈아를 믿고 따르는 성도를 동일시하십니다. 그러므로 우리 몸은 거룩한 성전이고 나는 그리스도의 몸입니다(고전3:16-17).

결국 나병과 곰팡이, 유출병에 대해 하나님이 주신 규례들은 자신의 백성과 함께 거하시는 하나님을 그들이 기억하고 영, 혼, 육 모든 영역에 있어서 깨끗함과 거룩을 유지하도록 하기 위한 하나님의 선한 뜻임을 알 수 있습니다. 하나님이 하라고 말씀하신 그대로 순종한다면 모든 것이 우리에게 보호가 되고 생명이 됩니다.

하프타라 왕하7:3-20

부정할지라도

북이스라엘이 수도 사마리아 성을 둘러싸고 있는 아람 군대로 인해 성 안의 백성들이 엄청난 인플레이션과 식량의 부족으로 굶어죽게 되는 상황이 일어났습니다. 꼼짝없이 성안에 갇혀 죽게 될지 모르는 위기 속에서 네 명의 나병 환자들이 죽을 각오를 하고 성 밖으로 뛰쳐나갑니다. 나병으로 죽든, 굶어 죽든, 아람 군대에게 잡혀 죽든 사방이 죽음으로 둘러 쌓여 있었기 때문에 이 나병 환자들은 "그들이 우리를 살려 두면 살 것이요 우리를 죽이면 죽을 것이라"고 하며 차라리 죽음에 부딪쳐 보기로 결정합니다(왕하7:4).

그렇게 성 밖을 뛰쳐나간 그들에게 펼쳐진 광경은 모든 아람 군대가 도망을 갔고 엄청난 전리품만이 남겨져 있는 것이었습니다. 이미 아람 군대로 병거 소리와 말 소리, 큰 군대의 소리를 듣게 하신 하나님은 그들이 모든 것을 버려두고 도망가게 하셨습니다. 나병 환자들은 아무도 없는 아람 군대의 진영에서 풍족하게 먹고 마시고 많은 재물을 취합니다. 그리고 자신들만 누리지 않고 이 좋은 소식을 사마리아 성에 전했습니다.

비록 부정한 나병 환자들이었지만 그들은 목숨을 걸고 아람 진영으로 가서 예기치 않게 아름다운 소식을 사마리아 성에 전하게 됩니다(왕하7:9). 가장 부정한 사람들을 통해 가장 아름다운 소식을 전하게 하신 하나님의 선하심은 부정한 자들조차 하나님의 도구가 될 수 있음을 보여줍니다. 하나님의 마음은 부정한 상태로 정죄를 받는 것이 아니라 부정한 상태에서 깨끗함을 입는 것이고, 부정한 자여도 죽으면 죽으리라는 믿음을 가지고 있는 자는 하나님의 역사를 경험할 수 있게 하시는 것입니다. 우리가 어떤 상태, 어떤 상황에 있는가보다 하나님의 은혜와 구원에 초점을 맞추면 우리는 하나님이 주시는 가장 선한 것을 얻고 누리게 됩니다.

브리트 하다샤 마23:16-24:2,30-31 / 마17:9-13

격리를 통한 보호와 은혜

병은 감추지 말고 드러내어 살펴보도록 해야 합니다. 감추면 더 큰 감염과 병을 가져오게 할 수 있습니다. 정결함을 갈망하게 하면서 전염되지 않게 하는 처방이었던 격리의 시간과 거리는 거룩함의 시간과 거리입니다. 사람들은 몸의 병을 고치려고 할 때는 적극적으로 자세를 취하지만 생각과 마음의 병에 있어서는 고집을 부리려는 경향이 있습니다. 죄를 보호하려는 사람의 죄성과 어둠은 사람의 생각과 마음을 고집스럽고 완고하게 만듭니다. 마음의 완고함으로 인해 예수님은 서기관과 바리새인들을 신랄하게 비판하셨습니다(마23장). 그들의 마음은 움푹 패이고 색점이 생긴 나병 같은 상태였을 뿐 아니라 그것을 주변에까지 전염시키는 사람들이었습니다. 그러나 그들은 그런 자신들의 상태를 드러내지 않았기 때문에 고침 받지 못했습니다. 죄는 고백하고 버려야 합니다. 죄를 덮으려는 사람들은 하나님의 인자하심과 자비를 경험할 수 없습니다. 하지만 죄를 고백하고 버리는 사람들에게 하나님은 당신의 자비를 보여주십니다.

자기의 죄를 숨기는 자는 형통하지 못하나 죄를 자복하고 버리는
자는 불쌍히 여김을 받으리라(잠28:13)

내 생각과 감정에 들어와 있는 죄와 그로 인해 병들어 있는 나의 자아의 상태를 하나님께 드러내고 인정하고 고백할 때 아버지의 다함이 없는 헤세드가 우리를 새롭게 할 것입니다.

서기관들과 바리새인들은 뱀과 독사의 새끼들이라는 예슈아의 호통치는 소리를 들었습니다. 그들의 겉은 깨끗할지 모르지만 그들의 안은 탐욕과 방탕과 외식으로 가득 차 있었기 때문입니다(마23:25). 그들의 겉은 깨끗하게 회칠이 되어 있을지 모르지만 안은 시체 썩은 것으로 채워져 있었고, 불법이 가득했습니다(마23:27-28). 그들의 마음은 이미 불법과 죄에 감염되어 문드러진 나병 환자였습니다. 그런 자들이 백성을 이끈다고 하면서 오히려 선

지자들과 하나님의 사람들을 죽여 백성들을 죽음으로 이끌었습니다. 죄와 불법에 감염되어 그 마음이 나병이 들어있는 것을 몰랐던 그들은 결국 예수님이 오실 때 통곡하게 될 것입니다(마24:30).

'바룩 하바 베쉠 아도나이בָּרוּךְ הַבָּא בְּשֵׁם יְהוָה, 찬송하리로다 주의 이름으로 오시는 이여(마23:39)' 라고 찬송하며 예슈아의 오심을 준비하는 자들은 마음이 깨끗하며 거룩한 자들이 될 것입니다. 내 마음에 나병이 있는지, 나로부터 부정한 흐름들이 유출되고 있지 않은지, 내가 머무는 곳에 곰팡이가 있지 않는지 살펴보는 자가 자기 마음을 깨끗하고 거룩하게 지킬 것이며 이런 사람들은 하나님이 사방에서부터 불러 모으시는 택하신 자들이 될 것입니다(마24:31).

메쪼라 주간의 말씀

1. 제사장에게 자신을 보이고 정결함을 인정받는 것은 주님께 우리를 보이고 그분으로부터 의롭다 인정받는 것과 같습니다.

2. 두 마리의 새 중 죽은 한 마리는 예슈아의 죽음을, 산 채로 자유롭게 된 새는 예슈아의 부활을 의미합니다. 또한 두 마리의 새는 이스라엘의 멸망과 구속을 의미하기도 합니다. 영적 나병에 걸려 패망하게 된 이스라엘을 구원하시고 자유하게 하신 하나님의 구원은 오늘 우리에게도 동일하게 역사하고 있습니다.

3. 미크베(정결예식)는 곧 죽음과 부활을 의미합니다. 이것이 곧 침례(세례)입니다. 우리는 그리스도와 합하여 세례를 받음으로 그의 죽으심과 연합하였고(롬6:3), 그의 죽으심과 같은 모양으로 연합함으로 그의 부활과도 연합하였습니다(롬6:5).

4. 나병은 교만함으로 하나님의 영역을 침범하고 권위에 대적하는 인간의 영적 상태를 보여주는 질병입니다.

5. 하나님은 죄에 감염되었던 사람들에게 새로운 기회를 주십니다. 예슈아의 보혈로 덮고(홍색실) 완전한 치유(우슬초)를 선포하시며 굳건한 믿음(백향목) 위에 서라고 하십니다. 그리고 죄사함과 정결함은 예슈아를 통해서만 이뤄짐을 백향목과 우슬초와 홍색실을 통해 예표해 놓으셨습니다.

6. 제사장의 역할은 우리를 구원하셔서 하나님 아버지께로 인도하고 우리의 죄와 병을 치유하신 예슈아의 역할과 같습니다. 제사장으로, 예배자로 부름받은 우리는 아버지의 자녀들이 아버지께로 다가갈 수 있도록 그들의 허물을 덮어주고 살펴주며 예배 안으로 초대하여 그들이 아버지의 은혜와 자비를 받을 수 있도록 돕는 통로가 되어야 할 것입니다.

7. 흐르는 것은 곧 영향력입니다. 하나님은 죄가 흘러 들어오거나 흘러나가는 영향력을 가진 유출로 인해 공동체가 더럽혀지길 원하지 않으셨습니다.

8. 결국 나병과 곰팡이, 유출병에 대해 하나님이 주신 규례들은 자신의 백성과 함께 거하시는 하나님을 그들이 기억하고 영, 혼, 육 모든 영역에 있어서 깨끗함과 거룩을 유지하도록 하기 위한 하나님의 선한 뜻임을 알 수 있습니다. 하나님이 하라고 말씀하신 그대로 순종한다면 모든 것이 우리에게 보호가 되고 생명이 됩니다.

메쪼라 주간의 선포

1. 내 안의 영적 교만으로 나도 모르게 문드러지고 썩게 하는 죽음의 영향력으로부터 나를 구원하소서. 빛으로 충만하게 채워주시고, 바로 듣고, 바로 행하고, 바로 갈 수 있도록 보혈과 피로 나를 덮어주시며, 새로운 기름을 부어주소서.

2. 이스라엘의 하나님, 이스라엘을 돌이키게 하기 위해, 열방을 구원하기 위해 멸망을 허락하셨지만 죽음 가운데서 다시 구속하시고 일으키신 하나님의 역사가 여전히 이 땅에 역사하고 있음을 믿습니다. 마지막 날에 영적 나병에 걸려있는 이스라엘을 치유하시고 바룩 하바 베쉠 아도나이라 외치며 예슈아의 오심을 준비할 수 있는 땅이 되게 하소서.

3. 지금 내 안에 흐르고 있는 것이 무엇인지, 나를 통해 흘러가고 있는 것이 무엇인지 명확하게 알게 하소서. 악한 영향력은 차단하시고, 또 나로부터 선한 영향력이 흐를 수 있게 당신의 선한 마음을 가득 채워주소서.

4. 그리스도가 강림하실 때까지 우리의 영, 혼, 육을 거룩하게 지키고 보존할 수 있도록 토라의 가르침과 하나님의 마음을 날마다 더 깊이 깨닫고 알고 순종하는 자가 되게 하소서. 토라를 따르는 것이 생명이고 평안임을 고백합니다.

29주간

אַחֲרֵי מוֹת

ACHAREI MOT

아하레이 모트, 죽은 후에

파라샤 **레16:1-18:30**

하프타라 **암9:7-15**

브리트 하다샤 **고전6:9-20 / 마 15:10-20**

DAY 1 레16:1-10

두 아들이 죽은 후에

거룩한 제사장 위임식 이후 하늘에서 내려준 거룩한 불이 아닌 오염되고 음란한 다른 불 즉, 부정한 불로 제사를 드리다가 아론의 두 아들 나답과 아비후가 죽음을 당한 사건 이후 하나님은 정한 것과 부정한 것에 대한 가르침을 주시면서 하나님의 백성들이 부정한 상태로 하나님께 나아가지 않고 자신을 지켜 거룩하게 할 수 있도록 하셨습니다. 한 사람의 거룩은 공동체의 거룩이고, 한 사람의 부정은 곧 공동체의 부정이기 때문에 하나님은 작은 것 하나도 간과하지 않도록 명하셨습니다. 나답과 아비후의 죽음은 그들이 정한 것과 부정한 것을 분별하지 못해서 일어난 비극이었기에 하나님은 같은 일이 일어나지 않도록 세심하게 가르쳐 주셨습니다.

하나님의 거룩을 나타내야 할 제사장을 보호하고, 그들이 섬기는 모든 제사를 보호하며, 무엇보다 하나님이 머무시는 성소를 거룩하게 하기 위해 하나님은 이들의 모든 죄와 부정함을 대속할 규례를 허락하십니다. 하나님은 모세를 통해 아론이 성소의 휘장 안 속죄소에 아무 때나 들어왔다가 죽지 않도록 아론이 수송아지 속죄제와 숫양의 번제를 올려드리고 미크베(정결예식)를 행한 뒤에 들어오도록 명하십니다(레16:2-3). 아론과 그의 자손 제사장 가문을 위한 속죄제와 번제 이후 하나님은 이스라엘 온 회중의 대속을 위한 대속죄일(욤 키푸르)의 특별한 규례를 주십니다.

내가 구름 가운데서

이는 내가 구름 가운데에서 속죄소 위에 나타남이니라(레16:2)

כִּי בֶּעָנָן אֵרָאֶה עַל־ הַכַּפֹּרֶת

키 베아난 에라에 알 하카포렡

속죄소는 히브리어로 카포렡כַּפֹּרֶת이라고 하는데 카포렡כַּפֹּרֶת은 카파르כָּפַר동사에서 파생된 단어로 '덮어주다'는 의미입니다. 속죄소는 하나님이 덮어주시는 곳입니다. 우리의 죄를 덮어주시고 하나님의 자비와 은혜로 덮어주시는 곳입니다. 그래서 속죄소는 은혜의 보좌Mercy Seat 라고 불리기도 합니다. 죄를 속해주기로 결정하신 그곳에 하나님의 쉐키나가 은혜로 머물고 계십니다. 하나님은 성소의 휘장 안 지성소에 속죄소를 두시고 그 안에 머무시면서 제사장을 향해 속죄소로 나오라고 말씀하십니다. 하나님이 그 속죄소 가운데서 나타나기로 결정하셨기 때문입니다.

하나님은 구름 가운데 속죄소 위에서 영광의 임재로 나타나셨습니다. 구름은 하늘의 영역에서 땅의 영역으로, 땅의 영역에서 하늘의 영역으로 전환되는 경계를 의미하는 것입니다. 하나님은 땅에 있는 하나님의 발등상인 속죄소에 하늘의 영역을 닿게 하심으로 하늘과 땅이 하나되게 하셨습니다. 그곳에서 자신의 백성과 하나되길 원하셨습니다. 하나되기 위해 예슈아의 피와 죽음으로 죄의 문제를 해결하셨습니다. 우리의 죄를 은혜와 자비로 덮어주시고 하나님의 은혜의 보좌, 속죄소 앞에 담대히 나아와 친밀함을 누리라고 초청하셨습니다. 예슈아를 믿는 누구에게나 열린 휘장 안, 영광의 임재 가운데로 들어갈 수 있는 길이 우리에게 열렸습니다.

DAY 2 레16:11-22 / DAY 3 레16:23-34

죄의 분리와 죄의 전가

모세의 토라는 5권으로 잘 정돈되어 우리에게 주어진 모든 성경(구약과 신약)의 기초입니다. 토라는 하나님의 백성을 위해 '하늘에서 내려 주신 지침'으로 토라의 중심에는 레위기(봐이크라וַיִּקְרָא)가 있습니다. 레위기가 토라의 핵심인 이유는 제사장이 백성을 대표해서 하나님 가까이에서 어떻게 하나님을 섬겨야 하는지, 하나님의 백성의 정체성이 무엇이며 정체성을 어떻게 지킬 수 있는지 가르쳐 주고 있기 때문입니다. 하나님의 백성의 정체성은 레위의 이름 뜻처럼 '하나님과 연합한 자'이며 그 정체성을 지킬 수 있는 방법은 '거룩'입니다. 그러나 '죄'는 언제나 하나님의 백성이 하나님과 연합할 수 없도록 정체성과 거룩을 훼손합니다. 죄는 번번이 우리를 실패자가 되게 합니다. 이것을 너무나도 잘 알고 계신 하나님은 종국에는 인류로부터 죄악을 완전히 분리시키시고 그 근원으로 돌아가도록 하심으로 땅과 인류에 완전한 구속을 적용하시고 만물을 회복케 하시는 천년왕국을 시작하실 것입니다. 이것이 바로 '대속죄일(욤 키푸르יוֹם כִּפּוּר)'[15] 입니다. 그래서 레위기 16장의 대속죄일은 레위기의 모든 메세지의 정점이 됩니다. 모든 성경의 중심에 토라가 있고, 토라의 중심에 레위기가 있으며, 레위기의 절정은 16장 '대속죄일'입니다

하나님은 매년 티슈레이 월 10일(일곱째 달 십일)에 대속죄일을 지키도록 명하셨습니다. 대제사장은 일 년 중 이 날 하루만 지성소에 들어가도록 허락되었고, 이 날 하루에 하나님은 세 가지를 위해 속죄하라고 명령하십니다. 첫 번째는 아론과 그의 집안을 위해, 두 번째는 이스라엘의 온 회중을 위해, 세 번째는 지성소와 회막과 제단을 위해 속죄하도록 하십니다.

일 년에 단 한 번만 허락된 지성소에 들어가기 전에 아론은 먼저 자기 자신과 집안을

15 대속죄일은 히브리어로 욤 키푸르יוֹם כִּפּוּר라고 한다. 그러나 성경에서는 욤 하키푸림יוֹם הַכִּפֻּרִים이라하여 단수가 아닌 복수로 쓰여 있다【레23:27,28,25:9】 키푸르כִּפּוּר는 '덮어서 속죄한다'는 의미로 복수형 키푸림은 크고 많은 속죄의 날이라는 의미로 쓰였다. 속죄의 날이 크고 많다는 의미에서 대속죄일이라고 불린다.

속죄하기 위해 수송아지의 예물로 속죄제를, 숫양의 예물로 번제를 드립니다. 아론이 자신과 그의 집안을 위해 속죄해야 하는 이유는 일 년 동안 그들이 백성들의 죄를 대신해 하나님 앞에 나아갔기에 그들이 짊어진 백성들의 죄가 집안에 남아있지 않도록 하기 위함입니다. 또한 대제사장은 가장 거룩한 지성소에 다가가야 하기 때문에 지극히 거룩한 곳에 다가갈 때 부정함으로 그가 죽지 않게 하기 위한 하나님의 보호입니다.

아론이 자신과 집안을 위한 속죄의 제사가 끝나면 이스라엘 자손의 속죄를 위해 그들로부터 두 마리의 숫염소를 속죄제물로 숫양을 번제물로 가져오게 합니다. 속죄제물로 가져온 두 염소 중 한 마리는 여호와를 위해, 한 마리는 아사셀을 위해 제비를 뽑습니다. 여호와를 위해 제비 뽑힌 숫염소는 속죄제로 먼저 드리고 아사셀을 위해 뽑힌 염소는 산 채로 살려둡니다. 그리고 자신의 몸을 깨끗이 씻고 대제사장의 의복을 거룩하게 차려입은 뒤 향로에 여호와의 제단의 거룩한 불로 채워서 곱게 간 향기로운 향을 가지고 휘장 사이에서 분향하여 휘장 안에서 그 향기와 연기가 속죄소(법궤, 시은좌)를 가리게 함으로써 지극히 거룩한 곳에 다가갈 때 죽임을 당하지 않게 합니다. 그리고 아론과 자기 집안을 위해 속죄제물로 바쳐진 수송아지의 피를 속죄소의 동쪽과 속죄소 위에 뿌리고, 백성을 위해 속죄제물로 드려진 숫염소의 피를 속죄소 위와 속죄소 앞에 뿌립니다. 그리고 그 피를 제단의 뿔들에 바르고 일곱 번 뿌려 제단을 성결하게 합니다.

하나님은 지성소와 회막과 제단은 거룩한 곳이라고 하셨고 아무나 들어갈 수도 없고 만져서도 안 된다고 말씀하셨습니다. 거룩한 곳에는 죄가 없을 것 같은데 하나님은 일 년에 한 번 이 거룩한 곳들을 속죄하라고 하셨습니다. 지난 한 해 동안 이스라엘 백성의 죄를 처리하기 위해 지성소와 회막과 제단에 그 죄들이 붙었기 때문입니다. 하나님은 먼저 이스라엘 자손의 부정과 그들이 범한 모든 죄들이 달라붙어 있었던 지성소와 회막과 제단을 위해 일 년에 한 번 속죄의 시간을 갖게 하셨고, 그 후 인류와 땅의 죄악을 그 뿌리째 뽑아 멀리 옮겨 제거하도록 하셨습니다. 그 날이 바로 대속죄일입니다.

이 날에 너희를 위하여 속죄하여 너희를 정결하게 하리니 너희의
모든 죄에서 너희가 여호와 앞에 정결하리라(레16:30)

지성소를 속죄하며 회막과 제단을 속죄하고 또 제사장들과 백성의 회중을 위하여
속죄할지니 이는 너희가 영원히 지킬 규례라 이스라엘 자손의
모든 죄를 위하여 일 년에 한 번 속죄할 것이니라(레16:33-34)

이렇게 속죄의 시간이 끝나면 아론은 두 손으로 아사셀을 위해 제비 뽑힌 산 염소의 머리에 안수하여 이스라엘 자손의 모든 불의와 그 범한 모든 죄를 입술로 쏟아내며 염소의 머리에 옮긴 후 미리 정한 사람의 손에 맡겨 그 염소를 접근하기 어려운 광야의 험한 절벽으로 끌고 데려가게 합니다. 미리 정한 그 사람은 염소의 두 앞발을 잡고 뒤로 밀어서 절벽 아래로 떨어뜨리며 "인류의 모든 죄들의 책임을 아사셀에게 돌리노라"라고 말합니다. 대속죄일의 이 아사셀 의식은 인류와 땅을 더럽힌 죄와 불의의 제공자인 아사셀에게 모든 죄를 되돌림으로 인류로부터 불의와 비뚤어짐과 악함을 완전히 분리시키고 제거하는 의식입니다.

> 아론은 그의 두 손으로 살아 있는 염소의 머리에 안수하여 이스라엘 자손의 모든 불의들עָוֹן와 그들의 모든 죄들חַטָּאת에 속한 모든 범죄들פֶּשַׁע을 고백하고 그 모든 것을 염소의 머리에 옮겨주어 미리 정한 사람에게 맡겨 광야로 보낼지니(레16:21)

'모든 불의들과 그들의 모든 죄들에 속한 모든 범죄들'이라는 본문에서 불의는 아본עָוֹן, 죄는 하따앗חַטָּאת, 범죄는 페샤פֶּשַׁע로 쓰였습니다. 아본עָוֹן은 죄를 지을 수 밖에 없게 하는 인간 내면의 비뚤어지고 왜곡되고 뒤틀린 상태를 의미하며 주로 불의나 죄악으로 번역됩니다. 아본עָוֹן과 페샤פֶּשַׁע는 죄의 두 가지 결과입니다. 모든 범죄(페샤פֶּשַׁע)는 그 기본 의미가 '넘어서다, 넘어가서 밟다'는 의미로 반역과 거역과 불순종과 월권을 의미하며 하나님이 정해주신 바운더리를 넘어서서 하나님의 영역이나 타인의 영역을 침범하는 모든 행위들을 뜻하는 단어로 범죄, 반역, 패역으로 번역됩니다. 페샤פֶּשַׁע가 죄로 말미암아 겉으로 드러난 여러 결과들이라면, 아본עָוֹן은 죄로 말미암아 비뚤어지고 왜곡된 내면의 상태이며, 이 모든 것의 뿌리는 하따앗חַטָּאת(죄)입니다.

십자가의 대속을 통해 우리의 죄는 용서받았습니다. 하지만 우리 안에 남겨져 있는 죄의 뿌리는 완전히 뽑히지 않은 채 여전히 우리 안에 남아 있습니다. 하나님은 일 년에 한 번 대속죄일에 인류가 죄를 짓도록 한 사탄에게 모든 불의와 범죄와 죄들을 전가시키는 의식을 하도록 이스라엘에게 명하셨습니다. 대속죄일은 여호와의 크고 두려운 날, 땅에 의와 평강의 시대인 메시아닉 킹덤을 시작하실 때 인류의 죄의 뿌리를 제거하시고 인류를 회복된 에덴-동산으로 데리고 들어가실 것이라는 하나님의 종말론적 계획을 담아 두신 것입니다. 특별히 희년이 되는 해의 대속죄일에는 대속죄일의 하루가 끝날 무렵 마지막 나팔이 불리면 빼앗겼던 모든 것들을 원상태로 복귀시키면서 회복과 자유를 선포하는 희년이 시작됩니다.

나팔절 후 10일이 지난 뒤에 오는 대속죄일은 우리의 죄가 용서받고 덮어지는 날이라는 의미를 넘어서 의와 평강의 시대인 메시아닉 킹덤의 시작을 알려주는 종말론적 절기이자, 성도들이 공중으로 들림 받은 후 공중에서 예슈아와 함께 땅의 중앙인 예루살렘의 재림의 무대로 내려오시며 예슈아께서 예루살렘으로 좌정하시는 시간을 예표하는 절기입니다. 레위기 16장의 대속죄일은 단순한 절기 삽입장이 아니라, 모든 죄악의 근원을 뽑아내시고 분리 제거시킴으로 인류와 땅을 정결하게 하시고 인류가 전 지구적인 안식으로 들어가게 하시려는 하나님 아버지의 깊은 사랑과 놀라운 계획이 비밀스럽게 계시되어 있는 장입니다. 이와 같은 이유로 레위기 16장은 레위기의 절정이며 인류 역사의 클라이막스를 예표하고 있습니다.

각 개인의 죄의 용서를 위해 예슈아가 초림으로 오셨고, 전 인류의 죄의 완전한 분리 제거를 위해 예슈아가 재림으로 오실 것입니다. 속죄의 사역, 죄 사함과 용서의 사역이 초림 예슈아를 통해 이루어졌고 마지막 날 죄를 인류로부터 완전히 분리하여 제거하고 사탄에게로 그 죄악의 근원을 돌리는 일이 대속죄일에 재림 예슈아를 통해 이뤄질 것입니다. 죄는 사탄으로부터 인간에게 들어와 왕 노릇 하였습니다. 예슈아는 죄가 인간에게 왕 노릇 하지 못하도록 거룩한 피로 죄를 사하셨습니다. 그러나 여전히 인간에게는 분리되지 못한 아본עָוֹן (불의, 왜곡되고 비뚤어짐)과 죄악의 뿌리들이 있으며, 각 개인은 몸을 불의를 행하는 도구로 죄에게 내어 줄지, 몸을 의를 행하는 도구로 하나님께 드릴지, 죄의 종이 되어 마귀에게 눌려 살지, 의와 진리 안에서 자유의 아들이 될지의 기로에서 치열한 싸움을 하고 있습니다. 이 싸움에서 때로 인간은 속수무책일 때가 많습니다. 그러나 예슈아께서 우리의 죄를 이미 대속하셨을 뿐만 아니라, 이제는 죄의 뿌리와 불의(아본עָוֹן, 왜곡되고 비뚤어짐)를 뽑아서 그 출처인 사탄에게로 되돌려주실 심판을 집행하러 오실 것입니다.

천년왕국이 시작하기 직전에 땅을 회복시키고 그 시대로 들어 가려면 먼저 아사셀(아자젤)이 뿌려 놓은 악의 뿌리들과 영향력들을 땅에서부터 근절시켜야 됩니다. 회복 불가능하도록 땅을 더럽게 한 모든 죄는 아사셀(아자젤) 때문입니다.

> 온 땅은 아자젤이 하늘의 비밀들을 가르쳐 주었기 때문에 파멸하게 되었다 '모든 죄'라고 아자젤 앞에 써놓아라. 모든 죄들의 책임을 그에게 돌려라 (에녹1서 10:8)

【주제 #7】 아사셀(아자젤 עֲזָאזֵל)은 누구인가?

성경에서 아자젤עֲזָאזֵל에 대한 정보는 레위기 16장에서 여덟 절(7절-10절과 20-23절)에만 나타나고 있으며, 이 이름은 4번(8, 10, 26절) 언급된다. 아자젤 염소에 대한 해석은 두 가지 양극단적인 해석이 있다. 한쪽에서는 아자젤 염소가 백성의 죄를 짊어지고 영문 밖으로 나가시는 예수님의 모습을 예표한다고 믿고, 또 다른 한쪽에서는 아자젤 염소가 메시아 왕국이 시작하기 직전에 인류로부터 완전히 죄를 분리 제거[16] 하는 심판 집행 의식에 쓰인 염소로써 인류 안에 죄악을 끌고 들어와 땅을 부패하게 한 사탄의 예표라고 생각한다. 하나의 해석을 놓고 그것이 그리스도를 예표하느냐 사탄을 예표하느냐는 정말 극적으로 다른 이해를 가지는 주제이기 때문에 많은 논쟁이 있을 수 밖에 없지만 그만큼 흥미롭고 중요한 주제가 아닐 수 없다.

주전 3세기 중엽 알렉산드리아에서 히브리어 성경을 헬라어로 번역한 70인역(Septuagint) 학자들은 히브리어 아자젤을 '가져가 버린 자'로 이해하고 아포폼파이오 **αποπομπαιω**[17] 로 번역하였고 이것을 영어로는the one sent away '보내 버린 자'로 번역했다. 그 이후 주후 405년 후반에 번역된 라틴어성경 Vulgate역에서 제롬은 capro emissario 즉, '보내어진 염소'로 번역하였고, 주후 1382년 Wycliffe는 'the goat that shall be sent out'으로, 주후 1534년 Tyndale은 'a scapegoote'로 번역하였다. 그 후 '아자젤'을 고유명사 그대로 음역하는 경우를 제외하고는 모든 종교개혁자들의 번역[18] 과 King James Version에서는 'the scapegoat'라는 Tyndale의 신조어를 사용하게 되었다.

알렉산드리아의 오리겐(주후185-254)은 아자젤을 사탄과 동일시했고,[19] 시리아역 성경인 페시타에서는 아자젤을 '하나님에 대항하는 강한 자'[20] 로 번역을 했다. 그러나 약 2세기 후에 알렉산드리아의 씨릴(주후376-444)은 아자젤을 그리스도의 예표로 보았던 초창기 학자가 되었고, 그 후 대다수의 교부들은 아포폼파이오스**Ἀποπομπαῖος**를 'scapegoat' 즉, 염소로 이해해오면서 기독교에서는 그런 해석이 이 본문 해석의 주류를 이루게 되었다.

레위기 16:8에서 서로 상반된 의미로써 한 염소는 라아도나이לַיהוָה '여호와를 위하여' 또 다른 염소는 라아자젤לַעֲזָאזֵל '아자젤을 위하여' 제비 뽑고, 여호와를 위하여 제비 뽑은 염소는 속

---

16 John E Hartley, Leviticus, Word Biblical Commentary (Zondervan Academic, 2018), 222.

17 Αποπομπαιω : carrying away evil

18 아자젤을 'scapegoat'로 번역한1500년대 종교개혁 기간에 번역된 성경 번역판은 아래와 같다. Matthew Bible(1537), Great Bible(1539), Geneva Bible(1560), Bishops' Bible(1568). 1545년 Luther가 번역한 독일어성경에도 scapegoat와 같은 의미인 'ledig bock'가 사용되었다.

19 John Granger Cook, The Interpretation of the Old Testament in Greco-Roman Paganism, Studien Und Texte Zu Antike Und Christentum ; 23 (Tubingen: Mohr Siebeck, 2004), 299. Jacob Milgrom, Leviticus 1-16: A New Translation with Introduction and Commentary (New Haven, Conn.; London: Yale University Press, 2009), 1021.

20 Albert I. Baumgarten, Sacrifice in Religious Experience, Numen Book Series (Brill, 2002), 218.

죄제물로 드리고, 또 다른 염소는 아자젤을 위하여 광야로 보내지게 하였다. 아자젤이 어떤 존재이기에 한 염소는 여호와를 위하여, 다른 한 염소는 아자젤을 위하여 제비를 뽑은 것인가? 왜 그 염소를 아자젤을 위하여 광야로 보내는가?

정경 어디에도 아자젤에 대한 이해를 더 할 수 있는 곳은 없다. 그래서 번역되지 않고 '아자젤'로 음역되어서 사용되다가 주후 5세기에 이르러 아자젤에 신학적 의미를 부여하면서 고유명사인 '아자젤'을 음역대로 사용하지 않고 'the scapegoat'로 사용함으로, 고대 이스라엘의 문헌들을 접할 기회가 없었던 이방인 출신 성경 연구가들의 입장에서 그 의미가 불분명했던 '아자젤'이라는 존재보다는 염소에 더 초점이 옮겨지게 되었다.

주전 4세기 말에서 5세기 초에 알렉산드리아의 씨릴(CE376-444)을 시작으로 그 후 많은 학자들이 아자젤을 그리스도의 예표로 해석하게 되었지만 그 이전 시대에는 아자젤을 하늘에 있다가 하나님을 거역하고 그들의 지위를 지키지 아니하고 그들의 처소를 떠나[21] 땅에 여인들을 아내들로 삼았으며, 인류에게 허락되지 않았던 하늘의 비밀을 풀어서 땅과 인류를 부패하게 했던 이린עִירִין (단4:13,17,23, watchers, 감찰자들)의 최종 책임자 중의 하나라고 인식해왔다.

쿰란 사본에서도 아자젤이 타락한 천사들의 대표성을 가진 리더이며 다른 천사들의 반역과 타락을 주동했던 자들 중에 하나임을 여러 차례 언급한다. 쿰란 4번 동굴에서 발견된 'The Ages of The World'[22] 에서는 창세기 6:2,4의 하나님의 아들들을 아자젤과 그 천사들로 언급한다. 이 문서에서는 아자젤이 인간들에게 사악함을 사랑하도록 가르치고, 그 사악함이 세대에서 세대로 이어지도록 했으며, 결국 이스라엘을 위해 정한 70이레의 시간 후 최후 심판의 때에 하나님이 아자젤을 다루심으로 땅에서 악이 제거되고 그분의 무한하신 선하심과 진리 안에서 세상이 세워지게 되는 것에 대해 이야기한다. 에녹1서 그리고 '거인들의 책' 조각 문서들과 희년서에서도 '타락한 천사들의 모든 죄에 대한 징벌은 아자젤 위에 놓여진다'[23] 라고 하며 타락한 200명의 천사들 중에서 아자젤이 가진 대표성을 명확하게 밝히고 있다.[24]

---

21 【유다서 1:6】 또 자기 지위를 지키지 아니하고 자기 처소를 떠난 천사들을 큰 날의 심판까지 영원한 결박으로 흑암에 가두셨으며

22 4Q180 The prophetic interpretation concerning Azazel and the angels who went in to the daughters of man,] 8[so that] they bore mighty men to them. And concerning Azazel [who taught them] 9[to love] iniquity and caused them to inherit wickedness all [. . .] [. . .] judgments, and the judgment of the council of [. . .]
4Q181 [Abraham until he bor]e Isaac, [ten generations. The prophetic interpretation concerning Azazel and the angels who went in to] 2[the daughters] of man, so that [they] bore mighty me[n] to them. [And concerning Azazel . . .] 3[. . .] He satisfied Israel with plenty (or Israel in seventy weeks, He entreated) [. . .] 4and those who love iniquity, and cause them to inherit guilt, all [. . .] before all those who know Him [. . .] 6and there are no bounds to His goodness [. . .] 7these are the wonders of know]ledge [. . .] He established them in His truth and [. . .] 9in all their ages [. . .] ith[eir] creatures [. . .]

23 Book of Giants 4Q203 "the punishment for all the sins of the fallen angels is placed on Azazel."

24 【희년서Jubilees 4:22】

당신은 아자젤이 땅에서 온갖 불의함을 가르친 것과
또 하늘에 숨겨두어 인간의 자녀들이 노력해야만 알게 될 영원한 비밀들을
드러내 보인 것을 보고 계십니다. (에녹1서9:6)

온 땅은 아자젤이 하늘의 비밀들을 가르쳐 주었기 때문에 파멸하게 되었다.
'모든 죄'라고 아자젤 앞에 써놓아라.
모든 죄들의 책임을 그에게 돌려라 (에녹1서10:8)

그는 사람의 딸들과 함께 죄를 지었던 감찰자들에게 증언하였다.
이는 이들이 사람의 딸들과 교합하여 더럽혀지기 시작했기 때문이다.
에녹은 그들 모두에게 맞서 증언하였다(희년서 4:22)

에녹서, 희년서, 쿰란 문서와 고대 유대 문헌들을 통해서 창세기 6장의 하나님의 아들들이 다섯째 하늘에 있던 천사들 중에 땅에 내려와 범죄한 천사들이고, 그들의 모든 반역과 인류에게 풀어 놓은 전쟁, 음란, 주술의 기술을 통해 땅과 인류가 부패하고 더럽게 되었으며, 결국 노아 홍수 심판이 있게 되었음을 일관성 있게 이야기하고 있다. 그 홍수 심판과 함께 일부 천사들은 결박되어 유대 광야 아래 흑암 깊은 곳에 가두어졌으며 그들은 거기 갇혀서 큰 날의 심판을 기다리고 있다. 그리고 이 모든 죄와 불의와 범죄의 책임이 대표성을 가졌던 그들의 최종 리더 아자젤에게 있다고 성경 시대의 사람들은 이해하고 있었다. 타락한 천사들은 의의 시대인 메시아 왕국이 시작하기 직전 다시 심판을 받아 무저갱에 떨어질 것이다. 이것이 욤 키푸르에 '아자젤을 위하여' 제비 뽑힌 염소가 '아자젤에게' 보내기 위해서 광야로 보내지는 의식과 관련이 있다.

아자젤에게 인류 타락과 땅의 부패의 엄중한 책임을 묻는 또 다른 이유는 창세기 6장의 사건에 대한 책임뿐만 아니라 창세기 3장의 사건을 통해서 인류가 에덴에서 쫓겨나게 한 유혹의 책임까지도 아자젤에게 있기 때문이다. 아자젤은 천년왕국이 시작하기 직전 무저갱으로 잡혀 들어가 있다가 천년왕국이 끝난 후 잠시 풀려나 활동한 뒤 다시 영원한 불길 속으로 던져져 최종 심판의 집행을 받게 될 것이다.

왜 천사들 중 일부가 이러한 죄악에 연루가 되었는지 그 배후가 탈무드와 에녹3서에서 언급되고 있다. 그들은 하나님의 인간 창조의 계획에 대한 반항으로 인간이 모든 지상과 천상의 존재들의 우두머리가 될 수 없다는 것을 증명하기 위해서 뱀으로 동산 중앙으로 들어가 사람을 유혹하여 타락시켰고 그 이후에도 땅에 홍수 심판이 있게 될 만큼 사람과 땅을 부패시키고 더 타락시켰다.

요한계시록 20:1-3에서는 예수님의 재림의 과정을 통하여서 메시아 왕국이 시작되는 사건을 묘사하는 마지막 부분에 무저갱 열쇠와 큰 쇠사슬을 손에 가진 천사가 하늘에서 내려와 용을

잡고 천년 동안 결박하여 무저갱에 던지고 그 위에 인봉하여 천년이 차도록 다시는 만국을 미혹하지 못하게 하는 장면이 나온다. 2절에서 그 용을 또 다른 세 가지 이름인 옛 뱀, 마귀, 그리고 사탄이라고 부른다. 욤 키푸르의 예식 중에 아자젤에게 보내는 염소의 의식은 종말에 아자젤에게 있을 심판 집행을 통하여서 땅과 인간에게서 아자젤의 영향력을 분리 제거하고 새 시대를 여는 것을 예표하는 것이라 볼 수 있다.

그가 열방 사이에 판단하시며 많은 백성을 판결하시리니 무리가 그들의 칼을 쳐서 보습을 만들고 그들의 창을 쳐서 낫을 만들 것이며 이 나라와 저 나라가 다시는 칼을 들고 서로 치지 아니하며 다시는 전쟁을 연습하지 아니하리라(이사야 2:4)

이사야 2:2-3에서 메시아 왕국에 대한 미래적인 이상을 통하여서 예루살렘을 중심으로 온 열방이 한 하나님을 섬기는 시대가 올 것을 이야기하고 있다. 그 메시아 왕국이 시작되는 과정에서 인류 안에 들어왔던 전쟁 기술이 끊어지고 더 이상 나라들이 서로 전쟁하지 않는 시대에 대한 이야기를 한다. 땅의 전쟁 기술을 끝내고 메시아 왕국에 들어가는 것과 아자젤에 대한 심판 집행은 서로 관계가 있는 것이다.

DAY 4 레17:1-9

음란하게 섬기던 숫염소

레위기 11-15장에 걸쳐서 하나님이 가르쳐 주고 계신 먹는 것, 입는 것, 몸에 나는 피부병, 나병, 집안의 곰팡이, 그리고 몸에서 밖으로 흐르는 유출, 이 모든 주제는 우리의 몸과 관련된 것입니다. 하나님은 우리의 몸에 무엇이 들어오고, 무엇이 나고 있으며, 무엇이 흘러가고 있는지, 우리 몸의 안과 밖을 거룩하게 지키는 것에 대해 세세하게 말씀하십니다. 거룩은 몸을 지키는 것으로부터 시작됩니다. 우리의 몸이 더러워지면 생각도, 감정도, 영도 더러워집니다. 우리의 혼과 영을 담고 있는 그릇이 몸이기 때문입니다. 하나님은 우리가 몸을 지키지 못할 때 하나님으로부터 멀어지기 쉬울 뿐만 아니라 쉽게 다른 어둠에 노출되어 죄를 범하게 된다는 것을 잘 알고 계십니다. 그래서 몸의 거룩을 말씀하십니다.

레위기 11-15장이 몸의 거룩을 말씀하신다면 17-18장은 몸의 거룩을 통한 땅의 거룩을 말씀하십니다. 하나님은 백성들이 제사를 드리기 위해 예물을 죽일 때 반드시 먼저 회막 문으로 끌고 와서 여호와의 성막 앞에서 예물로 드려야 한다고 명령하십니다. 만약 이 명령을 지키지 않고 아무데서나 예물을 잡으면 백성 중에서 끊어질 것이라 경고하십니다(레17:4).

고대 사회에서 동물의 도축은 신에 대한 제의가 포함되어 있었습니다. 당시 이방 제사에서는 숫염소가 많이 사용되었는데 숫염소의 도축과정 중에 먼저 숫염소와 음란하게 행하고 그 후에 도축하는 풍습이 성행했었습니다. 하나님은 이것이 우상숭배의 제의이자 음란한 행위이기에 이러한 풍습이 하나님의 거룩한 제사를 더럽히지 않도록, 또한 하나님의 백성이 더러운 우상숭배의 제의를 따르지 않도록 하기 위해 반드시 회막 앞에서 잡도록 명령하신 것입니다. 레위기 17:7에서 숫염소는 히브리어 싸이르שָׂעִיר의 복수형태인 쎄이림שְׂעִירִם으로 되어 있으며, 영어 성경은 이것을 마귀들devils 이라고 번역합니다. 이방인들이 제사에서 숫염소들을 음란하게 섬긴 것은 곧 마귀들, 귀신들을 섬긴 것과 같은 것입니다. 사탄은 하나님의 거룩한 제사를 모방하여 자신을 섬기도록 하였고 그 모습은 추악하고 더러운 음란한 행위들이었습니다. 그래서 하나님은 하나님의 백성들이 하나님께 드리는 제사를 구별하여 드리도록 자세하게 가르치신 것입니다.

같은 제물일지라도 그것을 어디에서 잡는지, 또 어떤 방법으로 제물을 올려드리는가에 따라 예배의 방향성은 완전히 달라집니다. 하나님께 드려지는 예배를 더럽히고 자신이 숭배를 받기 위해 사탄은 힘과 음란을 사용합니다. 힘은 교만이고, 음란은 섞이는 것입니다. 어떤 예배는 예배의 절차 안에 많은 것을 섞어버리고 예배를 통해 힘과 화려함을 자랑하거나, 주술과 마법을 섞어서 사람들을 조종하기도 합니다. 그런데 의외로 사람들은 이런 예배에 마음을 빼앗깁니다. 하나님은 이스라엘 백성에게 제물의 피를 회막 문 제단에 뿌리고 기름을 불살라 아름다운 향기의 예배를 드리라고 명령하셨습니다(레17:6). 우리를 거룩하게 하신 예슈아의 피로 우리를 씻고, 우리 자신을 온전히 내어드리는 번제의 삶 즉, 우리의 시간과 에너지, 사랑과 헌신을 하나님께 드리며 성경 말씀에 순종하는 삶을 살며 우리 자신을 거룩하게 할 때, 그런 삶으로 올려드리는 예배가 하나님께 향기로운 예배가 될 것입니다. 향기로운 예배는 화려함에 있지 않고 말씀에 순종하는 삶에 있습니다.

DAY 5 레17:10-18:5

피를 먹지 말라

고대 이방 사회에서는 우상에게 바쳐진 제물을 도축한 후 동물의 피를 먹는 풍습들이 있었습니다. 하나님은 이것을 철저하게 금하십니다.

> 육체의 생명은 피에 있음이라 내가 이 피를 너희에게 주어 제단에 뿌려 너희의 생명을 위하여 속죄하게 하였나니 생명이 피에 있으므로 피가 죄를 속하느니라
> (레17:11)

모든 생물은 그 피와 생명이 하나입니다(레17:14). 피가 생명과 하나이기 때문에 어떤 피를 접촉하는가는 그 생명이 내게 접촉되고 내 안으로 들어온다는 의미를 가집니다. 다시 말해 우상에게 바쳐진 동물의 피를 먹는다는 것은 그 동물의 생명과 내가 하나가 된다는 의미이고, 결국은 동물을 바친 우상과 내가 하나가 된다는 뜻이 됩니다. 하나님이 피를 먹지 말도록 금하신 이유는 피를 통해 우상에게 자신의 생명을 내어주지 말라는 뜻이며, 피를 마시는 순간 우상과 하나가 되면 그 권위 아래로 들어가게 되어 하나님으로부터 끊어지게 되기 때문입니다. 또한 동물의 피에는 동물의 생명과 속성이 있기 때문에 그 피를 마시면 동물적인 본성이 우리 안으로 흘러 들어옵니다. 피는 생명을 흐르게 하는 것이고 흐르는 것은 영향력입니다. 우리가 어떤 흐름을 받고 있는가에 따라 생명과 사망이 결정됩니다.

하나님이 우리에게 허락하신 피는 오직 하나, 예슈아의 보혈입니다. 어린 양의 피는 하나님의 백성의 문설주에 발라지면서 죽음을 지나가게 했고, 그 피로 인해 하나님의 백성으로 인침을 받을 수 있게 했습니다. 번제와 속죄제로 드려진 피는 제단에 발라지고 속죄소에 뿌려져서 우리의 죄를 덮어주었습니다. 우리의 번제와 속죄제로 드려지신 예슈아의 피는 우리에게 뿌려지고 우리에게 적용되어서 죄를 용서받게 하고 우리가 선한 양심을 향하여 끊임없이 가게 합니다. 예슈아는 자신의 살을 먹고 피를 마시는 자는 누구든지 영원한 생명을 얻는다고 하셨습니다(요6:54). 예슈아의 살과 피를 먹고 마시는 자는 예슈아의 생명

안에 거하고 예슈아도 그 안에 거하십니다(요6:56). 예슈아의 피로 우리는 그분과 하나가 되었습니다.

DAY 6 레18:6-23 / DAY 7 레18:24-30

몸의 정결과 땅의 정결

하나님이 경고하시고 명령하신 또 한 가지는 이스라엘 자손이 살던 이집트 땅의 풍속이나 혹은 앞으로 하나님이 이끌고 들어가실 가나안 땅의 풍속과 규례를 따르지 말고 하나님의 법도와 규례를 따르라고 하신 것입니다(레18:3-5). 이집트나 가나안의 풍속과 규례는 온갖 종류의 음행함으로 사람의 몸뿐만 아니라 땅을 더럽히는 것이었습니다. 음행은 각종 경계를 넘어가는 행위입니다. 온갖 종류의 근친상간(레18:6-18), 월경하는 여인의 피의 근원을 드러내는 음란, 다른 사람의 아내와의 동침, 자녀를 몰렉에게 마치는 유아인신제사, 동성애, 동물과의 수간(레18:19-23)은 모두 하나님의 창조 질서에 어긋나는 것으로 하나님을 거역하고 대적하는 행위들입니다. 특별히 몰렉에게 자녀를 바치는 인신제사는 하나님의 형상대로 지음 받은 인간을 태움으로써 하나님의 영광을 조롱하는 사탄적인 행위입니다. 그래서 하나님은 이것이 하나님의 이름을 욕되게 하는 것이라 말씀하십니다(레18:21).

하나님이 가나안 족속을 그 땅에서 쫓아내시고 이스라엘 자손을 그 곳으로 들여보내시는 이유가 바로 이런 음행들로 인해 가나안 땅이 더럽혀졌고 그래서 그 땅이 견디지 못하여 스스로 그 주민들을 토하였기 때문이라고 하십니다(레18:25). 그래서 만약 이스라엘 자손들이라도 그 땅에서 그들의 가증한 일들을 따르게 되면 그 땅이 이스라엘 자손들도 토해낼 것이라고 경고하십니다(레18:27-28). 가나안 땅 즉, 에덴-동산의 땅은 하나님이 거하시기로 정하신 땅이고, 자신과 언약한 아브라함의 자손들에게 주시기로 약속한 땅이며, 하늘과 땅이 하나되는 곳이자, 하나님의 킹덤의 통치의 중심으로 정하신 곳이기에 하나님은 사람들의 음란함이 그 땅을 더럽히는 것을 두고 보지 않으십니다. 그것이 자신이 선택한 이스라엘 자손이라도 예외가 될 수 없습니다.

음행은 섞이는 것이고 질서를 파괴하는 문란한 것입니다. 섞이면 미혹당하게 됩니다. 그래서 사도 바울은 미혹을 받지 말라고 합니다(고전6:9). 미혹을 받으면 하나님의 나라를 유업으로 받지 못합니다.

… 몸은 음란을 위하여 있지 않고 오직 주를 위하여 있으며
주는 몸을 위하여 계시느니라(고전6:13)
주와 합하는 자는 한 영이니라(고전6:17)

주님은 우리 몸을 값을 주고 사셨습니다. 그리고 우리 몸으로 들어오셨습니다.
그래서 우리 몸은 더 이상 우리 것이 아니고 주님의 몸입니다. 그러므로 우리 몸은
하나님의 영광의 통로입니다(고전6:19-20, 진리의 집 의역)

하나님에게 있어서 몸은 단순히 썩어져 없어질 것이 아니고 그분이 직접 만드시고 거하기로 결정한 장소(집, 처소, 성소, 성전)입니다. 하나님은 이것을 성막과 성전을 통해 하나님이 직접 거하시는 것이 어떤 것이라는 것을 보여주셨고 결국엔 우리의 존재가 하나님과 같이 존귀하게 되는 것이 하나님의 계획임을 알게 하셨습니다(시82:6, 요10:35). 그렇기 때문에 무엇을 먹는지, 무엇을 입는지, 어떻게 화장하는지, 무엇을 보는지, 무엇을 듣는지, 이런 모든 감각들이 내 정욕을 위해 다루어져야 할 것이 아니라 주님이 계신 성전인 내 몸이 거룩하게 되기 위한 방법으로 행해져야 하는 것입니다. 하나님은 이미 거룩한 영을 우리에게 부어주시고 우리 안에 함께 하시기로 결정하셨기 때문에 모세를 통해 몸의 거룩을 지키기 위한 규례를 자세히 말씀해 주셨습니다. 그분 스스로 우리 안에 들어와 사시기로 결정하셨습니다. 그러므로 우리의 몸은 우리의 것이 아닙니다.

거룩하지 못한 것은 곧 죽음을 의미합니다. 그래서 이미 거룩하지 못한 것들로 가득 차 있는 가나안 땅에 들어가기 위해서 이스라엘 백성은 철저하게 광야에서 거룩함을 배웠습니다. 거룩한 시간을 지키고(샤밭), 거룩한 장소에서 예배하며(성막), 거룩한 것을 먹고(레11), 거룩한 백성으로서 지켜야 할 규례들과 법을 배우면서(토라와 계명) 하나님의 백성으로서의 정체성을 회복해 갔습니다. 우리 자신을 거룩하게 지키는 이 모든 과정은 땅을 거룩하게 지키는 것과 같으며 하나님은 거룩한 백성과 거룩한 땅에서 영원히 함께 하실 것입니다.

하프타라 암9:7-15

가증한 일로 인한 수치, 그럼에도 회복시키시는 하나님의 약속

이스라엘 백성이 거룩함을 지키고 열방 가운데 하나님의 거룩함을 나타내는 백성이 되게 하기 위해 하나님이 가르쳐 주신 규례의 핵심은 음란하게 우상숭배하지 말라는 것이었습니다. 우상숭배는 하나님의 백성들을 음란하게 하여 하나님을 멀리하게 하며 떠나고 싶게 하고 하나님이 주신 거룩한 몸을 더럽히고 땅을 더럽게 합니다. 그러나 예견된 대로 이스라엘 자손은 하나님이 하지 말라고 하신 모든 것을 다 행하는 불의와 범죄에 빠집니다. 우상을 만들어 스스로를 더럽혔고, 지도자들은 권세를 휘둘러 백성들의 피를 흘리게 했으며, 부모를 업신여기고 나그네를 학대하고 고아와 과부를 해하였으며, 성물을 업신여기고 안식일을 더럽히며 모든 음행을 행하였습니다(겔22:1-16). 하나님은 명백하게 이렇게 말씀하셨습니다.

> 우상을 만들어 스스로 더럽히는 성아(겔22:3)… 스스로 더럽혔으니…(겔22:4)

그들은 스스로 더럽혔습니다. 누구 때문이 아니라 그들의 선택에 의한 것이었습니다. 그래서 하나님은 그들을 흩으심으로 거룩한 곳에서 그들의 더러움을 없애겠다고 하셨고 여러 나라들 앞에서 수치를 당함으로 하나님이 여호와인 줄 알게 될 것이라고 말씀하셨습니다(겔22:15-16). 이스라엘 백성은 스스로 더럽히는 길을 택함으로 멸망을 자초했습니다. 수치를 당하기 전에 깨닫고 돌아와 회개하면 반드시 자비가운데 용서하시는 하나님이시기에 돌아오라고 선지자들을 통해 수없이 외치셨지만 그들은 회개와 용서의 길을 선택하지 않았습니다. 그래서 그들은 수치를 당할 수 밖에 없었지만 하나님이 그런 수치를 당하도록 허락하신 이유는 그들이 하나님을 다시 볼 수 있도록, 하나님이 그들의 하나님이심을 알 수 있도록 깨닫게 하기 위함이었습니다. 하나님은 언약을 지키기 위해 끝까지 그 백성을 놓지 않으시는 하나님이십니다.

약속을 이루시는 신실하신 하나님은 이스라엘을 향해 그 날의 회복을 선포하십니다.

하나님은 아모스를 통해 3가지 회복을 약속하시는데 다윗의 장막의 회복, 예배의 회복(암 9:11), 그리고 땅의 회복을 통해 끊이지 않고 이어지는 차고 넘치는 추수를 약속하십니다(암 9:12,13). 이런 것들이 회복될 때 물리적으로도 나라와 땅이 회복되고 그 지경이 넓어질 것이라고 말씀하십니다(암9:14).

예배의 회복으로부터 땅이 복을 받아 추수가 넘치게 되고 나라가 부강하게 됩니다. 다윗의 왕국은 하나님 나라를 가장 잘 예표하는 상징적인 왕국인데 그 나라의 시작과 부흥의 기초는 예배였습니다. 다윗은 하나님 없으면 죽을 수밖에 없는 모든 순간 속에서 예배함으로 하나님의 얼굴을 구했습니다. 그것이 그의 나라가 하나님 나라를 예표하는 왕국이 되게 한 것입니다. 사울을 피해 다닌 그 광야의 시간이 다윗이 평생 예배를 사모하고 갈급하게 한 동기가 되었습니다. 광야를 거치고서야 이스라엘 백성이 하나님의 킹덤의 백성으로서의 정체성을 회복할 수 있었습니다. 나답과 아비후가 죽은 후에(아하레이 모트אַחֲרֵי מוֹת) 이스라엘 백성이 거룩한 백성으로 쇄신될 수 있도록 하나님이 더 깊은 계시를 가르치시는 기회로 삼으신 것처럼 우리가 종일 주를 위하여 죽임을 당케 되며 도살할 양 같이 여김을 받게 되는 이유는 주님이 공급하시는 힘으로 이겨내는 훈련을 하게 하심으로써 우리를 쇄신하기 위함입니다.

브리트 하다샤 고전6:9-20 / 마15:10-20

하나님이 일하신다

대속죄일에 백성의 죄는 예슈아의 피로 사함을 받아 덮어지고 죄의 근원은 분리되어 아사셀에게 되돌려보내집니다. 예슈아의 피로 대속 받은 우리는 그것에 머무르지 말고 죄의 깊은 뿌리와 불의와 죄악으로부터 완전히 분리되기를 갈망해야 합니다.

이것을 위해 우리가 할 수 있는 것은 겸손히 엎드리는 것입니다. 대속죄일에 하나님은 스스로를 괴롭게 하라고 말씀하셨습니다. 히브리어 아나עָנָה는 '괴롭게하다'는 뜻과 더불어 '겸손하다, 낮아지다'는 뜻을 가지고 있습니다. 이 날은 나를 가장 낮추고 하나님 앞에 겸비하는 날입니다. 또한 대속죄일은 안식일 중의 안식일로 아무 일도 하지 말고 멈춰야 하는 날입니다. 모든 것을 멈추는 중에서도 더욱 멈춰야 하는 날입니다. 이 특별한 절기(모에드)에 우리가 멈추면 하나님이 일하십니다. 하나님은 이 날 우리를 멈추게 하심으로 '너희가 할 것은 아무것도 없다. 내 안에 머물러 있으라 내가 친히 이루리라'고 하심으로 하나님이 하실 일을 하십니다.

마지막 때의 절정에 이를 때에 우리가 할 수 있는 것보다 할 수 없는 것들이 더 많아질 것입니다. 세상을 몰아치는 어둠의 힘이 이스라엘을 둘러싸고 예루살렘을 치러 모여 오려고 하는 것을 볼 그 때 우리가 알아야 할 것은 바로 그 때가 하나님이 거룩함과 영광스러운 위엄으로 위대한 일을 행하실 날이라는 것입니다. 그 날, 위대하고 두렵고 영화로운 날에 하나님은 죄와 어둠을 심판하실 것입니다. 그러므로 우리는 철저히 낮아져 엎드려 하나님 앞에 머물러 예배함으로 깨어 기도하면서 하나님 아버지의 마음과 뜻을 알아가며 우리의 몸과 혼을 단장해야 합니다. 신부를 취하기 위해 신랑이 곧 오십니다.

아하레이 모트 주간의 말씀

1. 하나님은 구름 가운데 속죄소 위에서 영광의 임재로 나타나셨습니다. 구름은 하늘의 영역에서 땅의 영역으로, 땅의 영역에서 하늘의 영역으로 전환되는 경계를 의미하는 것입니다.

2. 하나님은 종국에는 죄악을 인류로부터 완전히 분리시키시고 죄가 그 근원으로 돌아가도록 하심으로 땅과 인류에 완전한 구속을 적용하시고 천년왕국을 시작하실 것입니다. 이것이 바로 대속죄일(욤 하키푸림 또는 욤 키푸르)입니다.

3. 아사셀 의식은 인간과 땅을 부패케하고 더럽힌 불의의 제공자인 아사셀에게 모든 죄를 되돌림으로 인류로부터 죄와 불의와 비뚤어짐과 악함을 완전히 분리시키고 제거하는 의식입니다.

4. 아본עָוֹן은 죄를 지을 수 밖에 없게 하는 인간 내면의 비뚤어지고 왜곡된 상태, 근원적인 죄의 뿌리를 의미합니다. 십자가의 대속을 통해 우리의 죄는 용서받았지만 여전히 우리 안에 남겨져 있는 불의(아본עָוֹן), 다시 말해 우리를 왜곡되고 비뚤어지게 하는 죄악의 뿌리는 여전히 우리 안에 남아 있습니다. 하나님은 일 년에 한 번 대속죄일에 이스라엘 백성이 죄의 근원이 되는 불의(아본)를 뽑아 사탄에게 전가하고 그에게 모든 책임을 돌려보내는 의식을 통해 희년을 기억하라 하십니다.

5. 우리를 거룩하게 하시는 예슈아의 피로 우리를 씻고, 우리 자신을 온전히 내어드리는 번제의 삶으로 올려드리는 예배가 하나님께 향기로운 예배가 될 것입니다. 향기로운 예배는 화려함에 있지 않고 말씀에 순종하는 삶에 있습니다.

6. 거룩하지 못한 것은 곧 죽음을 의미합니다. 그래서 이미 거룩하지 못한 것들로 가득 차 있는 가나안 땅에 들어가기 위해서 이스라엘 백성은 철저하게 광야에서 거룩함을 배웠습니다. 거룩한 시간을 지키고(샤밭), 거룩한 장소에서 예배하며(성막), 거룩한 것을 먹고(레11), 거룩한 백성으로서 지켜야 할 규례들과 법을 배우면서(토라와 계명) 하나님의 백성으로서의 정체성을 회복해 갔습니다.

7. 우리 자신을 거룩하게 지키는 이 모든 과정은 땅을 거룩하게 지키는 것과 같으며 하나님은 거룩한 백성과 거룩한 땅에서 영원히 함께 하실 것입니다.

아하레이 모트 주간의 선포

1. 부활로써 죽음을 이기신 예슈아의 생명의 능력을 찬양합니다. 영원한 나라와 부활을 소망하며 나의 죄성을 죽이고 예슈아처럼 생명으로 충만한 삶을 살게 하소서.

2. 하늘과 땅이 닿아 있는 그곳에 나를 세워주소서. 회개함으로 나아갈 때 자비로 덮어주시며 더 깊은 친밀함 안으로 초대해 주소서. 내가 서 있는 곳이, 내가 머무는 곳이, 내가 가는 곳이 당신의 영광이 나타나는 곳이 되게 하시고 나 자신이 당신의 영광을 나타내는 통로가 되게 하소서. 나의 삶이 지성소의 삶이 되게 하소서.

3. 여전히 내 안에 꼬여있고 왜곡되어 있는 죄의 본성, 아본을 뽑아버립니다. 이것은 나의 것이 아닙니다. 그리스도의 보혈로 나를 인치시고 예슈아의 생명과 하나되게 하사 아자젤의 영향력으로부터 나를 완전히 분리시켜 주소서.

4. 향기로운 예배는 토라에 순종하는 삶으로부터 시작됨을 고백하며 말씀과 하나되길 힘쓰고, 말씀을 더욱 사랑하는 자 되게 하소서. 말씀을 구할 때 새로운 계시를 더하여 주시고 하나님의 킹덤을 소유하고 확장시켜 나가는 자 되게 하소서.

5. 시간과 공간, 우리의 영, 혼, 육을 구별하여 거룩하게 하시는 하나님의 은혜를 찬양합니다. 종교의 영과 바벨론 신학으로 인해 잃어버린 교회의 유업을 되찾아 진리를 따르는 교회로서의 정체성을 새롭게 하소서. 예배는 화려함에 있는 것이 아니라 말씀의 본질에 있다는 것을 깨닫는 순간 말씀을 따르기로 결단하는 용기를 더하여 주소서.

30주간

קְדֹשִׁים

KDOSHIM

크도쉼, 거룩

파라샤 **레19:1-20:27**

하프타라 **겔22:1-16 / 겔20:2-20**

브리트 하다샤 **마5:43-48 / 마12:28-34**

DAY 1 레19:1-14

고유함과 독특함

너희는 거룩하라(크도쉼קְדֹשִׁים) 나 여호와 너희 하나님이
거룩함(카도쉬קָדוֹשׁ)이니라(레19:2)

하나님은 하나님이 거룩하시기 때문에 우리도 거룩해야 한다고 말씀하십니다. 하나님의 거룩과 우리가 관계 있는 이유는 우리의 존재가 하나님으로부터 나왔기 때문이며 다시 하나님께로 돌아갈 것이기 때문입니다. 하나님은 우리가 하나님의 소유라는 것을 확실히 인식하십니다. 거룩을 잃어버리는 것은 하나님을 잃어버리는 것과 같으며 하나님을 잃어버리는 것은 피조물의 본분을 잃어버리는 것입니다. 하나님은 자신의 계획과 목적을 가지고 우리를 만드셨습니다. 사람은 다 각각 생김새가 다르고 역할이 다르며 목적이 다릅니다. 각 사람의 Original design이 있는 것입니다. 모든 것이 하나님으로부터 나왔습니다. 모든 사람 안에는 하나님을 볼 수 있고 느낄 수 있는 것들이 담겨 있습니다. 그러므로 하나님의 형상대로 하나님의 모습을 따라 지음 받은 우리도 거룩한 존재이며 거룩한 존재이어야 합니다.

헬라적인 의미에서 거룩하다는 '영적이고 성스럽다'는 의미와 이미지를 가지고 있습니다. 하지만 이것은 이차적인 의미입니다. 히브리어의 거룩, 카도쉬קָדוֹשׁ의 기본 개념은 '독특하다unique, 고유하다, 특별하다'는 뜻을 포함하고 있습니다. 각 사람은 모두 특별함special, 독특함unique, 고유함이 있습니다. 이것은 하나님이 각 사람에게 부여하신 것입니다. 하나님이 각 사람에게 고유함을 부여하시고 거룩하다고 말씀하신 이유는 모든 사람

이 각자의 독특함을 간직하고 유지하며 살라는 의미입니다. 다시 말해 거룩을 유지한다는 것은 하나님께서 나에게 주신 나 자신의 고유함과 독특함을 지키는 것과 같은 의미입니다. 나 자신의 고유함과 독특함을 지키기 위해 하나님은 '섞이지 말라'고 하십니다. 섞이지 않는다는 것은 구별됨을 의미하며 이것은 곧 '거룩'이라는 의미와 일맥상통합니다.

우리는 많은 경우 다른 사람과 나를 비교합니다. 세상의 입장과 관점에서 더 낫다고 말하는 능력과 외모를 따라가려고 합니다. 사람들은 무엇이 진짜 아름다움이고, 무엇이 자신을 향한 진짜 목적인지를 잊은 채 많은 사람이 추구하는 것을 따라갑니다. 나중에는 그것이 옳은 것인 줄 착각하게 됩니다. 혹은 누군가를 동경하면서 그렇게 되려고 합니다. 그리고 자신을 잃어버립니다. 그렇게 세상과 섞이지만 나중에는 무엇이 섞이게 됐는지도 모르게 됩니다. 내 존재는 독톡하고 고유합니다. 하나님이 그렇게 만드셨습니다. 내 존재의 독특함과 고유함을 잃지 않기 위해 첫 번째로 찾고 지켜야 할 것은 '거룩'입니다. 하나님은 나를 특별하고 고유하게 구별하셨습니다.

거룩함의 두 가지 축(부모 경외와 안식일)- 첫째, 부모를 경외하라

십계명에서 하나님은 하나님과의 관계에서 지켜야 할 처음 네 가지 계명 뒤에 사람과의 관계에서 제일 먼저 지켜야 할 계명으로 '네 부모를 공경하라'고 말씀하십니다. 다른 계명들에는 계명을 '지키면'이라는 조건이 붙지 않습니다. 그런데 '네 부모를 공경하라'는 계명에는 조건이 붙습니다. 이 계명을 잘 지키면 '네가 하나님이 너에게 주신 땅에서 너의 생명이 길고 복을 누릴 것'이라고 약속하십니다(출20:12, 신5:16).

레위기 19:2에서 하나님은 '내가 거룩하기 때문에 너희도 거룩하라'고 말씀하시면서 가장 먼저 각 사람은 부모를 경외하고 나의 안식일을 지켜야 한다는 명령으로 시작하십니다. 하나님은 거룩을 위해 우상숭배보다도(19:4) 예배보다도(19:5-8) 더 앞서 부모 경외와 하나님의 안식일을 지키는 것을 말씀하십니다(19:3). 부모를 공경하는 것은 권위 질서 안에 들어가서 사람을 사랑하는 법을 배울 뿐 아니라 하나님을 경외함과 신뢰함을 배우는 기초가 됩니다.

부모를 경외하라고 하셨을 때 하나님은 하나님을 경외하라는 단어와 같은 단어인 야레יָרֵא를 사용하셨습니다. 야레יָרֵא는 두려워하는 것입니다. 그러나 이 두려움은 공포에 의한 두려움이 아니라 깊은 존경의 마음으로 상대를 높여드리고 존중하는 마음의 자세입니다. 하나님을 경외한다는 것에는 하나님과의 깊은 친밀함이 이미 전제되어 있습니다. 하나님을 너무 사랑해서 그분과 깊은 사귐을 가지며 친밀해질수록 그분의 성품에 놀라고 그분의 사랑과 능력에 압도되어 감히 함부로 대할 수 없는 두려움을 느낍니다. 하지만 우리는 여전히 그분과 친밀합니다. 그러므로 '경외하다'는 말에는 깊은 친밀감과 두려움이 동시에 담겨 있습니다. 하나님은 이런 경외함을 가지고 부모를 경외하라고 하십니다. 우리는 부모님과 가장 깊은 친밀함을 누리면서도 동시에 부모님을 향한 존경과 두려움의 마음을 가져야 합니다. 하나님은 부모를 통해 우리가 존재하도록 하셨습니다. 부모는 우리 생명의 시작이며 하나님의 권위를 배우는 통로입니다. 권위는 또한 질서입니다. 권위를 잘 배운 사람은 모든 영역에 있어서 질서와 규모와 한계뿐만 아니라 그 권위 아래서 마음껏 자유를 누리는 것이 무엇인지를 압니다. 이런 사람에게는 안정적인 지혜로움이 있습니다.

자녀가 태어나면서 남편과 아내는 부모가 됩니다. 자녀가 태어나지 않으면 남편과 아내는 부모가 될 수 없습니다. 자녀는 남편과 아내를 부모로 만들어 주고 부모가 되면서 자녀와의 관계 속에서 하나님의 권위가 입혀지게 됩니다. 그러므로 자녀는 하나님의 권위를 부모에게 기름 붓게 만들어 주는 통로가 됩니다. 그러므로 부모와 자녀의 관계는 하나님과 우리의 관계와 같습니다. 부모를 경외하는 것은 다른 사람을 대함에 있어서도 사랑과 존경으로 대할 수 있는 기초가 됩니다. 레위기 19장에서 말씀하시는 모든 이웃과 나그네를 향해 대해야 할 태도의 기초는 부모를 경외함으로부터 시작하며 그것은 또한 하나님을 경외하는 것이 됩니다(레19:9-18, 32-36).

그러나 연약하고 깨지기 쉬운 한 인간으로서의 부모는 실수가 많습니다. 그래서 부모를 경외하는 것이 쉬운 일만은 아닙니다. 모든 부모는 자녀를 최선을 다해 사랑하지만 동시에 자신도 모르게 받아온 상처를 자녀들에게 흘려보내게 됩니다. 사랑과 상처를 동시에 받은 자녀는 복잡한 마음을 가지게 됩니다. 때로는 부모로부터 사랑보다 상처를 더 강하게 받아서 부모를 경외하는 것이 어려울 수도 있습니다. 그러나 이럴 때 필요한 것이 분리의 훈련입니다. 내가 부모로부터 받은 상처는 따로 떼어 생각하고, 또 나를 사랑하시는 부모의 모습은 사랑으로써 볼 수 있어야 합니다. 상처 때문에 부모의 사랑까지 소멸시켜서는 안 됩니다. 이 두 가지를 구별하면서 우리는 거룩을 훈련할 수 있게 됩니다. 왜냐하면 거룩의 뜻은 구별과 분리이기 때문입니다. 어둠을 잘 구별하고 분리하는 사람은 자신 안에 섞여있는 것도 구별해 내어 거칠고 어두운 생각과 감정을 잘 정리할 수 있습니다. 부모와 자녀의 관계에서 이 모든 것을 배우기 시작하게 됩니다. 그렇기에 부모를 경외함이 잘 되는 사람은 구별과 분리를 잘 하는 사람이 되며 바운더리가 건강한 사람이 됩니다.

하지만 또한 부모가 자녀를 향해서도 해야 할 일이 있습니다. 훈육할 때 감정을 쏟아부으면서 분노를 통해 부모 자신의 쓴 뿌리가 전달되게 할 때, 이것은 자녀를 몰렉에게 던져주는 것과도 같습니다. 왜냐하면 이 순간만큼은 어린 자녀에게 선택권이 없기 때문입니다. 몰렉이란 말라크מֶלֶךְ 왕이라는 뜻에서 나왔습니다. 이것은 통치라는 뜻인데 몰렉에게 준다는 것은 사단과 귀신의 영향력의 통치 안으로 자녀를 내어주는 것을 의미하는 것입니다. 이렇게 되면 어떤 영역에서 자녀가 악한 영에게 노출되며 이후 악한 영이 휘두르는 대로 휘둘리게 될 가능성이 열리게 됩니다. 이것은 부모의 책임입니다. 이렇게 노출되고 쉽게 휘둘리게 되도록 상처받은 자녀는 부모를 경외하는 마음을 가지기가 어렵게 됩니다. 그러므로 부모도 자녀를 훈육할 때 스스로 감정에너지를 어떻게 사용하고 있는지 자신을 잘 살펴봐야 합니다.

자녀들아 주 안에서 너희 부모에게 순종하라 이것이 옳으니라
네 아버지와 어머니를 공경하라 이것은 약속이 있는 첫 계명이니
이로써 네가 잘되고 땅에서 장수하리라 또 아비들아 너희 자녀를 노엽게
하지 말고 오직 주의 교훈과 훈계로 양육하라(엡6:1-4)

예슈아는 바리새인들을 향해 '아버지나 어머니에게 드리려던 것이 코르반קָרְבָּן 즉, 하나님께 드리는 예물이 되었습니다'라고 핑계함으로 부모에게는 더이상 아무것도 하지 않아도 무방하다고 말하는 것에 대해 책망하셨습니다(막7:11). 부모를 경외함으로 섬기는 것이 하나님께 예물을 드리는 것만큼이나, 아니 그보다 더 우위에 있는 중요하고 합당한 일임을 말씀하십니다. 그러므로 부모를 경외하는 것이 우리가 삶으로 드리는 예배의 기초가 되는 것입니다. 권위와 질서가 무너진 이 시대에 인간 관계와 삶의 예배의 기초인 부모 경외함을 배우는 것이 모든 다른 것들의 회복을 가져오게 할 핵심요소가 될 것입니다. 이것이 예슈아의 재림 직전에 엘리야의 영과 엘리야의 능력을 받아서 사역하게 될 자들이 가져오게 될 회복의 주제입니다. 이 회복을 통해서 엘리야들은 다시 오시는 메시아와 오게 될 메시아 왕국을 맞이할 백성들이 되도록 교회와 이스라엘을 준비시켜 줄 것입니다(눅1:17, 말4:5-6). 그래서 하나님은 엘리야의 영과 능력을 통해서 마지막 때에 아버지들의 마음이 거스르고 거역하고 불순종하는 자녀들에게로 돌아오게 되며, 자녀들의 마음이 그들의 의로운 아버지들

의 지혜로 돌아오게 되어 부모와 자녀에게 회개와 대각성을 통한 회복이 여호와의 크고 두려운 날이 이르기 전에 있을 것이라고 예언해 놓으셨습니다. 이것이 부흥입니다. 그러므로 가정의 회복, 부모와 자녀의 관계의 회복, 무너진 권위 구조들의 회복은 마지막 때 부흥의 열쇠가 될 것입니다.

거룩함의 두 가지 축 - 둘째, 나의 안식일을 지키라

거룩함의 두 가지 축은 부모 경외와 안식일입니다. 부모 경외가 모든 인간 관계의 기초라면 안식일은 하나님과의 관계의 기초입니다. 인간 관계가 공간적인 바운더리라면 안식일은 시간적인 바운더리입니다. 샤밭이라는 시간은 하나님과 그분의 백성의 관계의 고유함이 지켜지는 시간입니다. 하나님이 우리에게 일곱째 날을 주중의 6일과는 구별된 날로써 거룩하게 지키라고 하신 이유는 천지창조와 속량의 언약을 기억하고 기념하라는데 있습니다.

6일 동안 세상의 모든 것을 만드시고 모든 것이 갖추어지는 시간을 보낸 후 일곱째 날에 그 완성 안에서 안식을 누리신 하나님은 우리에게도 6일 동안은 너희가 수고하지만 일곱째 날에는 너희의 수고를 멈추고 나의 안식으로 들어와서 쉼과 멈춤을 연습하라고 하십니다. 하나님도 안식을 준수하시는 이유는 그 정한 날에 그의 백성과 함께 만나기를 원하시기 때문입니다. 샤밭의 이러한 개념은 다른 모든 절기(모아딤מוֹעֲדִים)의 기초가 됩니다. 6천 년 동안은 인간에게 맡겨진 시간으로써 인간이 수고하는 시간들이지만, 제7천 년에는 하나님의 백성들이 하나님의 안식으로 들어와서 그 안식을 땅에서 천년 동안 누리는 시간입니다. 그리고 인류를 위해 셋팅해 놓으신 7천 년의 모든 인류 역사가 마치고 제8일에 즉, 7001년 부터 시작되는 제8천 년의 시작에 보좌에 앉으신 분께서 "보라 내가 만물을 새롭게 하노라!"는 선포와 함께 첫 창조에 속한 처음 하늘과 처음 땅과 처음 것들은 지나가게 되고 새 하늘과 새 땅과 새 피조물에 속한 것들만 남아서 영존하게 되는 영원이 시작될 것입니다(계 21:1-6).

우리에게 일곱째 날을 기억하고 기념하라고 하시는 것에는 이러한 하나님의 시간 계획 안에 우리가 반드시 참여하게 될 것을 하나님이 작정하시고 계획해 놓으셨으니 그것을 기대하고 기다리며 리허설하라는 의미입니다. 반드시 우리를 천년왕국에서, 그 약속의 땅에서 안식을 누리게 하실 것이며(안식일) 연이어서 영원한 안식으로 우리를 인도해 들이시겠다(주일)는 하나님의 확신에 찬 열망을 우리에게 약속해 주신 것입니다. 이것이 하나님이 우리에게 주신 언약입니다. 첫 언약을 통해서 이집트의 노예생활 가운데 샤밭을 잃어버렸던 이스라엘 백성에게 그 시간을 회복해 주셨으며, 새 언약을 통해서 그 언약의 수혜자들인 전 열방의 이방인들에게로 확장, 적용되게 해주셨습니다.

첫째 부활과 함께 천년왕국에 참여한 성도들에게는 이미 영원이 시작됩니다. 샤밭이 먼저이고, 그 후에 주의 첫날(주일은 히브리어로는 주의 첫날이라는 의미로 욤 리숀יום ראשון이라고 합니다)이 이어집니다. 먼저 첫 하늘, 첫 땅, 처음 것들에서 샤밭을 누리고 그 후 새 하늘, 새 땅, 새 피조물로서 영원을 누립니다. 그러므로 샤밭은 샤밭으로서의 고유함이 있고 주일은 주일로서의 고유함이 있습니다. 모든 시간이 하나님의 계획 가운데 창조되었습니다. 천년왕국에서 부활한 우리가 살아가게 될 때, 우리 안에는 영원과 새 창조에 속한 것이 있게 될 것입니다. 또한 내 안에 영원과 새 창조에 속한 새 피조물이 하나님께 속한 새 생명으로써 이미 있습니다. 이것이 그리스도께서 우리를 위해서 해주신 일입니다.

그런즉 누구든지 그리스도 안에 있으면 새로운 피조물이라.
옛것은 지나갔도다. 보라 새것이 되었도다. 새 창조에 속한 것이 이미 와 있도다
(고후5:17, 진리의 집 의역)

그러므로 안식일은 하나님과 우리의 언약적 관계에 집중하는 시간입니다. 그래서 하나님은 6일 동안의 수고의 시간과 제7일의 안식의 시간을 다르게 생각하셨습니다. 6일과 제7일이 다르고 구별된다는 것을 훈련하고 연습하고 리허설하는 것이 안식일입니다. 이것 역시 시간의 분리와 구별을 훈련하는 것입니다. 분리와 구별을 훈련하고 각 시간의 독특함을 지키며 그 특별한 목적대로 사는 것이 우리가 온전하게 되는 길이고 거룩으로 나아가는 방법입니다.

하나님은 안식일이 이스라엘과 하나님 사이의 대대로 지킬 표징(오트אות, 표시, 징표)이라고 말씀하셨습니다(출31:13, 31:17, 겔20:12,20). 그리고 이것은 하나님과 이스라엘 백성 사이의 영원한 언약(출31:16)이었습니다. 안식일이라는 히브리어 샤밭은 '샤브שָׁב -슈브שוב -돌아가다'라는 단어와 '타브ת -언약, 표'라는 두 단어의 합성어로도 볼 수 있습니다. 즉, 샤밭שַׁבָּת은 언약으로 돌아가는 시간이라는 뜻입니다. 할례(브릿 밀라בְּרִית מִילָה)가 몸에 나타내는 하나님과 이스라엘 백성 사이의 언약적 표시라면 안식일(샤밭)은 시간 속에서 하나님과 그분의 백성 사이에 맺은 언약의 표징입니다. 그러므로 샤밭은 하나님과 우리가 언약적 관계라는 것을 나타내주는 증거이며 표시입니다.

너희는 나의 안식일을 지키라 이는 나와 너희 사이에 너희 대대의 표징이니
나는 너희를 거룩하게 하는 여호와인 줄 너희가 알게 함이라(출31:13)

이같이 이스라엘 자손이 안식일을 지켜서 그것으로 대대로
영원한 언약을 삼을 것이니(출31:16)

이는 나와 이스라엘 자손 사이에 영원한 표징이며 나 여호와가 엿새 동안에
천지를 창조하고 일곱째 날에 일을 마치고 쉬었음이니라(출31:17)

그래서 하나님은 출이집트한 이스라엘 백성에게 시나이 산 아래서 십계명을 주시기 훨씬 전에, 홍해를 건너자마자 마라의 쓴 물에서 한 율례와 한 법도를 먼저 말씀해 놓으시며 훈련시키셨습니다. 그 때 부모 경외와 안식일을 처음으로 가르치셨고, 만나와 메추라기를 보내주시면서도 안식일 전날에는 2배를 거두어 안식일을 준비하라고 명령하시면서 안식일을 훈련시키셨으며, 토라의 말씀과 예언서에서 언약의 기초가 되는 안식일을 거듭 강조하셨습니다. 그리고 선지자들은 이스라엘 백성들의 죄를 지적할 때 언제나 그들이 안식일을 더럽혔음을 언급하고, 안식일을 지키지 않은 것이 이스라엘 백성이 부패게 된 주된 이유 중 하나이자 멸망하게 된 원인이라고 지적합니다. 그러므로 안식일의 의미를 기억하고 그 날을 다른 날과는 구별되고 거룩하게 지키는 것은 거룩한 삶의 안전한 기초이며 언약 안에 머무는 비결입니다.

세상을 창조하시고 가장 먼저 구별한 거룩한 시간인 안식일을 지킴으로써 하나님이 시간의 주권자이시며 만물의 주관자이심을 더욱 인식하게 됩니다. 하나님을 신뢰하는 사람은 모든 공급이 하나님으로부터 온다는 신뢰가 있기에 샤밭을 지킬 수 있습니다. 그 시간만큼은 더욱 깊이 하나님과 교제함으로써 비뚤어져 있었던 것을 교정하고 사랑을 누리게 됩니다.

내가 그들을 거룩하게 하는 여호와인줄 알게 하려고 내 안식일을 주어
그들과 나 사이에 표징을 삼았노라(겔20:12)

또 나의 안식일을 거룩하게 할지어다 이것이 나와 너희 사이에 표징이 되어
내가 여호와 너희 하나님인 줄을 너희가 알게 하리라 하였노라(겔20:20)

하나님은 안식일이 하나님과 우리 사이의 표징이며 영원한 언약이라고 말씀하십니다. '하나님과 우리가 하나됨으로 연합되었다'는 신호이면서 언약의 기초가 된다는 뜻이고 반드시 이루어질 것이라는 확증입니다. 안식일은 우리가 거룩한 백성이라는 표징입니다. 시간의 고유함과 독특함을 담고 있는 샤밭은 거룩합니다. 하나님의 형상으로 지음 받은 우리 각자는 고유함과 독특함을 담고 있는 거룩한 존재입니다. 우리의 거룩함은 샤밭을 지킴으로 지켜지고 또 샤밭은 우리를 거룩한 존재로 살아가게 합니다. 하나님은 샤밭을 '나의 안식일'이라고 말씀하셨으며 또한 나의 안식일(시간)과 함께 내 성소(장소)를 귀하게 여기라고 말씀하셨습니다(레19:30). 성소는 하나님이 거하시는 곳이며 또한 우리 몸은 하나님의 영이 거하시는 집입니다. 하나님이 우리에게 샤밭을 지키고 성소를 귀히 여기라 하심은 종국에는 우리가 하나님의 약속한 정한 시간에 약속하신 땅에서 살게 되는 거룩한 존재가 되리라고 말씀하시는 것입니다.

DAY 2 레19:15-22

하나님 사랑, 이웃 사랑

하나님은 형제를 미워하지 말고 견책하라고 말씀하십니다. 견책이라는 히브리어 야카아흐יָכַח는 '결정하다, 판단하다, 꾸짖다, 바로잡아주다'는 뜻을 가지고 있습니다. 이 말씀은 상대의 잘못됨을 바로잡아 주려고 할 때 미워하는 마음이나 섞인 상태로 하지 말라는 뜻입니다. 감정이 섞인 상태에서 하는 것은 거룩함이 아니고 섞임입니다. 아마 어디에서부턴가 받아온 상처와 아픔이 섞여 감정을 격하게 했을 것입니다.

예슈아는 "원수를 사랑하고 박해하는 자를 위하여 기도하라 이같이 하면 하늘 아버지의 자녀가 된다"고 말씀하십니다(마5:44). 왜냐하면 하나님이 그렇게 하고 계시기 때문입니다. 하나님은 악인이든 의인이든 동일하게 같은 은혜를 주시고, 비를 내려주시며 기회를 주십니다. 하나님은 그 사람 안에 섞여 들어온 어둠과 죄의 부분을 보시지만 또한 여전히 그 사람 안의 존귀한 부분도 보십니다.

그래서 악인이든 의인이든 죄의 문제는 죄의 문제로써 보시면서도 또한 원래 하나님이 창조하신 목적대로 바라보시며 동일한 은혜를 허락하시며 평등한 기회를 주십니다. 이러한 하늘 아버지의 사랑은 곧 하늘 아버지의 온전하심입니다. 그러므로 우리도 온전하게 되고 싶다면(마5:48) 하늘 아버지께서 본을 보여주시는 것처럼 우리도 하면 된다고 하십니다.

하나님은 자기 백성에게 거룩을 요구하시면서 동시에 사랑을 통해 거룩을 지키고 이뤄가길 원하십니다. 우리들은 거룩함을 추구한다고 하면서 분별이라는 이름으로 쉽게 판단하고 정죄하여 그리스도의 몸에 분열을 일으키려는 경향이 있습니다. 그렇게 되면 사랑이 빠진 거룩함으로 나아가려는 오류를 범하게 됩니다. 거룩을 추구한다고 하면서 사랑이 없는 거룩함을 수행하는 것은 우리를 이중적인 모습으로 외식했던 바리새인과 같은 종교인이 되도록 만듭니다.

반대로 사랑을 추구한다고 하다가 거룩함을 잃어버릴 수도 있습니다. 동성애에 대한 입장과 태도가 그 대표적인 경우입니다. 많은 교회들이 동성애자들을 그리스도의 사랑으로 받아들여야 한다고 말하면서 사랑의 측면을 강조하다가 그들의 죄까지 같이 받아들이려 합니다. 이것은 분별에 있어서 온전한 분리가 되지 않았기 때문에 일어나는 현상입니다. 동성애는 죄입니다. 하지만 동성애자들은 구원받아야 할 하나님의 자녀입니다. 그러므로 그들에게 동성애가 죄라고 말해줌으로써 죄로부터 떠날 수 있도록 도와주는 것이 진정한 사랑입니다. 동성애를 죄라고 지적하면서 동성애자들을 미워하고 대적하는 것은 사랑을 잃은 거룩함이며, 동성애자를 사랑해야 한다고 말하면서 동성애를 죄라고 말하지 않는 것은 거룩을 잃어버린 거짓 사랑입니다. 교회가 거룩함을 가지고 있다면 그들을 마음으로 미워하지 않으면서 그들의 죄를 견책해주고 그들이 돌아올 때 사랑으로 받아들일 수 있을 것입니다.

히브리서 12:14에서는 “모든 사람과 더불어 화평함과 거룩함을 따르라”고 말씀합니다. 모든 사람과 화평하기 위해 이것도 받아들이고 저것도 받아들이면 거룩함을 잃게 됩니다. 거룩함을 잃은 사랑은 섞임과 혼합과 음란으로 이어질 뿐입니다. 거룩은 사랑이고 사랑은 우리를 온전하게 합니다. 사랑으로 우리가 온전하게 되는 것이 결국은 우리의 거룩함이 됩니다. 사랑이 없는 거룩함은 지나친 규제와 판단으로 치우칠 수 있고 거룩함이 없는 사랑은 방종으로 치우칠 수 있습니다. 거룩함과 사랑은 바퀴가 돌듯이 하나로 연결되어 함께 돌아갑니다.

구별됨과 섞임

레위기 19:19-22에서는 거룩함을 지키기 위해 여러 가지 중에 세 가지 종류의 섞임 '동물교합, 식물교합, 옷감교합'을 하지 말라고 말씀하십니다. 섞이면 거룩함을 잃어버리기 때문입니다. 거룩은 각자에게 주어진 고유함과 독특함을 지키는 것이고, 각자의 고유함을 간직한 채 함께 하는 것이 조화이고 연합입니다. 하지만 다른 사람의 독특함과 고유함을 질투하고 자기의 고유함을 잃어버리면 섞임이 생겨버립니다. 혼잡한 섞임은 거룩함이 아닙니다. 하나님이 각자에게 고유함을 주신 이유는 특별한 목적을 위해서 다른 것과는 다르게 만들어 놓으셨기 때문입니다. 하나님 안에서 참된 자아를 찾아가고 참된 나를 발견하며 하나님이 나를 설계하신 그 뜻대로 살면 그것이 곧 거룩하게 사는 것입니다. 인류의 인구 70억 가운데 한 어머니의 뱃속에서 나온 쌍둥이를 제외하고는 같은 외모와 몸을 가진 사람은 없습니다. 모두 각자의 고유함이 있습니다. 다른 사람과는 다른 나만의 모습이 구별이며, 하나님의 백성으로서 세상과는 다르게 사는 삶을 살기로 결정하는 것이 분리입니다. 이것이 거룩에 분리와 구별이라는 뜻이 담겨 있는 이유입니다.

하나님은 거듭 "너희는(이스라엘) 거룩하다"고 말씀하시는데 이 말은 '내가 이스라엘을 특별한 목적을 위해 따로 구별해서 독특하게 했다'는 뜻입니다. 내가 구별되었다는 것을 알게 되면 나는 자연스럽게 모든 영역에서 다르게 행동하게 되어 있습니다. 그렇게 다르게 행동할 때 더 성결하고 깨끗하고 바르게 되려는 것이 이차적인 의미에서의 거룩입니다. 그러므로 하나님이 우리를 향해 '너희는 거룩하다'고 말씀하실 때는 '너의 존재가 독특하고 특별하게 지어졌으니 다른 것과 섞이지 말고 너의 고유함을 잘 지키고 너가 지어진 목적대로 살라'고 말씀하시는 것입니다.

나의 고유함과 독특함을 잃어버리게 하는 또 다른 원인은 우상숭배입니다. 우상숭배는 사람이 그 우상의 권위 밑으로 끌려내려가게 하는 것입니다. 우상의 영향력 밑으로 들어감으로써 우상에게 나를 맡기고 우상이 하라는 대로 하면서 통제와 조종 아래서 나의 고유함과 존재의 목적을 잃어버립니다. 그 무엇보다도 그 우상의 권위 아래로 내 존재의 가치가 자리매김된다는 것이 가장 큰 문제입니다. 그래서 하나님은 하나님의 형상과 모양으로 지음 받은 우리에게 우상숭배하지 말라고 말씀하십니다. 우상숭배가 나의 거룩을 잃어버리게 하기 때문입니다. 반대로 내 존재의 근원인 하나님께 돌아가 그분 앞에서 예배하고 경배할 때 나의 존재의 이유와 목적을 다시 찾게 됩니다. 그리고 온 우주에서 가장 높으신 분의 권위 아래로 내 존재의 가치가 자리매김되어 존귀하고 가치있는 나 자신을 발견하고 찾게 됩니다. 이것은 거룩함을 회복하는 것입니다. 하나님이 나에게 주신 고유의 영역을 지키는 것, 이것이 거룩이며 거룩은 하나님을 예배함으로부터 시작됩니다. 거룩함을 찾기 시작할 때 하나님과의 관계(의, 쩨뎈צֶדֶק)가 다시 세워지고, 하나님과의 관계가 바를 때 우리는 바른 판단(미쉬파트מִשְׁפָּט)을 행하게 됩니다. 그러면 나와 내 주변의 모든 것들이 질서안으로 정렬되고 회복되고 하나님 나라를 더 누리게 됩니다(마6:33).

DAY 3 레19:23-32

포도나무와 가지들

하나님은 약속의 땅에 들어가 각종 과목을 심은 뒤 3년 동안은 그 열매를 먹지 말라고 하십니다(레19:23). 그것은 할례받지 않은 것처럼 구별되지 않았고, 거룩하지 않기 때문입니다. 그러나 4년째가 되면 모든 과실이 거룩하기 때문에 거룩한 열매의 처음 것은 하나님께 드리고, 5년째가 되었을 때부터 풍성한 열매를 먹으라고 말씀하십니다.

열매 맺는 나무들 중에서 포도나무는 이같은 규칙이 가장 잘 적용되는 나무입니다. 보통 포도나무는 심고난 뒤 처음 3년 동안 맺힌 열매는 깨끗하지 않기 때문에 먹을 수 없습니다. 그러나 4년째가 지나고 5년째가 되면 풍성한 열매가 맺히기 시작하면서 많은 사람들이 그 열매를 누릴 수 있게 됩니다. 예수님은 요한복음 15장에서 포도나무 비유를 통해 제자들이 열매 맺게 하기 위해 아버지와 예수님이 그들에게 어떻게 하셨는지를 말씀하셨습니다.

나는 참포도나무요 내 아버지는 농부라 무릇 내게 붙어 있어 열매를 맺지
아니하는 가지는 아버지께서 그것을 제거해 버리시고
무릇 열매를 맺는 가지는 더 열매를 맺게 하려 하여 그것을 깨끗하게 하시느니라
너희는 내가 일러준 말로 이미 깨끗하여졌으니(요15:1-3)

예수님은 제자들과 3년을 지내면서 그들에게 하나님의 킹덤에 대한 것을 나누시면서 말씀을 뿌리셨고, 심으셨으며, 자라게 하셨습니다. 그러나 그들의 나무에는 아직 열매가 맺혀지지 않았고, 또 열매가 있었다 하더라도 덜 익어서 먹을 수 없거나 추수할 만큼은 아니었습니다. 예수님은 십자가의 고난으로 들어가시기 직전 자신이 제자들에게 전한 말로 이미 그들이 깨끗하여졌다고 말씀하시면서 그들을 통해 풍성한 열매가 맺혀질 것을 바라보셨습니다. 예수님의 승천 이후 제자들은 급속도로 열매를 맺어가기 시작했고, 이 열매들은 예루살렘으로부터 시작하여 온 세계로 퍼져갔습니다.

이것은 우리의 삶에도 적용됩니다. 무엇인가를 새롭게 시작할 때 처음 3년은 뿌리고, 가꾸고, 돌보는데 많은 에너지가 쓰입니다. 작은 열매들을 볼 수는 있지만 다른 사람과 나누거나 열매를 누릴 수는 없습니다. 하지만 그 시간들을 잘 지나면 하나님은 우리에게 반드시 열매를 주십니다. 단, 주님 곁에 붙어서 주님이 말씀하신 것에 순종했을 때 열매가 맺혀집니다. 그런데 빠른 시간에 쉽게 열매를 보고 싶어하는 우리의 조급함이 열매가 채 익기도 전에 따버려서 진짜 열매를 맺지 못하고 추수를 망쳐버리든지, 아예 아무 열매도 보지 못하는 경우도 있습니다. 3년이라는 시간은 하나님이 부르신 곳에서 기다리면서 준비하는 최소의 시간입니다. 그 시간 동안 하나님은 우리가 열매를 맺을 수 있도록 가지쳐 주시고 돌봐주십니다. 그 시간을 잘 기다리면서 말씀안에 있을 때 하나님의 뜻이 이뤄지고 많은 열매를 맺어 아버지께서 영광을 받으실 것입니다(요15:7-8).

점과 주술

하나님은 신접한 자와 주술을 부리는 무당을 가증히 여기십니다. 그들이 펼치는 영적인 힘은 귀신들과 악한 영과 교합하여 벌이는 거짓과 영적 음란입니다. 예수님은 귀신들을 쫓아내셨고, 더러운 영을 꾸짖으셨습니다. 예수님은 보이지 않는 영적 세계에 대한 창조주의 권위를 가지고 계셨기 때문에 말씀 한 마디로 그들을 다스리셨습니다. 악한 영들과 더러운 귀신이 이 땅에서 하는 일은 사람의 몸이나 생각, 마음에 붙어서 그들을 조종하고 하나님으로부터 떨어지게 하여 어둠의 영향력 안에서 묶임을 받고 살게 하는 것입니다. 교만한 인간은 하나님의 자리에 앉으려하고 악한 영들과 귀신들은 이것을 정확하게 알고 인간에게 접근하여 자신들의 영향력을 행사합니다. 악한 영들이 자신의 영향력을 가장 잘 행사하도록 문을 열어주는 것이 점과 주술입니다. 이런 것들은 우리의 몸과 영을 황폐하게 합니다.

하나님은 이스라엘을 열방 가운데서 특별하게 구별된 민족으로 부르셨습니다. 이스라엘은 하나님께 속해 있을 뿐 아니라 혼인 언약을 맺은 자들입니다. 하나님과 언약을 맺은 이스라엘이 악하고 더러운 귀신들과 교합하는 것은 모든 보이는 세계와 보이지 않는 세계의 주관자이시며 통치자이신 하나님에 대한 모욕입니다. 하나님의 기름부음 받은 왕이었던 사울은 마음이 급하자 신접한 무당을 찾아서 자신의 문제를 해결하려 하였고, 하나님은 그가 하나님께 나아오지 않고 신접한 자를 의지한 것으로 인해 그를 죽이시고 그의 나라를 다윗에게 넘겨주셨습니다(대상10:13-14).

보이지 않는 세계는 보이는 세계에 큰 영향을 끼치고 있습니다. 우리는 보이는 세계에 집중되어 있기 때문에 이런 사실을 많이 잊고 지냅니다. 그래서 우리가 어떤 영의 영향력 아래 있는지 모르고 행동하거나 말할 때가 많으며, 심지어 악하고 더러운 것이 분명한데도 사회적으로 수용되는 것을 그냥 따라가서 나도 모르게 더러운 영에 접촉되는 순간들이 많습니다. 마지막 때가 가까울수록 어두운 영들은 더 활개를 칠 것이고 그들의 더러운 영적 영향력이 증가할 것입니다. 그러나 그만큼 거룩을 지키고자 하는 자들의 거룩한 영향력도 더 증가할 것입니다. 땅의 악한 영인 귀신을 꾸짖고 내쫓을 수 있도록, 하늘의 악한 영인 정사와 권세를 꾸짖고 바로잡을 수 있도록 보이지 않는 세계에 대한 영적 권위가 거룩을 따르는 자들에 더 증가될 것입니다.

DAY 4 레19:33-37

나는 너희의 하나님 여호와

레위기 19장에서 하나님은 거룩을 지키기 위한 규례들을 하나씩 가르쳐 주실 때마다 '나는 너희의 하나님 여호와'라고 말씀하시며 하나님의 존재를 상기시켜 주십니다. 이것은 우리에 대한 소유권과 주도권이 하나님께 있음을 말씀하시는 것입니다. '너희의'라는 단어는 우리가 하나님께 속해 있음을, '나는 여호와'라는 말 속에는 하나님의 신적 권위와 전능성이 나타나 있습니다. 우리 생명의 주권이 전능하신 하나님께 있다는 말을 거듭 강조하시는 이유는 우리의 위치와 본분, 정체성을 가르쳐 주시는 것입니다. 왕의 자녀들은 장차 나라를 이어받아 다스려야 하기 때문에 구별된 삶을 살기 위해 구별된 교육을 받습니다. 이것이 특권이기도 하지만 또한 큰 부담과 무게이기도 합니다. 하나님이 이스라엘 백성에게 '나는 너희의 하나님 여호와'라는 말을 해주심으로써 너희는 남다른 축복과 특권이 있으면서 동시에 너희가 가져야하는 특별한 부담과 무게가 있다고 말씀해 주시는 것입니다. 그것이 바로 '거룩'입니다.

사람들은 특별한 그룹으로, 특별한 사람으로 구별받는 것을 좋아합니다. 존중받고 대접받으며 다른 사람이 갖지 않는 것을 갖고 사랑받는 것을 마다할 사람은 없습니다. 하지만 그런만큼 책임져야 할 무게에 대해서는 쉽게 잊어버립니다. 그리고 그런 특권을 가진 사람을 향해 시기와 질투로 쉽게 공격하고 끌어내리려고 합니다. 하나님의 백성으로 산다는 것은 엄청난 특권과 자랑이면서 동시에 큰 무게입니다. 거룩을 지키려면 남다르게 살아야 합니다. 종교적으로 교리를 지키는 것이 거룩이 아닙니다. 하나님이 원래 우리에게 주신 고유함과 독특함, 그리고 각자의 사명을 감당하기 위해 지켜야 하는 것이 거룩입니다. 하나님이 나에게 주신 것을 지키고 그대로 살려면 하나님을 알아야 합니다. 하나님을 알기 위해서는 그분과 친밀한 관계 안에 있어야 합니다. 레위기를 통해 가까이 오라고 말씀하시고, 가까이 오게 하기 위한 모든 방법들을 친히 가르쳐 주시면서 동시에 그 모든 것의 본질이자 하나님의 본성인 거룩을 우리에게 보여주셨습니다. 예슈아를 통해 거룩하신 분이 하늘에서 내려오셨습니다. 예슈아는 어떻게 사는 것이, 어떤 존재가 되는 것이 거룩함으로 부름받은 자로서의 삶인지 친히 보여주셨습니다. 그래서 이 땅에서 우리는 그 아들의 형상, 예슈아를 본받으며 살 때 우리의 정체성을 지키고 우리를 부르신 뜻을 완성할 수 있을 것입니다(롬 8:29-30).

하나님은 거룩하신 분입니다. 하늘 세계와 땅 세계를 통틀어 그 어떤 것과도 비교될 수 없는 가장 고유하고 특별하고 완전하신 분입니다. 그래서 천사들과 하늘의 거룩한 존재들도 쉬지 않고 외치는 것이 하나님의 거룩하심입니다. 하늘의 모든 존재들은 하나님의 거룩하심을 찬양합니다. 그런 하나님이 우리의 하나님이라고 말씀하시며 내가 거룩하니 너희도 거룩하라고 말씀하십니다. 거룩은 하나님의 백성이자 자녀로서의 책임이고 무게입니다. 또한 하나님께 가까이 나아갈 수 있는 엄청난 특권이고 복이기도 합니다.

DAY 5 레20:1-9 / DAY 6 레20:10-21 / DAY 7 레20:22-27

언약과 신부

거룩함을 지키지 못하게 하는 것 중 하나님이 가장 싫어하시며 죽여야만 하는 죄가 있습니다. 그것은 바로 음란입니다. 영적인 음란과 육적인 음란은 모두 하나님이 가장 경계하시고 미워하시는 것입니다. 이것은 결코 용납하지 말라고 하셨습니다. 영적인 음란으로 몰렉에게 자녀를 바치는 일, 접신하여 무당을 따르는 일은 우상숭배 죄악의 극단적인 모습으로 하나님은 이런 자들을 하나님의 백성 중에서 끊어지게 하겠다고 하십니다(레20:5-6). 육적인 음란으로 남의 아내와 간음하는 자, 가족 안에서 근친상간하는 자, 짐승과 교합하는 자들은 모두 반드시 죽이라고 명령하십니다(레20:10-17). 이 모든 일들은 가나안 족속들이 행하던 것들로 이런 가증한 일들 때문에 그 땅이 그들을 토해 내었으며 하나님도 그들을 쫓아내신 이유가 되었다고 하십니다(레20:22-23).

몸은 하나님을 위해서 있다고 했습니다. 또한 주님 스스로가 우리 몸을 위해 있다고 하셨습니다(고전6:13). 하나님이 우리의 몸을 만드셨습니다. 우리의 몸 안에 영이 있고 혼이 있습니다. 그래서 하나님은 우리 몸을 너무 귀하게 생각하십니다. 그러므로 몸을 더럽히는 음란한 행동들은 결국 하나님과의 관계를 끊어버리는 것과 같습니다. 하나님과의 관계가 끊어졌기 때문에 하나님의 백성에게서도 끊어지는 것입니다.

> 너희는 나에게 거룩할지어다 이는 나 여호와가 거룩하고 내가 또 너희를
> 나의 소유로 삼으려고 너희를 만민 중에서 구별하였음이니라(레20:26)

하나님은 이스라엘 자손들에게 거룩을 거듭 명령하십니다. 우리가 하나님의 소유이기 때문입니다. 결혼한 사람은 서로가 서로에게 속하게 되며, 서로에게 속하였다는 것은 하나됨을 의미합니다. 거룩은 결혼의 하나됨을 지키는 핵심입니다. 남편이 다른 여자를 바라보고 아내가 다른 남자를 바라보는 것은 거룩을 깨뜨리고 결혼의 언약을 깨뜨리는 것입니다. 이 세상의 문화는 결혼의 언약을 깨뜨려도 되는 것으로 인식하게 합니다. 남편이 부족하고

아내가 부족하면 깨뜨려도 되며 죄가 되지 않는다고 법까지 바꾸었습니다. 하나님 외에 다른 것을 바라보는 것은 음란입니다. 하나님 외에 다른 것을 기대는 것도 음란입니다. 거룩을 깨뜨리는 비결은 음란, 섞여버리게 하는 것입니다. 남편과 아내의 관계를 통한 그리스도와 우리의 관계를 바르게 인식하지 못하게 하기 위한 사탄의 전략들이 이 세대에 풀어졌고 그것이 이 마지막 때에 성공하고 있는 듯 보입니다.

그러나 그리스도의 거룩한 신부로서의 정체성을 가진 자들이 곳곳에서 일어나고 있습니다. 자신이 신부라는 정체성을 깨달은 자들은 거룩함을 향하여 나아가며 죄와 싸우되 피 흘리기까지 대항하며 싸우고 있습니다. 아버지의 온전하심 같이 온전하기 위해 말씀을 붙들고 말씀대로 살아갑니다(마5:48). 거룩을 지킬 수 있는 길은 말씀을 붙드는 것입니다. 말씀이 바로 예슈아이기 때문입니다. 거룩, 그것은 하나님의 신부들의 옷, 웨딩 드레스입니다. 거룩함으로 옷 입고 단장한 신부는 신랑이신 예슈아와 함께 혼인 잔치에 들어갈 것입니다.

하프타라 겔22:1-16 / 겔20:2-20

내가 여호와인 줄 알리라 וִֽידַעְתְּ כִּֽי־אֲנִי יְהוָֽה 뷔야다트 키 아니 아도나이

하나님이 이스라엘 백성에게 가장 진노하신 것은 그들이 조상의 가증한 일을 행한 것 때문이었습니다(겔20:2,8). 하나님이 이집트에서 모든 신들을 친히 심판하시고 자기 백성을 데리고 나오실 때 '나는 너희의 하나님 여호와'라는 말씀을 거듭하시며 그들을 향한 사랑을 쏟으셨습니다. 사랑을 부어주시면서 경계하고 경계하신 것은 이집트에서 하나님으로부터 심판받은 우상을 섬기지 말 것과, 가나안 땅으로 들어갔을 때 그 땅의 우상숭배와 가증한 일들을 따르지 말라는 것이었습니다. 우상과 그 우상을 섬기는 제의들을 받아들이는 순간 하나님이 직접 선택하셔서 데리고 나온 이 백성이 하나님이 아닌 우상들의 권위 아래로 들어가 버리기 때문입니다. 우상들의 권위 아래로 들어간다는 것은 그들이 자신의 정체성과 생명을 잃어버린다는 뜻입니다.

하나님이 진노하신 또 다른 이유는 그들이 하나님이 직접 가르쳐 주시면서 준행하라고 말씀하신 율례와 규례를 저버린 것이었습니다(레19:37, 겔20:13). 그 율례와 규례의 핵심은 부모 공경과 안식일입니다. 하나님을 경외함의 출발인 부모를 업신여기고, 하나님과 언약의 표징인 안식일을 더럽힘으로써 이스라엘 백성은 그 외 하나님이 주신 거룩을 지키기 위한 법들이 무너져 버렸습니다(겔22:7-12). 부모 공경으로부터 하나님을 경외함과 형제 사랑을 배우지 못한 이스라엘 백성은 나그네를 학대하고 고아와 과부를 괴롭혔습니다. 안식일을 더럽힘으로써 하나님의 성물을 더럽혔고, 하나님이 가르쳐주신 제물 올려드리는 방법을 무시했으며, 우상숭배하는 제사들로 인한 온갖 음행을 받아들였습니다. 뇌물과 악한 이익으로 공의도 무너졌습니다.

이로 인해 하나님은 그들이 모든 나라들의 목전에서 수치를 당하게 될 때, 그제서야 그들이 하나님이 여호와인줄 알게 될 것이라 말씀하십니다(겔22:16). 이집트와 열방을 향해 하나님이 높이 들린 손으로 심판을 행하실 때 우상 아래 있던 이방 나라들을 향해 하나님이 여호와인줄 알게 될 것이라고 하셨던 선포는 이스라엘의 거역과 불순종, 배신으로 인해 그들에게로 돌아왔습니다. 이방 나라를 향한 심판이 이스라엘을 향해 쏟아지게 된 것입니다. 이스라엘을 향해서는 자비와 은혜의 하나님이셨던 분이 심판의 하나님으로 그들에게 나타나셨습니다.

하나님은 기회를 주시는 하나님입니다. 하나님은 자신의 자녀들을 향해 큰 아량과 관대함, 인내를 보여주시는 하나님입니다. 그러나 끝까지 돌이키지 않을 때는 과감하게 결단하시며 폭풍같이 질주하시는 하나님이기도 합니다. 악한 세상을 심판하실 때 쏟아부으시는 진노의 대접이 자신의 백성들에게 향하기를 원치 않으시기에 오늘도 변함없이 우리에게 말씀하십니다.

> 나는 여호와 너희 하나님이라 너희는 나의 율례를 따르며 나의 규례를 지켜 행하고
> 또 나의 안식일을 거룩하게 할지어다 이것이 나와 너희 사이에 표징이 되어
> 내가 여호와 너희 하나님인 줄을 너희가 알게 하리라 (겔20:19-20)

하나님은 하나님이 주신 율례과 규례를 사람이 준행하면 생명을 얻게 된다고 말씀하십니다(겔20:11). 우리에게 생명을 주시기 위해, 생명을 더 풍성하게 하기 위해 주신 율례와 규례의 핵심은 부모 공경과 안식일을 지키는 것이고, 이것은 하나님의 거룩하심을 따라가는 삶의 기초가 됩니다.

브리트 하다샤 마5:43-48 / 마12:28-34

마음에 가득한 것

우리의 마음에 어떤 것들이 있는지는 우리의 말과 행동을 통해 드러납니다. 병 고치고 귀신을 내쫓으며 하늘의 생명을 사람들에게 흘려보내주시면서 생명을 살리는 예수님을 향해 바리새인들은 귀신의 힘을 빌어서 하는 주술이나 마법 같은 것이라고 비난하고 비판했습니다(마12:24). 그들이 성령과 귀신의 사역을 구분하지 못했던 것은 그들 안에 성령이 없고, 그들의 삶에 거룩함이 없었기 때문이었습니다. 그들 안에 성령이 없었다는 것을 알 수 있는 것은 그들이 예수님을 강력하게 저항하고 미워하고 시기하고 질투했기 때문입니다. 그들 안에 있었던 것은 성령이 아닌 종교의 영과 미움의 영이었습니다. 종교와 미움의 영의 공통점은 이간질하고 분열시키며 결국은 생명을 죽이는 것입니다.

사도 요한은 형제를 미워하는 것은 살인하는 것과 같다고 했고, 바리새인들은 미움으로 결국 예수님을 죽였으며, 인간의 역사속에서 종교 전쟁은 잔인하게 많은 사람들을 죽여왔습니다. 종교의 영이 있으면 미움도 극대화됩니다. 그래서 가인도 자신의 예배는 받지 않으시고 아벨의 예배만 받으신 하나님께 분노하고 아벨을 미워하여 자기 형제를 죽였습니다. 수많은 종교인들이 그렇게 선지자들과 선한 사람들을 죽여왔습니다. 종교의 영은 성령을 거스릅니다. 하나님의 진리와 영이 움직일 때 종교의 영을 가진 자들은 그것을 견디질 못하고 대적합니다. 이것은 곧 적그리스도의 영입니다. 그럼에도 주님은 원수를 사랑하라고 말씀하십니다(마5:43). 원수를 사랑하고 우리를 박해하는 자들을 위해 기도하라고 말씀하십니다(마5:44). 이것이 우리가 하나님 아버지의 온전하심과 같이 온전하게 될 수 있는 길입니다(마5:48). 우리가 죄인임에도 주님은 우리를 위해 죽으셨고, 구원받은 이방인의 충만한 수가 차기까지 복음에 있어서 여전히 원수처럼 반응하는 유대인들을 하나님은 변함없이 사랑하십니다. 하나님에게는 조금의 어둠도 없으시고 미움도 없으십니다. 하나님에게는 오직 사랑과 공의가 있습니다. 우리가 아무리 원수라도 미워하는 순간 미움의 영이 틈을 비집고 들어와 우리 안에서 자기 영역을 확보하고 성을 쌓고 결국 자기 기준을 들이대면 결정적인 순간에 성령을 거스르게 할 것입니다. 형제 사랑과 원수 사랑은 우리의 진짜 적인 사탄에게 틈을 만들어주지 않는 보호입니다. 하나님이 우리에게 생명을 주기 위해 준행하라고 가르쳐 주신 율례와 규례, 모든 율법의 완성은 사랑입니다. 그리고 온 우주의 왕, 예슈아가 사랑입니다.

크도쉼 주간의 말씀

1. 히브리어의 거룩, 카도쉬קָדוֹשׁ의 기본 개념은 '독특하다unique, 고유하다, 특별하다'는 뜻을 포함하고 있습니다. 각 사람은 모두 특별함special, 독특함unique, 고유함이 있습니다. 이것은 하나님이 각 사람에게 부여하신 것입니다.

2. 하나님은 거룩을 위해 우상숭배보다도(19:4) 예배보다도(19:5-8) 더 앞서 부모 경외와 하나님의 안식일을 지키는 것을 말씀하십니다(19:3). 부모를 공경하는 것은 권위 질서 안에 들어가서 사람을 사랑하는 법을 배울 뿐 아니라 하나님을 경외함과 신뢰함을 배우는 기초가 됩니다.

3. 하나님을 경외한다는 것에는 하나님과의 깊은 친밀함이 이미 전제되어 있습니다. 하나님은 이런 경외함을 가지고 부모를 경외하라고 하십니다. 우리는 부모님과 가장 깊은 친밀함을 누리면서도 동시에 부모님을 향한 존경과 두려움의 마음을 가져야 합니다.

4. 가정의 회복, 부모와 자녀의 관계의 회복, 무너진 권위 구조들의 회복은 마지막 때 부흥의 열쇠입니다.

5. 안식일이라는 히브리어 샤밭은 '샤브שָׁב -슈브שׁוּב -돌아가다' 라는 단어와 '타브ת -언약, 표'라는 두 단어의 합성어로도 볼 수 있습니다. 즉, 샤밭שַׁבָּת은 언약으로 돌아가는 시간이라는 뜻입니다.

6. 하나님은 형제를 미워하지 말고 견책하라고 말씀하십니다. 견책이라는 히브리어 야카아흐יָכַח는 '결정하다, 판단하다, 꾸짖다, 바로잡아주다'라는 뜻을 가지고 있습니다. 이 말씀은 상대의 잘못됨을 바로잡아 주려고 할 때 미워하는 마음이 섞인 상태로 하지 말라는 뜻입니다.

7. 우상숭배는 사람이 그 우상의 권위 밑으로 끌려내려가게 하는 것입니다. 우상의 영향력 밑으로 들어감으로써 우상에게 나를 맡기고 우상이 하라는 대로 하면서 통제와 조종 아래서 나의 고유함과 존재의 목적을 잃어버립니다.

8. 왕의 자녀들은 장차 나라를 이어받아 다스려야 하기 때문에 구별된 삶을 살기 위해 구

별된 교육을 받습니다. 이것이 특권이기도 하지만 또한 큰 부담과 무게이기도 합니다. 하나님이 이스라엘 백성에게 '나는 너희의 하나님 여호와'라는 말을 해주심으로써 너희는 남다른 축복과 특권이 있으면서 동시에 너희가 가져야하는 특별한 부담과 무게가 있다고 말씀해 주시는 것입니다. 그것이 바로 '거룩'입니다.

크도쉼 주간의 선포

1. 나의 정체성은 하나님의 백성이고 자녀입니다. 하나님은 나의 하나님이십니다. 나를 구별되게 불러주시고 나만의 독특함과 고유함을 허락하신 하나님을 찬양합니다. 나에게 주신 고유함과 이 땅에서의 사명을 알게 하소서.

2. 나에게만 허락하신 것이 있음에도 끊임없이 다른 사람과 비교하는 악함을 회개합니다. 다른 사람과 비교하면서 나를 깎아내리고, 다른 사람을 끌어내리려했던 악함을 회개합니다. 그렇게 형제를 미워하고 시기했던 것을 회개합니다. 다른 사람을 비판하고 시기하게 하는 종교와 미움의 영은 예수 그리스도의 보혈과 사랑으로 끊어질지어다.

3. 하나님을 두려워하고 또 동시에 깊은 친밀함을 누리는 경외함을 더욱 사모합니다. 하나님 경외함을 배우지 못하도록 우리의 가정을 묶어왔던 모든 사슬들을 끊어냅니다. 나의 부모님을 공경하고, 나의 자녀들을 축복하는 관계의 회복이 급속하게 하시고, 우리 가정을 통한 부흥이 교회와 나라로 확장되게 하소서.

4. 하나님이 구별하신 시간, 샤밧에 대한 의미를 깨닫고 알게 되는 일들, 샤밧의 종말론적 의미와 메시아닉 킹덤을 누리는 축복이 가정과 교회 안에서 증가되게 하소서. 그래서 교회가 뿌리를 찾고 회복되게 하소서.

5. 교회 안에 들어와 있는 우상숭배, 문화라는 이름으로 나도 모르게 받아들여 왔던 우상숭배, 음란과 섞여있는 것들을 예수 그리스도의 보혈로 끊습니다. 그 보혈로 덮어주시고 우상의 권위 아래가 아닌 하나님의 권위 아래로 완전하게 들어가게 하소서. 우리의 다음 세대들이 접촉하고 있는 미디어와 문화의 영역을 거룩하게 세워가는 사람들이 일어나게 하소서.

31주간

אֱמֹר

EMOR

에모르, 말하라

파라샤 **레21:1-24:23**

하프타라 **겔44:15-31**

브리트 하다샤 **눅14:12-24 / 마26:59-66**

DAY 1 레21:1-24

하나님의 거룩을 나타내는 제사장

하나님은 하나님의 백성들에게 거룩을 명하십니다. 그들이 하나님의 소유이며 하나님의 계획과 목적을 위해 독특하고 특별하게 구별되었기 때문입니다. 백성들에게 거룩을 명하시는 하나님은 제사장에게는 더 높은 수준의 거룩을 요구하십니다. 제사장은 하나님의 규례와 명령들을 백성들에게 가르치는 선생님이면서, 옳고 그름을 판단해 주는 재판관이기도 하고, 질병을 진단하고 처방하는 의사이기도 합니다. 특별히 제사장은 백성들 대신 하나님께 그들의 죄를 지고 나아가 예배하고, 또 하나님의 대리인으로 그들에게 죄 사함과 축복을 선포함으로써 하나님과 백성의 다리 역할을 합니다. 제사장은 하나님의 거룩함을 백성들에게 나타내야 하는 자이기에 영, 혼, 육 모든 영역에서 거룩을 지켜야 합니다. 하지만 제사장이 거룩해야 하는 가장 중요한 이유는 그들이 하나님이 거하시는 거룩한 성소에 닿는 자들이기 때문입니다. 하나님이 거하시는 성소는 이 땅에 있지만 하늘의 영역입니다. 성소는 하늘 성전을 본 딴 식양으로 만들어졌으며 성소의 모든 기구에는 거룩한 하늘의 기름이 부어져 있습니다. 제사장은 성소를 드나들 때마다 하늘을 오가며 하나님의 거룩함에 접촉됩니다. 그래서 하나님은 하늘의 영역과 하나님의 거룩함에 몸이 닿는 제사장들에게는 더 특별히 몸의 거룩을 명하십니다.

제사장은 시체에 가까이할 수 없습니다(레21:1). 시체는 죽음의 영역으로 부정한 것이기 때문입니다. 제사장은 늘 하나님의 생명으로 채워져 있어야 합니다. 죄의 결과인 죽음으로부터 백성들을 하나님의 생명으로 자유케 해야하는 제사장이 죽음에 접촉된 상태로 하나님의 생명의 영역을 침범할 수는 없습니다. 가족들의 죽음에는 예외적으로 접촉할 수 있지만 대제사장에게는 이마저도 허용되지 않습니다(레21:11). 대제사장은 거룩한 성소 안에서도 가장 거룩한 지성소에 들어가는 자이기 때문에 대제사장이 부정해지면 그 직무를 대신 감당할 수 있는 자가 없습니다.

제사장은 머리털을 깎아 대머리 같게 하지 말며 자기의 수염 양쪽을 깎지 말며 살을 베지 말아야 합니다(레21:5). 당시 이집트 사람들은 죽은 사람을 애도하기 위해 머리털을 깎는 풍습이 있었으며, 또 다른 이방 민족들은 죽은 자들을 위로하고 음부의 신을 찬양하기 위해 수염을 깎고 살을 베는 자해 행위를 하였습니다. 하나님은 예배자들인 제사장들이 이방신들을 향한 제의 의식을 따르지 않도록 하심으로 하나님께 드리는 예배가 섞이지 않게 구별하셨습니다.

결혼은 남녀의 몸의 결합을 통해 영혼이 하나되는 언약입니다. 그래서 제사장은 아무 여인과 결혼할 수 없었습니다. 하나님은 이미 다른 사람과 몸이 섞인 여인들인 과부나 창녀, 이혼당한 여인을 취하지 말라고 하셨습니다.

제사장 가운데 몸에 흠이 있는 자들은 성소에 들어갈 수 없었고 또한 하나님께 드리는 제사의 예물을 올려드릴 수 없었습니다. 하나님께 드려지는 모든 예물은 거룩한 것이었기에 흠이 있는 자가 가까이 갈 수 없었습니다. 제사장의 몸에 흠이 있는 자들은 하나님께 드리는 제사의 직무도 할 수 없고 성소에는 더더욱 가까이 갈 수 없었지만 하나님은 그들에게 하나님께 드려진 거룩한 예물을 먹을 수 있도록 허락하심으로 그들의 제사장으로서의 정체성을 지켜주십니다. 비록 직무는 감당할 수 없었지만 여전히 하나님은 그들을 제사장으로 인식하십니다.

하나님이 제사장들에게 거룩을 요구하실 때 '그들이 하나님의 음식을 드리는 자인즉 거룩할 것이라(레21:6)'고 말씀하십니다. 여기서 음식이란 하나님께 가까이 나아가기 위해 드려진 코르반, 거룩한 예물의 빵을 의미합니다. 이 예물은 하나님께 나아올 수 있도록 하나님이 열어주신 방법으로 아무나 이 예물을 취할 수 없었고 오직 제사장만이 다룰 수 있었습니다. 그래서 하나님은 제사장들이 하나님께 가까이 나아가는 거룩한 예물을 다루는 자라는 것을 상기시켜 주십니다. 이것은 단순히 그들이 예물을 드리는 자라는 것만을 의미하는 것이 아닙니다. 제사장들이 예물을 드리는 자이면서 동시에 자신의 삶을 예물로 하나님께 올려드리는 자라는 것을 의미합니다. 하나님께 드리는 예물이 흠이 없어야 하는 것처럼 제사장의 몸도 흠이 없어야 하는 것은 하나님이 예물과 제사장을 동일시하시기 때문입니다. 하나님은 예물을 받으실 때 그 예물을 가지고 나아오는 백성의 마음과 헌신, 그리고 그 예물을 올려드리는 제사장 자체를 예물로 받으십니다. 그래서 사도 바울은 '우리 몸은 하나님께서 기뻐하시는 거룩한 산 제물이며 이것이 영적 예배(롬12:1)'라고 말합니다.

그러므로 제사장은 하늘의 영역에 닿는 자, 하나님께 가까이 나아가는 자이면서 자기 자신을 하나님께 예물로 드리는 자입니다. 제사장의 존재 자체가 거룩으로 부름 받았습니다. 하나님은 우리에게 왕 같은 제사장이라고 말씀하십니다. 내가 부정해지고 어떤 것과 섞인다면 이것은 내가 속한 모든 것이 부정해지고 섞이는 것과 같습니다. 반대로 내가 거룩하면 내가 속한 모든 것이 거룩하게 됩니다. 하나님의 킹덤에서 왕 같은 제사장으로 부름 받았음을 확실히 아는 자는 자기 몸을 거룩함으로 지키기를 훈련하고 거룩함의 완성을 향해 나아갈 것입니다. 거룩함을 먹고, 거룩함을 말하는 제사장, 그것이 바로 우리들입니다.

DAY 2 레22:1-22:16 / DAY 3 레22:17-33

성물과 제물

제사장은 하나님께 음식을 드리는 자입니다. 하나님은 하나님께 드려지는 이 거룩한 음식을 성물聖物이라고 말씀하셨습니다. 그리고 아론과 그의 아들들로 하여금 이스라엘 백성들이 이 성물에 함부로 접근하지 못하도록 가르치라고 명하십니다(레22:2). 자격이 없는 자들이 성물을 가까이하거나 먹게 될 경우 그것은 하나님의 성호(거룩한 이름)를 더럽게 하는 것과 같습니다. 성물이 하나님께 속한 것이기 때문에 하나님께 속한 것을 더럽히는 것은 하나님을 더럽게 하는 것과 같습니다. 그래서 하나님은 아론과 제사장들이 이것을 백성들에게 가르쳐서 그들이 하나님의 성호를 더럽게 하는 일이 없도록 명하십니다.

먹는 것은 존재를 결정합니다. 음식을 먹는 것이나 생각과 가치관을 받아들이는 것이 모두 먹는 것으로 표현될 수 있습니다. 음식은 몸을 위해서 먹는 것이고 생각과 가치관은 우리의 혼을 위해 먹는 것입니다. 무엇을 먹었느냐에 따라서 우리의 영이 영향을 받습니다. 또한 우리가 먹고 영향받은 그것으로 우리는 말(에모르אֱמֹר)을 합니다. 말은 영입니다(요6:63). 어떤 영은 생명이지만 어떤 영은 사망입니다. 무엇을 말하고 있는가가 어떤 영을 전하고 있는가와 같은 것입니다. 그러므로 하나님의 성물을 먹는 제사장은 거룩을 먹는 자들이며 거룩을 말하고 나타내야 합니다. 제사장들이 잘못된 것을 먹고(말씀이 아닌 세상의 가치관을 먹고) 잘못된 것을 말하면 잘못된 영이 전달되어 부정하게 만들고 더러워지게 합니다. 그렇게 제사장이 거룩을 잃어버리고 섞여버린다면 온 백성이 따라가게 됩니다. 제사장은 그의 백성의 어른이기 때문입니다(레21:4). 여기서 어른이라는 단어는 히브리어 바알בַּעַל이라고 표현하는데 그 뜻은 '리더, 우두머리, 혹은 남편'입니다. 제사장은 하나님의 백성의 리더이며 우두머리입니다. 그러므로 제사장이 더러워지면 백성들도 더러워지게 됩니다.

하나님은 백성들이 하나님께 감사와 서원의 예물을 가지고 나오길 원한다면 하나님이 기쁘게 받으실 수 있도록 흠 없는 것으로 가지고 나오도록 명령하십니다. 하나님이 흠 없는 것을 요구하시는 이유는 예물을 바치는 자가 정성과 사랑, 감사와 헌신, 순종의 마음으로 가지고 나왔는가를 보시기 위함입니다. 하나님은 예물 드리는 자의 태도와 마음을 예물의 상태를 통해서 보시는 것입니다. 아무것이나 가져오는 것이 아니라 가장 좋은 것으로 하나님께 기쁘게 드리는 마음을 담아 예물을 드릴 때 하나님도 그 예물을 기쁘게 받으실 수 있습니다. 하나님이 받고 싶으신 것은 예물 자체가 아니라 예물에 담겨있는 마음입니다.

성물과 예물의 규례를 통해 하나님이 이스라엘 백성에게 말씀하시는 것은 다음과 같습니다.

나는 너희를 거룩하게 하는 여호와요 너희의 하나님이 되려고
너희를 애굽 땅에서 인도하여 낸 자니 나는 여호와이니라(레22:32-33)

거룩은 높은 부르심과 목적을 위해 자기를 구별하고 분리하는 것입니다. 그러나 속됨은 이런 저런 것들과 하나되어 섞임으로 자신의 상태를 하향 평준화합니다. 하나님은 제사장들과 하나님의 백성인 이스라엘이 하나님의 높은 부르심과 목적에 맞게 구별되게 하시기 위해 그들이 먹는 것과 그들이 하나님께 나아올 때 가져야 할 태도를 가르쳐 주셨습니다. 우리가 하나님을 알면 알수록 세상의 속성과 더 분리되는 것은 당연한 것입니다. 세상과 하나되면서 하나님을 섬기는 것은 불가능합니다. 예슈아는 우리가 두 주인을 섬길 수 없다고 말씀하셨습니다. 하나님은 우리의 하나님이 되시기 위해 우리를 세상으로부터 나오도록 하신 분이십니다.

DAY 4 레23:1-22

여호와의 시간으로

하나님의 시간에는 역사를 주관하시는 하나님의 계획이 담겨 있습니다. 6일을 창조하시고 7일째 쉬신 것은 인류 역사를 6,000년으로 정하시고 7,000년째로 들어가는 시간에 옛 창조에 속한 만물 안에서 전지구적 안식을 계획하셨기 때문입니다. 인류 역사의 계획을 7일에 담으심으로 인류에게 주어진 7천 년을 통해 새 하늘과 새 땅에 속한 모든 새 창조 세계 안에서 누리게 될 영원한 안식을 미리 맛보라고 7일째 샤밭을 허락하셨습니다. 또한 하나님이 정하신 시간에 이뤄가시는 일들을 볼 수 있도록 1년이라는 시간 안에 7절기를 담아 놓으심으로 인류의 구원 역사가 어떻게 성취되었고 성취될 것인지를 볼 수 있게 하셨습니다(절기, 모아딤מוֹעֲדִים). 매달의 첫 날에 하나님 앞에 성회로 모이게 하심으로, 춘하추동의 날씨와 씨를 뿌리고 열매 맺는 것을 통해 하나님이 주실 축복을 미리 선포하게 하심으로 한 달의 시간을 기대하게 하셨습니다(월삭, 로쉬 호데쉬רֹאשׁ חֹדֶשׁ). 하나님이 정하신 시간 속에 산다는 것은 하나님과 하나님의 킹덤, 우리의 정체성과 목적을 인식하며 산다는 것을 의미합니다. 그래서 이집트의 시간 속에 살던 이스라엘 백성에게 광야에서 하나님의 시간을 다시 가르치신 것입니다.

성경에서 절기를 뜻하는 히브리어는 모에드מוֹעֵד 혹은 모아딤מוֹעֲדִים입니다. 모에드מוֹעֵד는 약속된 시간, 약속된 장소에서의 만남이라는 단수형이고, 모아딤מוֹעֲדִים은 모에드מוֹעֵד의 복수형입니다. 그러므로 하나님이 말씀하시는 절기는 우리가 인식해왔던 종교적 전통과 의식을 위해 특별히 치러지는 예식이 아닙니다. 하나님의 절기는 하나님이 태초부터 정해 놓으신 곳에서의 '약속된 시간'입니다. 그래서 하나님은 이스라엘 백성에게 이 약속된 시간들을 가르치실 때 이스라엘의 절기라는 말을 쓰지 않으셨고, '여호와의 절기'라고 말씀하셨습니다(출12:14, 레23:2).

여호와의 절기들은 이 세상을 향한 하나님의 구속 역사가 하나님이 정해놓으신 시간 사이클 안에서 이뤄짐을 보여줍니다. 그래서 여호와의 절기를 분명히 이해할 때 우리는 하나님의 구속사가 보이고, 또한 앞으로 어떤 일이 어떤 시간 속에서 일어날 것인지를 예측할 수 있습니다. 하나님의 절기를 통한 시간 사이클을 통해 우리는 지금 어느 때 즈음에 와 있는지 예측할 수 있습니다. 하나님이 절기를 통해 구속의 역사가 어떻게 진행되는지, 언제 어떤 일이 일어날 것인지를 예측할 수 있도록 가르쳐 주신 첫 번째 이유는 우리로 하여금 준비할 수 있도록 하기 위해서입니다. 하나님의 절기를 아는 백성들은 하나님의 킹덤이 이뤄지는 그 시간까지 하나님이 정해놓으신 온 열방을 향한 구속의 역사가 반드시 성취될 것이라는 믿음을 가지고 기다리며 준비할 수 있습니다.

하나님이 절기를 우리에게 가르쳐 주신 두 번째 이유는 '리허설'입니다. 모든 인류 역사가 마쳐지고 완전한 구원이 최종 성취되면서 하나님의 킹덤으로 들어갈 때 그 마지막 날에 있을 일을 우리로 하여금 미리 행하고 맛보게 하기 위해 정하신 약속된 시간이 절기입니다. 그래서 이 날 우리는 그 마지막 날에 주님께서 이루실 일을 기대하면서 축제를 하며 리허설과 같은 시간을 보냅니다.

세 번째 이유는 '리마인드'입니다. 매년 같은 시간의 사이클을 통해 하나님의 약속과 말씀을 기억하고 그것을 향한 믿음을 굳건히 지킬 뿐 아니라 지난 시간 동안 하나님이 행하신 일을 다시 생각하며 감사와 기쁨의 시간을 보내는 것이 절기입니다.

사탄은 우리의 시간을 지배하려고 합니다. 분주한 것들로 채우거나 게으르게 낭비하게 하거나 다른 것들에 시선을 빼앗기게 하거나 자기 자신의 정욕을 채우는데 시간을 사용하도록 합니다. 이것의 목적은 하나님을 잊어버리고 인식하지 못하게 함으로 하나님과 완전히 분리시키려는 것입니다. 우리의 시간이 대부분 어느 곳에 쓰이는가를 살펴보면 그것으로 나의 존재가 무엇을 위해 살아가고 있는가와 내가 어떤 것의 지배를 받고 있는가를 살펴볼 수 있습니다. 시간을 회복하는 것은 나의 존재와 정체성을 회복하는 것과 같습니다. 그래서 하나님의 시간을 회복하는 것은 세상의 존재로서가 아닌 하나님께 속한 자로서의 정체성이 회복되는 것입니다. 샤밭과 월삭과 절기들의 시간으로 우리의 사이클을 바꾸는 것은 하나님의 킹덤의 시간의 사이클로 바꾸는 것과 같고 영원을 땅에서 미리 살아보는 것과 같습니다. 토라에서 하나님은 샤밭을 매우 중요하게 다루셨고 많은 선지자들은 이스라엘 백성들이 샤밭을 지키지 않을 때 그들의 정체성을 잃어버렸다고 경고했습니다.

하나님이 정한 시간은 자기 백성을 하나님 앞으로 초대하기 위한 것입니다. 하나님의 시간은 제한된 시간이 아닌 영원입니다. 하나님은 결국 우리가 영원으로 들어갈 것임을 일년의 일곱 절기를 통해 보여주셨습니다. 영원으로 들어가기 위해 구원하셔서 누룩 없는 삶을 살게 하시고(유월절, 초실절, 무교절), 우리의 혼을 하나님의 형상으로 변화시키시며 성령과 연합되게 하시고(오멜카운트, 오순절) 택함 받은 자들을 불러 올리시고(나팔절), 예루살렘의 보좌로 돌아오시면서 아사셀(아자젤)에게 모든 죄에 대한 책임을 되돌리심으로 인류 안에 사탄의 영향력을 뿌리째 뽑아 제거하시며 희년을 적용해 주시고(대속죄일), 영원한 장막으로 들어갈 것(초막절)을 유월절부터 초막절에 이르는 절기의 시간에 담아두셨습니다.

하나님은 하나님이 정하신 절기들(모아딤מוֹעֲדִים)에 성회로 모이라고 명령하십니다. 이 거룩한 모임은 하나님 앞에서 기뻐하고 즐거워하는 시간입니다. 거룩한 모임, 성회는 미크라מִקְרָא입니다. 이것은 카라קָרָא라는 동사에서 왔는데 '불러 모으다 convocation'라는 뜻입니다. 거룩한 모임이라는 것은 하나님이 부르신 사람들이 모이는 것입니다. 하나님이 정하신 시간에 모일 수 있는 사람들은 하나님이 부르신 백성들입니다. 하나님이 그 백성들을 하나님의 정한 시간에 초대하셨습니다. 대속죄일을 제외하고 모두 기쁜 축제와 잔치의 절기들입니다. 그러나 대속죄일에도 하루 동안 금식하며 엄숙하게 보내다가 하루의 해가 지면서 마무리되려 할 때 전국에서 뿔나팔이 크게 불리고(희년에는 희년이 선포되며) 예루살렘의 딸들은 미리 예비하고 대여한 흰 옷을 입고 예루살렘과 감람산의 언덕들로 나와 둥글게 돌면서 기쁘게 춤을 추며 이스라엘의 구속과 정화됨과 생명책에 이름이 기록됨을 인하여 즐거워합니다.

이집트에서 구원하신(세상에서 구원하신) 유월절, 누룩을 제거하여 누룩 없는 삶을 사는(우리를 더럽게 하고 부풀게 했던 잘못된 것들) 무교절, 보리 추수의 첫 열매 한 단을 묶어드리는 부활의 첫 열매의 초실절, 밀 추수의 첫 열매를 드리는 이방인의 대추수 오순절, 나팔을 불어 공중으로 다 모이는 나팔절, 전쟁의 절정 중에도 민족적인 금식을 하며 예루살렘으로 오시는 만왕의 왕을 맞이하는 대속죄일, 초막에서 기쁨의 잔치를 누리는 초막절은 모두 하나님의 왕국이 어떠한 것임을 나타내 주는 절기들입니다. 하나님의 약속된 시간들은 하나님의 구속의 역사가 반복, 성취되고 있음을 우리에게 증거해주며, 또한 앞으로 완전하게 성취될 것이라는 기대와 소망을 주는 시간입니다. 이 시간들은 한번 일어나면 끝나는 것이 아니라 앞으로 다시 한번 일어날 것이라는 것을 미리 예견할 수 있게 하여 우리로 하여금 준비될 수 있게 합니다.

하나님의 시간은 일정 주기가 있습니다. 7일, 7주, 7절기, 7년, 49년과 50년과 70이레, 열 번의 700년, 7천 년, 반복되는 작은 사이클을 통해 우리가 이전 시간에 지키지 못했던 것들, 놓쳤던 것들, 실수했던 것들을 되돌아보고 다시 시작할 수 있는 은혜, 더 잘 준비될 수 있는 기회를 주십니다. 아직 메시아닉 킹덤이 오지 않았지만 우리는 하나님의 시간을 통해 킹덤의 시간이 어떻게 이루어져 갈지 미리 경험할 수 있습니다. 여호와의 절기는 우리가 앞으로 있게 될 그 날(시간)과 그 곳(공간)을 경험하게 하는 시공時空을 초월하는 하나님의 시간입니다.

샤밭, 최초의 모에드

세상 창조의 순간부터 하나님이 정하신 구별된 시간은 샤밭입니다. 샤밭은 하나님이 약속하신 최초의 모에드(약속된 시간)[25]입니다. 샤밭에 우리가 기억해야 할 것은 두 가지입니다. 하나는 하나님이 세상을 창조하셨을 때 6일의 시간은 우리에게 주셨고, 제7일 샤밭은 거룩하게 하셔서 이 시간은 온전히 하나님께 속해 있다라는 것(출20:11), 다른 하나는 이집트에서 자신의 백성을 강한 손과 편 팔로 이끌고 나오셨을 때 안식일을 지키도록 명령하셨다는 것입니다(신5:15). 샤밭은 우리에게 세상을 창조하신 하나님, 우리를 구원하신 하나님을 기억하는 시간입니다. 샤밭에 우리는 하나님이 이미 행하신 일, 지금까지 행해오신 일들을 기억하며 하나님 안에 머무는 시간을 보냄으로써 6일의 시간 동안 고단했던 것들을 벗고 새롭게 되고 회복되는 시간입니다.

샤밭에 기억해야 하는 한 가지가 더 있습니다. 그것은 미래적인 것으로 샤밭이 앞으로 올 세상, 천년왕국을 예표하고 있다는 것입니다. 하나님이 인류 역사를 7천 년으로 셋팅하시고 6일 창조가 인간에게 주어진 인간의 6,000년 역사를, 그리고 샤밭은 7천 년째 시작되는 천 년을 상징하는 것으로 이 시간은 메시아가 왕으로 온 세상을 친히 다스리는 시간으로 천년왕국을 상징하는 시간이라는 것입니다. 이것을 기억할 때 우리는 메시아닉 킹덤에서 왕이신 예슈아가 완전한 샬롬으로 사람과 땅을 회복하고 하늘과 온전히 하나되게 할 것이라는 것을 기대하게 됩니다. 처음 주신 모에드인 샤밭은 이제 곧 전지구적 샤밭으로 시작될 것입니다.

> 주의 목전에는 천 년이 지나간 어제 같으며 밤의 한 순간 같을 뿐임이니이다 (시90:4)
>
> 사랑하는 자들아, 주께는 하루가 천 년 같고 천 년이 하루 같다는 이 한 가지를 잊지 말라 (벧후3:8)

---

25 모에드מוֹעֵד는 약속된 장소와 시간 모두를 뜻하는 단어로 단수이다. 모아딤מוֹעֲדִים은 모에드의 복수로 약속된 장소들, 시간들이라는 뜻이 된다. 이 단어는 동사 야아드יָעַד에서 파생되었는데 야아드는 '만나다, 모이다, 약속하다, 고정하다'는 뜻을 가지고 있다. 그래서 여호와의 절기는 모아딤이라고 불리며 이는 '정해진 장소에서 약속된 시간에 만남들'이다. 여호와의 절기인 모아딤과 성회, 미크라 코데쉬는 늘 함께 붙어 있다.

유월절과 무교절, 죽음과 부활

어린 양의 피로 죽음의 천사가 지나가고 이집트에서 구원받은 그 밤, 유월절은 일차적으로는 이스라엘의 구속을 의미하지만 이것은 또한 마지막 날에 완성될 온 인류의 구속을 상징합니다. 하나님은 이집트로부터 이스라엘을 구원하실 때 이집트의 신들을 강력하게 심판하시며 친히 이스라엘을 끌고 나오셨습니다. 이것은 마지막 날 세상으로부터 자신의 백성을 구원하실 때 이 하늘의 정사와 권세와 어둠의 주관자들과 그들로부터 권세를 받아 통치할 인간 통치자들을 향한 심판을 예표합니다.

이집트에서 자신의 백성을 데리고 나오시던 그 밤은 유월절 밤이고, 유월절 밤부터 시작되는 무교절 7일의 마지막 날은 끝까지 쫓아오는 이집트 군대를 완전히 쳐서 없애시고 이스라엘 백성을 홍해를 건너게 하신 날입니다. 그래서 하나님은 유월절의 첫 날과 무교절의 마지막 날에는 미크라 코데쉬(성회)로 모이고 아무 일도 하지 말라고 명령하십니다(레 23:7-8). 이 날은 사람이 할 수 있는 것이 아무것도 없었습니다. 오직 하나님만이 하셨고, 하나님만이 하실 수 있었습니다. 사람은 그저 가만히 서서 여호와께서 하나님 되심을 바라볼 뿐이었습니다(출14:13-14). 그래서 하나님은 이 두 날에는 아무 일도 하지 말라고 명령하십니다. 하나님이 우리의 완전한 구원이 되시기 때문입니다.

유월절 그 밤에 희생제물로 잡힌 어린 양의 피는 예슈아의 죽음을, 초실절은 예슈아의 부활을, 무교절 제7일에 홍해를 건넌 장면은 성도들의 첫째 부활과 휴거를 예표합니다. 또한 무교절 7일 동안 먹는 무교병, 누룩을 넣지 않은 빵은 썩지 않는 예슈아의 몸, 다시 말해 죽음을 이기시고 영원한 생명을 가지시고 생명을 주시는 예슈아의 몸을 의미합니다. 이 무교병을 먹음으로 예슈아처럼 우리의 썩어질 몸이 썩지 않는 영원한 몸, 부활체로 변화될 것임을 보여줍니다.

무교절의 기간 중 철저히 누룩을 제거하는 것은 우리 몸을 부패하게 하고 썩게 하며 부풀리게 하는 근원을 없애면서 성결의 삶을 사는 것입니다. 이로써 우리도 부활하게 될 것을 기대하고 소망하게 됩니다. 그래서 유월절과 초실절과 무교절은 메시아의 죽음과 부활의 상징이며, 이것은 예슈아의 초림으로 이루어졌고, 마지막 날에 어린 양을 따르는 자들이 불이 섞인 유리 바다를 건너면서 완전한 몸의 구속을 이루신 하나님을 찬양하며 모세와 어린 양의 노래를 부를 때 다시 한번 성취될 것입니다.

초실절, 메시아의 부활

유월절이 지나고 무교절 7일 중에 토요일 안식일 후의 주의 첫날은 초실절입니다. 초실절은 봄에 추수하는 보리의 첫 이삭 한 단 즉, 첫 열매를 하나님께 드리는 날로 유월절이 시작된 그 주간의 샤밭 다음 날인 주일에 올려드려 항상 주의 첫날에 맞춰지도록 드리게 됩니다(레23:11). 당시 곡식들을 한 묶음으로 묶어 놓은 단을 오메르라고 했는데 첫 곡식 한 단을 하나님께 올려드리기 때문에 초실절을 오메르 레쉬트עֹמֶר רֵאשִׁית라고 부릅니다.

대제사장 가야바와 관련자들이 예수님을 심문하던 그 날에 산헤드린에 속한 3명의 사람이 대표로 예루살렘에서 멀지 않은 보리 밭으로 나갔습니다. 로마 군인들이 예수님을 처형하던 그 날에 산헤드린에서 보냄 받은 사람들이 보리 곡식 단을 묶기 시작했습니다. 무교절 두 번째 날 그들은 보리밭에서 돌아왔습니다. 같은 날 저녁에 보리를 수확한 사람들은 그들의 바구니에 보리 세 스아를 담아서 예루살렘 성전으로 가지고 왔습니다. 그 날 저녁, 제사장들은 보리를 굽고, 곱게 갈아서 다음 날 올려드릴 소제를 미리 준비해 놓았습니다. 토요일 해가 지는 시간 안식일이 끝나며 주의 첫 날이 시작하는 상번제를 드리던 그 때, 주님은 무덤에서 일어나셨습니다. 주의 첫 날 이른 아침 여인들이 빈 무덤을 발견했고, 대제사장은 곱게 갈린 보리 가루에 기름과 향유를 섞어서 소제를 드렸습니다. 대제사장 가야바는 십분의 이 에바의 고운 가루를 흔들어서 여호와 앞에 요제로 올려드렸습니다. 그 때, 대제사장은 제단의 귀퉁이에 보리 가루를 발랐습니다. 새 곡식의 소제와 함께 숫양 한 마리를 번제로 올려드렸고, 그렇게 초실절의 제사가 드려지는 그 날부터 오순절을 향한 오메르 카운트, 50일의 첫 날이 시작되었습니다.

다른 절기 때 하나님께 드리는 제사의 제물은 양과 염소, 소가 포함되어 있지만 초실절만은 오직 숫양으로만 번제를 올려드리게 되어 있었습니다. 예수님은 안식일이 끝나고 새로운 한 주가 시작되는 첫 날 무덤에서 일어나 부활하셨고, 그 날은 첫 열매를 드리는 초실절이었으며, 그렇게 주님은 하나님이 정하신 약속된 시간에 모든 잠자는 자들의 부활의 첫 열매가 되셨습니다(고전15:20).

오순절, 마탄 토라와 성령 강림

유월절이 시작되는 그 주간의 안식일 이튿날에 드려진 초실절을 첫 날로 계수하여 49일의 시간을 지나면서 50일째가 되면 또 다른 추수에 대한 감사의 예배를 하나님께 올려드리게 됩니다. 그 날이 샤부옽שָׁבֻעֹת(오순절)입니다. 샤부옽은 히브리어로 샤부아שָׁבוּעַ의 복수형으로 샤부아는 주간이라는 뜻입니다. 오순절까지 7주간을 지나야 하기 때문에 샤부옽이라고 부릅니다. 초실절이 첫 보리를 수확한 기쁨을 하나님께 올려드리는 날이라면 오순절은 첫 밀 추수에 대한 기쁨을 올려드리는 날입니다. 이스라엘의 밭은 보리를 수확하기 시작할 즈음에 밀이 익어가기 시작하면서 오순절 즈음이면 밀 추수를 시작하게 됩니다.

오순절에 이르기까지 초실절부터 7주간, 49일을 지나게 되는데 이 하루하루를 오메르 카운트 기간이라고 부릅니다. 오메르 카운트는 큰 축제를 앞두고 하루하루를 준비하는 시간과 같습니다. 홍해 바다를 건넌 이스라엘 백성들은 하나님이 명하신 거룩한 산, 시나이 산을 향해 하루하루 발걸음을 옮겼습니다. 그들은 이집트에서 나와 광야를 지나면서 그들 내면의 많은 쓴뿌리들과 혼적인 영역들이 다뤄지는 시간을 보내면서 시나이 산을 향해 움직였습니다. 그렇게 하여 그들이 시나이 산에 도착한 시간이 시반 월 초였고, 하나님이 말씀하신 대로 그들은 자신들을 정결하게 준비하고 셋째 날의 영광을 기다렸습니다(출19:11). 이집트에 들어와 살면서 야곱의 자손들은 하나님의 절기를 잊어버리고 제사드리는 삶도 멈춰지게 되었지만, 하나님은 그들을 하나님의 시간 안으로 다시 들어오게 하셨습니다. 샤부옽(칠칠절) 그 날, 모세는 시나이 산 꼭대기로 올라갔고 그 곳에서 하나님과 이스라엘 백성 사이의 혼인 언약서인 십계명과 토라를 받습니다. 온 우주의 청사진, 하나님의 말씀, 그리고 하나님 자신인 토라를 모세에게 내려 주신 그 날이 오순절입니다. 유대인들은 이 날이 토라를 주신 날이라 하여 마탄 토라מַתַּן תּוֹרָה라고 부릅니다.

매해 오순절이 되면 토라를 받은 날을 기념하여 유대인들은 밤을 새워 토라를 읽습니다. 그리고 오순절 아침이 되면 소제와, 번제, 속죄제를 올려드립니다. 예수님 승천 이후 제자들은 예루살렘을 떠나지 말라는 예수님의 명령에 순종하여 함께 모여 기도하기를 힘썼습니다. 그리고 오순절이 시작되는 그 밤, 그들도 밤을 새워 토라와 시편을 읽고 있었습니다. 토라와 다윗의 시편을 읽고 오순절 아침 상번제를 드리기 위해 성전으로 모여 마지막으로 룻기를 읽으며 기도하던 그들에게 성령이 임하여 성령의 말하게 하심을 따라 그들이 말을 하니 여러 나라에서 오순절을 지키러 온 경건한 모든 자들이 그들의 난 곳 언어로 하나님의 큰 일을 말하는 제자들의 방언 소리를 들었습니다. 시나이 산에서 모세에게 토라를 돌판에 새겨주셨던 그 날, 예슈아를 따르는 유대인들에게 성령을 부어주시며 새 언약을 그들 안에 새겨주셨습니다. 시나이 산에서 토라를 받던 그 날 이스라엘 백성이 보았던 하나님의 영광의 임재, 구름, 진동, 불길이 시온 산 예루살렘 성전에서 토라를 읽으며 기도하던 예수님의 제자들에게 급하고 강한 영적 기류의 변화와 진동 그리고 불가운데 높은 하늘이 직접 내려왔습니다. 초실절에 예수님은 부활하셔서 잠자는 자들의 첫 열매, 앞으로 부활하게 될 모든 자들의 첫 열매가 되셨고, 초실절부터 시작하여 49일이 지나고 50일이 되었을 때 하나님의 성령을 제자들에게 부어주셨습니다.

마지막 날에 하나님은 당신의 성령을 모든 육체에게, 남종과 여종, 청년들과 자녀들에게 부으실 것입니다. 전례가 없는 성령의 부으심으로 하늘이 모든 육체에게 열릴 그때는 또한 만왕의 왕으로 예슈아가 하늘의 천군들과 부활한 자들을 데리고 친히 내려오셔서 천년왕국을 시작하시는 때입니다. 하늘 예루살렘과 땅 예루살렘이 다시 연결되고 모든 육체에게 성령이 부어질 때 놀라운 성령의 시대가 열리게 될 것입니다.

【주제 #8 】 에녹과 오순절의 관계 & 오순절과 예루살렘의 관계

유대력 세 번째 달, 시반 월 초에 이스라엘 백성은 시나이 산에 도착했고 삼일을 준비한 후 모세는 하늘이 내려와 있는 시나이 산 정상으로 올라갔다. 그 날이 오순절이었다.

에녹2서 68장에 의하면 에녹은 시반 월 6일에 태어났고 365세가 되던 해 시반 월 6일에 사라졌다. 에녹은 오순절에 태어났고 오순절에 승천한 것이다. 에녹은 그 날 그 시에 태어났고 그 날 그 시에 올려졌다. 다윗도 오순절에 태어났고 오순절에 죽었다고 유대 전승에 알려진다. 에녹과 다윗은 오순절에 맞춰진 삶이었다.

에녹은 시반 월 첫째 날에 하늘을 방문하여 60일 동안 하늘에 머물면서 모든 창조의 표징들을 보고 적었고 366권의 책을 썼다. 에녹은 아후잔אֲחוּזָן 이라고 불린 곳에서 승천하였고, 그 아들들은 에녹의 승천 후에 그곳에 제단을 세웠다. 모든 백성과 장로들이 모여 그 날을 절기로 삼고 축제로 지키며 에녹의 아들들에게 예물을 주었고, 그 절기를 세대에서 세대로 전달하게 하였다.

아후잔אֲחוּזָן은 예루살렘에 있는 성전산의 특별한 이름이었다. 홍수 이전의 예루살렘을 부르는 호칭이었을 것으로 보인다. 이곳은 에녹이 하늘로 승천한 장소이다. 아후잔의 사전적 의미는 다음과 같다.

명사: 전체의 한 부분을 의미한다. 현대에는 %를 의미한다.

형용사: 연결되어서 붙어있는(attached, connected)이란 의미이며 단단하게 꽉 붙들려 있는(gripped with, caught, held)상태를 의미한다.

동사: 서로 영향을 주다(affect), 고대어에서는 ~까지 이르다, 도달하다(to reach, to be up to)라는 의미가 있다.

성경에 아후자אֲחֻזָּה 라는 단어는 소유지, 위로부터 이어받은 땅, 상속토지를 의미한다.

세상의 중심 예루살렘은 하늘이 땅에 이르러 연결되어 붙어있는 장소이며 땅에서 하늘에 이르러 연결되어서 단단하게 꽉 붙들려있는 장소이다. 예루살렘은 땅이면서도 동시에 하늘에 속한 한 부분이다. 홍수 이전의 예루살렘의 이름인 아후잔의 의미를 통해서 예루살렘을 이해하면 다음과 같다.

하늘의 한 부분으로서의 예루살렘
땅에서 하늘에 이르고 하늘이 땅에 도달하는 예루살렘
하늘과 땅이 연결되어서 서로 붙어 있는 예루살렘
하늘과 땅이 단단하게 꽉 붙들려 있는 예루살렘
하늘의 어떠함에 영향을 받은 예루살렘
땅의 어떠함을 하늘에 영향주는 예루살렘

예루살렘은 하늘이 소유한 땅이며 하늘을 소유하고 있는 땅이다. 이 곳에서 아담이 왕과 제사장으로 즉위하였고, 에녹이 하늘로 승천한 곳인 예루살렘 아후잔אֲחֻזָּן은 땅에 속한 인간이 하늘에 속한 자로 귀속되는 장소이다. 신약의 오순절에 하늘이 예루살렘으로 급하고 강한 바람처럼 내려와 각 사람들 위에 하늘의 불이 불의 혀처럼 타오르고 있었다. 그 시작의 장소가 바로 예루살렘이다. 오순절은 하늘과 땅이, 하나님의 영과 인간의 영이 깊이 새긴 언약으로 서로 연합하여 하나의 유기체로 연결되어 서로 영향을 주고받으며 서로를 소유함으로 영원히 견고하게 꽉 붙들리는 날이다.

DAY 5 레23:23-32

로쉬 하샤나, 나팔절의 7가지 의미

봄 절기가 모두 끝나고 뜨거운 여름을 지나 가을이 되면 3가지 절기를 지내게 됩니다. 봄 절기가 봄의 추수와 관련되어 있다면 가을 절기는 가을의 추수와 관련되어 있습니다. 봄 절기가 곡식의 추수라면 가을 절기에는 열매 맺는 각종 과일들의 추수가 이어집니다. 봄을 지나 한 여름의 열기를 견디고 난 과일 나무들은 가을에 이르러 풍성한 수확을 거두게 됩니다. 하나님이 계획하신 봄 절기들은 예슈아의 초림과 함께 성취되었으나, 가을 절기는 아직 오지 않았습니다. 봄 절기들도 마지막 때 한 번 더 온 세계적으로 확장되어 적용될 것이고, 가을 절기들도 마지막 날들에 성취될 것입니다. 봄 절기가 이스라엘을 중심으로 일어났다면, 가을 절기는 온 열방 가운데 성취될 것입니다.

가을 절기들은 모두 유대력 일곱 번째 달인 티슈레이 월에 일어납니다. 가을 절기의 첫 번째 절기는 나팔절, 욤 하트루아יום הַתְּרוּעָה 혹은 로쉬 하샤나רֹאשׁ הַשָּׁנָה라고 합니다. 이 달은 하나님이 아담을 창조하신 달로 모든 고대 근동이 함께 새해로 지키던 날입니다. 새해 첫 날을 나팔을 불며 시작하라고 해서 욤 트루아(나팔을 부는 날)라 부르기도 하며, 새해의 첫 날이라는 의미로 로쉬 하샤나(그 해의 머리)라는 이름으로 부르기도 합니다.

나팔절에 유대인들은 나팔을 백 번 불고 시작하는데 유대인들에게 있어서 나팔은 종말론적으로 아주 중요한 의미를 가지고 있습니다. 유대인들의 종말론적 의미에서 나팔절은 메시아의 오심과 관련이 있고, 사도들도 그런 전승들과 믿음을 가지고 절기들을 지키면서 메시아이신 예슈아가 절기의 시간에 맞춰오셔서 세상을 심판하실 것이라는 것을 초대 교회 공동체에 가르쳤습니다. 나팔절의 의미는 크게 7가지로 생각해 볼 수 있습니다.[26]

1) 왕의 대관식

성경에서 팡파레 나팔이 울려퍼지던 날은 나팔절과 왕의 대관식이었습니다. 나팔절의

26 Phillip Goodman, The Rosh Hashana Anthology, Philadelphia, PA: Jewish publication society, 1992

나팔은 새로운 왕에게 왕관을 씌우고 그가 보좌에 앉아서 새로운 통치를 시작했음을 알리는 신호와 같습니다. 유대 전승에서 티슈레이 월 첫 날에 하나님은 아담을 창조하셨고, 그에게 온 세상의 통치를 맡기시며 왕으로 삼으셨습니다. 하늘의 왕 하나님께서 아담을 이 땅의 왕으로 삼으시고 땅의 통치를 맡기신 것입니다. 나팔절에 만왕의 왕이시며 둘째 아담이신 예슈아는 하늘 보좌에서 공중까지 오셔서 땅의 통치를 위한 행진을 본격적으로 시작하실 것입니다. 우리도 그 대관식 행렬에 함께하게 될 것입니다.

2) 회개

나팔절을 첫 날로 시작하여 10일째 대속죄일이 되기까지 10일의 기간은 경외의 날들이라하며 강도 높은 깊은 회개를 하는 시간입니다. 알고 지었든 모르고 지었든 지은 모든 죄를 하나님 앞에 가지고 나와 마음을 돌이키는 시간입니다. 그래서 나팔절의 나팔은 회개를 알리는 나팔이기도 합니다. 회개할 수 있는 마지막 기간을 주실 때 하나님께 돌이켜야 하는 시간입니다. 나팔절의 나팔소리는 개인 구원을 위한 회개가 아닌 큰 심판 전에 공동체, 나라의 회개를 촉구하는 나팔입니다.

성전 시대 때 제사장들은 나팔절부터 대속죄일까지 매일 아침 성전 문 앞에서 나팔을 불었습니다. 이 나팔 소리는 하나님께서 하늘 문을 열고 회개의 기도를 받아주실 것을 알리는 나팔입니다. 그렇게 10일 동안 나팔 소리와 함께 회개의 시간을 보낸 뒤 대속죄일이 끝나는 시간 마지막 나팔이 불리면 심판이 완성됩니다.

3) 전쟁의 경고

고대 이스라엘에서 쇼파르는 위험이 다가왔을 때 그것을 알리는 경고로 불기도 했습니다. 에스겔 선지자는 선지자의 경고를 쇼파르에 비교하였습니다(겔33:4). 만약 사람이 선지자의 경고를 듣고도 그것을 받아들이지 않는다면, 그는 환난이 왔을 때 자신의 죄로 인해 스스로 정죄를 받을 것입니다. 나팔절의 쇼파르는 우리에게 선지자의 경고의 메시지를 받으라는 의미이기도 합니다.

선지자 예레미야는 성전이 무너지고 예루살렘이 멸망할 것에 대한 메시지를 전하면서 이것이 전쟁의 쇼파르라고 했습니다.

슬프고 아프다 내 마음속이 아프고 내 마음이 답답하여 잠잠할 수 없으니 이는
나의 심령이 나팔 소리와 전쟁의 경보를 들음이로다 패망에 패망이 연속하여 온
땅이 탈취를 당하니 나의 장막과 휘장은 갑자기 파멸되도다 내가 저 깃발을 보며
나팔 소리 듣기를 어느 때까지 할꼬(렘4:19-21)

4) 숫양의 뿔

쇼파르는 숫양의 뿔로 만들어집니다. 성경에서 가장 처음 등장하는 숫양은 아브라함이 이삭을 묶던 날, 하나님이 그의 사랑과 순종을 확인하시고 이삭 대신 하나님이 예비하신 숫양을 제물로 예비해 주셨을 때입니다. 유대 전승에서는 천사가 급하게 아브라함의 번제를 막았을 때, 아브라함은 하나님께 이삭의 희생을 귀하게 여겨달라고 기도드렸고, 하나님은 그에게 뒤를 돌아보도록 말씀하셨습니다. 그 때, 아브라함은 가지에 뿔이 걸린 숫양을 발견했고, 그 숫양을 제물로 올려드렸습니다.[27] 유대인들은 나팔절에 쇼파르(숫양의 뿔)를 불 때 이삭 대신 바쳐진 숫양을 기억하면서 창세기 22장을 읽습니다. 보통 회당에 모여서 쇼파를 불기 전에 나팔수는 다음과 같은 기도문을 올려드립니다.

당신의 자비로 당신의 백성들을 가득 채워주소서.
그리고 제단 위에 쌓인 우리 조상 이삭의 재를 귀히 여겨주소서.[28]

5) 여호와의 크고 두려운 날

선지자 아모스는 나팔이 울릴 때 모든 백성이 두려워하게 될 것이라고 말했습니다(암3:6). 나팔절의 나팔은 우리에게 경고를 주면서 하나님의 엄위하신 심판 앞에 경외함으로 준비하도록 하는 나팔입니다. 그렇게 대속죄일의 10일 동안 하나님 앞에서 두려움과 떨림으로 겸비합니다. 그래서 나팔절의 나팔은 하나님 경외함을 우리에게 일깨워줍니다.

스바냐 선지자는 나팔이 불리는 날이 여호와의 날이 될 것이라고 말했습니다. 여호와의 날은 진노와 어둠과 놀람의 날입니다.

27 Genesis Rahhah 56:10; Midrash Tanchuma, Vayera 22
28 Rosh Hashana Machzor, prayer of the Tokeah

그 날은 분노의 날이요 환난과 고통의 날이요 황폐와 패망의 날이요 캄캄하고 어두운 날이요 구름과 흑암의 날이요 나팔을 불어 경고하며 견고한 성읍들을 치며 높은 망대를 치는 날이로다(습1:15-16)

유대 전승에서는 나팔절에 하늘 법정에서 심판의 책이 펼쳐진다고 합니다. 모든 사람의 행위가 기록된 책들이 하늘에서 펼쳐질 때 의로운 자들의 이름은 생명책에, 악한 자들의 이름은 죽음의 책에 기록되어져 있을 것입니다(계20:12-15). 나팔절은 하나님의 심판이 본격적으로 시작될 것임을 알리는 날입니다.

6) 첫째 부활

마지막 나팔이 불릴 때 세상의 모든 자들이 나팔 소리를 듣는 그 순간 잠자는 자들(죽은 자들)도 나팔 소리를 듣고 먼지에서부터 일어날 것입니다. 나팔절에 우리는 모두 부활할 것입니다.

보라 내가 너희에게 비밀을 말하노니 우리가 다 잠 잘 것이 아니요 마지막 나팔에 순식간에 홀연히 다 변화되리니 나팔 소리가 나매 죽은 자들이 썩지 아니할 것으로 다시 살아나고 우리도 변화되리라(고전15:52)

주께서 호령과 천사장의 소리와 하나님의 나팔 소리로 친히 하늘로부터 강림하시리니 그리스도 안에서 죽은 자들이 먼저 일어나고 그 후에 우리 살아남은 자들도 그들과 함께 구름 속으로 끌어 올려 공중에서 주를 영접하게 하시리니 (살전 4:16-17)

7) 흩어졌던 모든 자들이 모임, 휴거

나팔 소리와 함께 흩어졌던 모든 자들이 모이게 될 것입니다.

그 날에 큰 나팔을 불리니 앗수르 땅에서 멸망하는 자들과 애굽 땅으로 쫓겨난 자들이 돌아와서 예루살렘 성산에서 여호와께 예배하리라(사27:13)

그가 큰 나팔소리와 함께 천사들을 보내리니 그들이 그의 택하신 자들을 하늘 이 끝에서 저 끝까지 사방에서 모으리라(마 24:31)

마지막 봄 절기인 오순절이 끝나고 바로 이어지는 절기는 나팔절입니다. 오순절과 나팔절 사이에 3개월의 시간이 있는데 이 시간은 열매가 익기를 기다리는 시간이자 메시아의 오심을 준비하며 기다리는 시간입니다. 오순절 이른 비와 같은 성령강림과 함께 온 열방이 예수님의 이름으로 영생 안으로 들어올 수 있는 길이 열렸습니다. 예수님의 지상 강림이 있기 전까지 열방은 추수를 위해 준비되고 있고, 이제 마지막 날에 이스라엘이 메시아이신 예슈아에 대한 계시가 열리면 늦은 비와 같은 성령강림이 부어지면서 이스라엘과 열방에 대대적인 추수가 일어날 것입니다. 그리고 하늘 나팔소리와 함께 우리는 공중으로 끌어올려져 갈 것입니다.

욤 키푸르, 지상 재림의 날

나팔절을 지나 경외의 날 10일을 지나면 샤밧 중의 샤밧, 가장 큰 샤밧, 아무것도 하지 않을 뿐 아니라 스스로를 괴롭게하여 하나님 앞에 머무는 날, 대속죄일이 됩니다. 이 날은 하나님 앞에서 두렵고 떨림으로 회개의 시간으로 보내는 '경외의 날들'의 마지막 날이자, 가장 거룩한 날입니다. 대제사장은 일년에 하루, 대속죄일에 가장 거룩한 곳인 지성소로 들어갑니다. 대속죄일 하루 동안 모든 회중이 온전하게 금식하며 회개하면서 하나님 앞에 겸비합니다. 그리고 대속죄일이 끝나는 시간에 100번의 나팔이 불릴 때 이 나팔은 희년의 나팔이 되어 완전한 자유와 회복을 선포합니다.

대속죄일은 인류에게 죄를 가지고 들어온 아사셀(아자젤)에게 모든 죄의 근원을 돌리고 죄로부터 완전히 분리되는 날이자, 만왕의 왕이신 메시아가 공중에서 예루살렘으로 강림하셔서 동문으로 들어가시는 날이며, 요한계시록 19:11-21이 이루어지는 날입니다. 예슈아는 먼저 심판의 보좌에 앉으셔서 이스라엘을 열국 중에 흩고 예루살렘을 나누었던 자들을 심판하실 것입니다(욜3:2). 그리고 상급 심판을 진행하실 것입니다.

DAY 6 레23:33-44

수콧, 메시아닉 킹덤

대속죄일 5일 뒤에 수콧סֻכּוֹת, 장막절이 시작됩니다. 히브리어 수콧은 '초막, 장막, 피난처'라는 의미로 하나님은 수콧에 모든 이스라엘 백성이 광야 생활 40년 동안 장막 생활했던 것을 기억하며 모든 가정에 장막을 짓도록 명하셨습니다. 광야에서 그들은 비록 장막 생활을 했지만 하나님이 거하시는 처소, 미쉬칸이 늘 그들 가운데 있어 하나님과 함께하는 삶을 살았습니다. 하나님이 이스라엘 백성에게 수콧에 장막을 치도록 명하신 또 다른 이유는 그들을 인도하셨던 광야의 삶을 기억하라는 의미를 넘어서 그들 가운데 함께 하셨던 하나님의 장막을 기억하라는 의미이기도 합니다. 또한 광야에서 함께 했던 하나님의 장막이 이 땅에 영원한 장막으로 세워지고 하나님의 통치가 영원히 이뤄질 것임을 소망하라는 뜻이기도 합니다. 이 절기 동안 유대인 가족들은 장막 안에 모여서 땅의 유한한 장막이 아닌 하늘의 영원함을 사모하는 의미로 전도서를 읽습니다.

하나님의 영원한 장막이 세워질 성산, 예루살렘에 왕의 보좌가 세워지면 예루살렘에서부터 율법과 말씀이 열방으로 가르쳐지고 선포될 것입니다. 그래서 하나님은 수콧에 이스라엘뿐 아니라 모든 열방이 모이게 될 것이라고 말씀하십니다.

> 예루살렘을 치러 왔던 이방 나라들 중에 남은 자가 해마다 올라와서
> 그 왕 만군의 여호와께 경배하며 초막절을 지킬 것이라(슥14:16)

이스라엘과 열방이 한 왕을 섬기면서 새로운 시대가 시작될 것입니다. 그러므로 수콧은 메시아닉 킹덤 즉, 천년왕국을 예표합니다. 천년왕국에 영원한 의와 통치의 시대가 시작됩니다. 그래서 수콧은 모든 열방이 함께 누리는 기쁨과 축제의 절기입니다. 메시아가 오시면서 땅과 하늘이 하나되고 육체적으로 영적으로 분리되었던 모든 것이 다시 하나가 되면서 샬롬이 온전히 이루어집니다.

7일의 수콧이 끝나고 8일째, 하나님은 대회(큰 거룩한 성회)로 하나님 앞에 모이도록 명

하십니다(레23:36). 이 여덟 번째 날을 쉐미니 아쩨렛 שְׁמִינִי עֲצֶרֶת이라고 부릅니다. 7일의 수콧이 메시아닉 킹덤, 7천 년째 이 땅에 이뤄지는 땅의 샤밭의 시간이라면 제8일은 완전한 새 하늘과 새 땅, 영원의 시간이 시작되었음을 의미합니다. 또한 이 날 모든 회당에서는 심할 토라 שִׂמְחַת תּוֹרָה(토라의 기쁨)라고 부르며 토라의 말씀으로 살아온 한 해를 보내면서 다시 새롭게 토라로 한 해를 시작합니다. 새 하늘과 새 땅에서 토라는 완전하게 완성될 것입니다. 토라이신 하나님이 토라로 만물을 창조하셨고 토라로 만물을 완성하실 것입니다. 그래서 심할 토라는 말씀으로 완성되는 충만한 기쁨의 날을 미리 맛보는 시간입니다.

진실로 너희에게 이르노니 천지가 없어지기 전에는 율법의 일점 일획도
결코 없어지지 아니하고 다 이루리라(마 5:18)

DAY 7 레24:1-23

등잔불과 진설하는 떡 - 성령과 말씀

하나님 앞에서 대대로 지킬 영원한 규례가 있습니다. 그것은 성소의 등잔불을 항상 켜 있게 할 것과 떡 12개가 진설대에 항상 있어야 하는 것입니다. 이것은 영원한 규례이며 영원한 언약입니다(레24:3,8).

등잔불, 메노라는 캄캄한 성소 안의 유일한 빛입니다. 우리 속사람 안의 영을 밝혀 줄 수 있는 유일한 빛은 성령의 빛입니다. 이 빛을 계속 유지하기 위해 제사장은 2가지 일을 매일 했습니다. 첫 번째는 백성이 가져온 감람으로 찧어낸 순결한 기름으로 매일 등잔대를 채워 빛이 꺼지지 않게 하는 것이고, 두 번째는 등잔대 위의 등잔불을 항상 정리하는 것입니다(레24:4). 불타고 남은 심지를 청소해 주지 않으면 성소 안이 그을음으로 가득 차게 됩니다. 타고 남은 재, 찌꺼기들, 우리의 마음 속에 매일 남게 되는 찌꺼기들을 살펴보고 청소할 때 등잔대 위의 불이 깨끗하게 타오릅니다. 이 빛이 꺼지면 성소에는 어둠이 꽉 차게 됩니다. 하나님은 감람으로 찧어낸 순결한 기름을 이스라엘 자손이 가져오게 하시고, 그 기름

으로 등잔불을 켜고 재를 정리하는 일을 제사장에게 맡기십니다. 백성과 제사장이 함께 섬길 때 성소의 불이 꺼지지 않고 계속 타오릅니다. 우리 몸은 하나님의 거룩한 성전입니다. 이 성전을 비추는 등잔대의 빛이 꺼지지 않기 위해 매일 성령의 기름으로 채우고 매일 회개와 정결함을 위한 기도를 잊지 말아야 합니다. 이것은 예배를 통해서 이루어집니다. 그러므로 예배의 삶이 곧 빛을 비추고, 정결하게 되는 삶입니다.

진설병은 떡 12개를 거룩한 상 위에 올려놓는 것입니다. 그리고 정결한 유향을 떡 위에 둡니다(레24:5-7). 12지파를 상징하는 12개의 떡은 하나님이 모두를 기억하시고 모두에게 말씀으로 먹이신다는 것을 의미합니다. 영원히 말씀이 떠나지 않도록 진설의 떡을 항상 올려두라고 하십니다. 먹을 음식이 없이는 우리의 육체가 생명을 유지할 수 없듯이 말씀이 없이는 우리 영의 생명이 유지될 수 없습니다. 생명은 말씀으로부터 옵니다. 말씀은 생명이고 예슈아입니다(요1:1). 그러므로 진설의 떡이 우리 삶에 항상 있게 하기 위해 우리는 말씀과 생명이신 예슈아를 붙들어야 합니다. 진설의 떡은 히브리어로 레헴 파님לֶחֶם פָּנִים이라고 하는데 이것은 '얼굴(임재)의 떡'이라는 뜻입니다. 얼굴은 하나님의 얼굴이면서 하나님의 임재를 뜻합니다. 우리가 하나님의 말씀을 먹을 때 하나님의 임재를 누립니다.

성소의 등잔대에 매일 성령의 신선한 기름을 채워 그 빛이 꺼지지 않게 하고, 하나님의 얼굴을 구하며, 그 말씀을 향하는 자는 자신을 지켜 거룩하게 할 것입니다. 성령의 빛이 매일 나를 비추고 나의 주변을 비추고 있기에 어둠과 부정함이 가까이 오지 못할 것이며 하나님의 얼굴과 그 말씀이 은혜와 평강 가운데 나의 삶을 붙들고 있기에 흔들리지 않고 견고할 것입니다.

우리는 하나님의 킹덤에서 왕 같은 제사장입니다. 그것은 지금부터 시작되는 것입니다. 주님이 오신 다음에 시작되는 것이 아니라 지금부터 나는 이미 왕 같은 제사장으로 사는 것입니다. 그러므로 섞이지 말고 철저하게 구별되어야 합니다. 하나님께 속하지 않은 생각과 말들은 하지 않겠다고 결정해야 합니다. 내가 섞이면 다 더러워진다는 것을 인식해야 합니다. 원수에게 문을 열어주지 말아야 합니다. 문으로 더러운 것들이 들어오지 못하게 하려면 등잔대의 빛을 성령의 기름으로 항상 켜두고 진설의 말씀의 떡을 항상 내 안에 두어야 합니다. 그렇게 할 때 우리는 제사장의 직분을 감당하고 많은 백성들을 주님과 영원한 사귐이 있는 잔치 자리에 초대할 수 있습니다. 주님이 우리에게 이 모든 것을 말씀해 주신 이유는 영생을 주기 위함입니다.

하프타라 겔44:15-31

제사장 역할의 회복과 그 영광을 이어받을 자들

에스겔 44:23-24에서 주님은 제사장들을 향해 이렇게 말씀하십니다.

> 내 백성에게 거룩한 것과 속된 것의 구별을 가르치며(야라יָרָה), 부정한 것과 정한 것을 분별(야다יָדַע)하게 할 것이며 송사하는 일을 재판하되 내 규례(미쉬파트מִשְׁפָּט)대로 재판할 것이며 내 모든 정한 절기에는 내 법도(토라תּוֹרָה)와 율례(후카חֻקָּה)를 지킬 것(샤마르שָׁמַר)이며 또 내 안식일(샤밭שַׁבָּת)을 거룩(카도쉬קָדוֹשׁ)하게 하며…

제사장이 가르쳐야(야라יָרָה) 할 것은 거룩한 것과 속된 것입니다. 이 말은 하나님께 속한 것과 세상에 속한 것을 구별하는 것입니다. 또한 정한 것과 부정한 것을 분별(야다יָדַע) 하는 것을 가르쳐야 합니다. 여기서 분별이라는 단어는 야다라는 말로 쓰였는데 이것은 아는 것입니다. 이것은 체험하고 배워서 아는 것이고, 인식하는 것(perceive)이며, 어떤 것이 옳다고 인정하는 것(acknowledge)입니다. 제사장은 하나님의 킹덤의 규례와 말씀을 배워서 아는 자이고 이것을 삶으로 살아내어 체득하고 인식하는 자이면서 동시에 무엇이 옳은지 아는 자여야 합니다.

제사장은 하나님의 규례대로(미쉬파트מִשְׁפָּט) 재판해야 합니다. 이것은 하나님의 기준으로 하는 모든 판결을 말합니다. 제사장이 하나님에게 중심이 있지 않고 자기 자신에게 있거나 세상의 관점으로 한다면 온전한 재판을 행할 수 없습니다. 제사장은 오직 하늘의 입장만을 가져야 합니다.

에스겔을 통해 하나님은 성전의 회복을 말씀하시면서 동시에 제사장들의 역할을 말씀하십니다. 특별히 성전이 회복될 때 하나님은 레위 제사장들 가운데서도 사독 자손이 수종을 들것이라고 말씀하십니다(겔44:15). 이스라엘 족속이 그릇 행하여 하나님을 떠날 때 사독의 자손들은 성소의 직분을 지켰기 때문입니다. 사독은 레위의 세 아들 중 고핫 자손의 후예입니다. 고핫 자손은 성막을 섬김에 있어 가장 거룩하고 중요한 성소의 물건들을 몸으로 나르는 일을 감당했던 자손입니다. 그들은 가장 거룩한 영역에 닿았던 사람들입니다. 고핫의 아들은 아므람이었고, 아므람은 아론과 모세를 낳았습니다. 아론은 대제사장으로서의 역할을 감당했고 아론의 아들인 엘르아살에게로 그 장자권이 이어졌으며(나답과 아비후가 죽었기 때문에) 엘르아살의 아들은 하나님의 분노를 잠재우게 한 비느하스였습니다. 바로 이 비느하스의 후예가 사독입니다. 사독은 다윗 왕을 끝까지 섬겼으며 아도니야가 반역할 때 그곳에 끼지 않았고 솔로몬이 왕이 될 수 있도록 도왔습니다. 하나님은 비느하스에게 영원한 제사장 가문의 언약을 주셨고 그 언약은 사독에게로 이어지며 지켜집니다. 비느하스에게 흐른 공의로운 영적 DNA가 끝까지 자손들에게 이어지는 것을 봅니다. 그래서 하나님은 사독의 자손들을 향해 평가하시길 모두가 하나님을 떠날 때 그들은 끝까지 성소의 직분을 지켰다고 하십니다.

반면 사무엘상의 엘리 제사장 가문은 하나님의 심판을 받습니다. 제사장으로 하나님을 가장 우선 순위에 두어야 할 엘리는 아들들을 잘 훈육하지 못하여 그들이 하나님의 성소와 예물들을 경홀히 여기는 것을 방관합니다. 그래서 하나님은 그 가문가운데 태어날 자들은 젊어서 죽을 것이며 노인이 없을 것이라 하셨습니다(삼상2:32-33). 실제로 엘리 가문의 제사장들은 반역에 동참하거나(아비아달) 좋지 않은 일에 연관되어 직분을 끝까지 수행하지 못하게 됩니다.

똑같이 하나님을 섬기는 제사장 가문이었지만 하나님이 맡기신 일을 감당하기 위해 끝까지 자신을 구별하고 하나님을 따르는가에 따라 완전히 다른 결과가 생겼습니다. 똑같이 하나님을 예배하고 교회를 섬기지만 하나님이 맡기신 일을 따라가는지, 사람들이 좋아하는 일을 따라가는지에 따라 그리고 누구의 입장에 서느냐에 따라 그 결과는 달라질 것입니다. 하나님의 영원한 성전에서 하나님이 맡기신 직분을 수행하게 되는 영광은 모두가 하나님의 말씀으로부터 멀어질 때에도 끝까지 그 말씀을 따르며 자기에게 맡겨진 직분을 지키던 자들에게 맡겨질 것입니다.

브리트 하다샤 눅14:12-24 / 마26:59-66

킹덤의 잔치

누가복음 14장에 이 잔치(기쁨의 절기들)에 초대하는 주인의 초대를 거부하는 사람들이 나옵니다. 사업 때문에, 돈 때문에, 자기가 생각하기에 더 중요한 일이 있다고 생각하는 사람들은 이 초대를 거부합니다. 주인은 아무 곳이나 나가서 강권하여 집을 채우라고 합니다. 하나님의 잔치에 참여하기 위한 조건은 그분의 초대에 응하는 것과 예복을 준비하는 것입니다. 하지만 마음이 굳어 있고 종교의 영에 지배를 받으며 물질에 사로잡혀 있는 사람은 이 거룩한 초대에 응할 수가 없습니다. 땅도, 소도, 결혼도 모두 하나님이 주신 것입니다. 그런데 하나님보다 하나님이 주신 그 작은 것 하나에 집착하여 하나님의 초대를 거부한다면 하나님의 마음을 모르는 것입니다. 하나님은 우리가 이 땅에서 사는 동안 필요한 모든 것을 주십니다. 그리고 더 아름답고 귀한 것을 주시기 위해 우리를 영원으로 초대하십니다. 주님과 함께 누리자고 하십니다. 이것이 영생입니다. 한시적인 삶에 매이지 말고 영원으로 들어오라고 하시는데 그것을 거부하는 이유가 고작 땅과 소입니다.

여호와의 절기는 하나님이 마련하신 영원을 누리는 잔치입니다. 모두 그 잔치에 초대받았습니다. 하나님이 초대하신 잔치 자리는 우리를 괴롭게 하고 고민스럽게 하려고 만든 자리가 아닙니다. 영원을 누리는 잔치 자리에 더 많은 주의 백성들이 초대에 응하여 하나님 나라를 소유하는 기쁨을 누리길 원하시는 것이 하나님의 마음입니다.

에모르 주간의 말씀

1. 제사장이 거룩해야 하는 가장 중요한 이유는 그들이 하나님이 거하시는 거룩한 성소에 닿는 자들이기 때문입니다. 하나님이 거하시는 성소는 이 땅에 있지만 하늘의 영역입니다.

2. 먹는 것은 존재를 결정합니다. 음식을 먹는 것이나 생각과 가치관을 받아들이는 것이 모두 먹는 것으로 표현될 수 있습니다. 음식은 몸을 위해서 먹는 것이고 생각과 가치관은 우리의 혼을 위해 먹는 것입니다. 무엇을 먹었느냐에 따라서 우리의 영이 영향을 받습니다.

3. 태초부터 우리의 구원을 계획해 놓으신 하나님의 시간에 정확하게 일어나야 할 일들이 일어났고, 일어날 것입니다. 구속을 향해 하나님이 셋팅해 놓으신 시간, 그것이 절기, 모아딤입니다.

4. 하나님이 절기를 우리에게 가르쳐 주신 이유 중 두 번째는 '리허설'입니다. 모든 인류의 역사가 마쳐지고 완전한 구원이 최종 성취되면서 하나님의 킹덤으로 들어갈 때 그 마지막 날에 있을 일을 우리로 하여금 미리 행하고 맛보게 하기 위해 정하신 약속된 시간이 절기입니다.

5. 샤밭에 우리가 기억해야 할 것은 두 가지 입니다. 하나는 하나님이 세상을 창조하셨을 때 6일의 시간은 우리에게 주셨고, 제7일 샤밭은 거룩하게 하셔서 이 시간은 온전히 하나님께 속해 있다는 것(출20:11), 다른 하나는 이집트에서 자신의 백성을 강한 손과 편 팔로 이끌고 나오셨을 때 안식일을 지키도록 명령하셨다는 것입니다(신5:15).

6. 샤밭에 기억해야 하는 한 가지가 더 있습니다. 그것은 미래적인 것으로 샤밭이 앞으로 올 세상, 천년왕국을 예표하고 있다는 것입니다. 처음 주신 모에드인 샤밭은 곧 역사의 마지막에 완성될 것입니다.

7. 유월절 그 밤에 희생제물로 잡힌 어린 양의 피는 예슈아의 죽음을, 초실절은 예슈아의 부활을, 무교절 제7일에 홍해를 건넌 장면은 성도들의 첫째 부활과 휴거를 예표합니다.

8. 예수님은 안식일이 끝나고 새로운 한 주가 시작되는 첫 날 무덤에서 일어나 부활하셨고, 그 날은 첫 열매를 드리는 초실절이었으며, 그렇게 주님은 하나님이 정하신 약속된 시간에 모든 잠자는 자들의 첫 부활의 열매가 되셨습니다(고전15:20).

9. 시나이 산에서 토라를 받던 그 날 이스라엘 백성이 보았던 하나님의 영광의 임재, 구름, 진

동, 불길이 시온 산 예루살렘 성전에서 토라를 읽으며 기도하던 예수님의 제자들에게 급하고 강한 영적 기류의 변화와 진동 그리고 불가운데 높은 하늘이 직접 내려왔습니다.

10. 나팔절은 7가지 의미를 가지고 있습니다: 왕의 대관식, 회개, 전쟁의 경고, 숫양의 뿔, 여호와의 크고 두려운 날, 첫째 부활, 흩어졌던 모든 자들이 모임, 휴거

11. 욤 키푸르에 예슈아는 이 땅에 강림하셔서 새로운 통치를 시작하실 것입니다. 그분은 심판의 책을 펴시고 만국을 심판하실 것입니다.

12. 수콧에 메시아닉 킹덤이 시작되면서 메시아는 의와 평강으로 온 땅을 통치하실 것입니다. 7일의 수콧이 끝나면 8일째, 첫 창조에 속한 모든 것이 사라지면서 새 하늘과 새 땅, 영원이 시작될 것입니다(쉐미니 아쩨렛).

13. 하나님 앞에서 대대로 지켜야 할 영원한 규례가 있습니다. 그것은 성소의 등잔불을 항상 켜 있게 할 것과 떡 12개가 진설대에 항상 있어야 할 것입니다. 이것은 영원한 규례이며 영원한 언약입니다(레24:3,8). 성소의 등잔불인 성령, 12개의 진설의 떡인 말씀, 하나님은 성령과 말씀으로 영원히 우리가 주님이 거하시는 성소가 되게 하십니다.

에모르 주간의 선포

1. 나를 하늘의 영역에 닿는 제사장으로 불러주신 하나님 감사합니다. 하나님의 거룩함을 나타내야 할 제사장으로서 나에게 분별을 더하셔서 먹는 것, 입는 것, 나에게 접촉되는 모든 것이 거룩하게 되도록 나 자신을 지켜 정결한 자 되게 하소서.

2. 일 년의 시간 사이클에 하나님의 구속의 시간을 예비해 주시고, 그 시간을 통해 성취하실 모든 말씀들을 미리 경험할 수 있게 해 주신 은혜를 찬양합니다. 교회 안에 하나님의 시간을 보지 못하게 가로막는 학문과 신학의 교만함을 부서뜨리고 마지막 때를 향한 말씀의 계시들이 열려 신부로 단장되는 교회되게 하소서.

3. 내 안에, 내 삶에, 내 가정에, 내 공동체에, 내 나라에 성소의 등잔대의 불을 지키고, 진설대에 떡을 늘 준비하는 자 되게 하소서. 성령과 말씀으로 채워주시고 하나님의 임재로 가득 채워주소서.

32주간

בְּהַר

BEHAR

베하르, 산에서

파라샤 **레25:1-26:2**

하프타라 **렘32:6-27**

브리트 하다샤 **눅4:16-21 / 눅4:14-22**

DAY 1 레25:1-7

땅의 샤밭, 안식년

하나님은 사람을 쉬게 하시듯 땅을 쉬게 하십니다. 왜냐하면 사람이 하나님으로부터 나와서 하나님께 속해있듯이 땅도 하나님께 속해있기 때문입니다.

토지는 다 내 것임이라(레25:23)

하늘을 다스리시는 하나님은 땅도 다스리십니다. 다만 땅의 영역을 사람에게 맡기신 것입니다. 그러나 사람은 죄로 인해 자기 몸을 더럽혔고 땅도 더럽히기 시작했습니다. 그래서 하나님은 자신의 백성들이 구별되게 살 수 있도록 몸을 거룩하게 관리하는 방법을 가르쳐 주셨고 마찬가지로 땅을 건강하게 관리하는 방법도 가르쳐 주셨습니다.

그 첫 번째 방법은 사람이 6일의 노동을 하고 7일에 샤밭 하듯이 6년간 열매를 내기 위해 수고한 땅을 7년째 쉬게 하는 것입니다. 땅은 생명을 낳고 자라게 합니다. 그 생명을 사람에게 주어 사람이 생명을 유지하게 합니다. 사람의 생명을 유지하기 위해 땅도 노동을 합니다. 그래서 하나님은 사람을 위해 수고한 땅을 쉬게 하시고 7년째에는 땅에 파종도 하지 말고 가꾸지도 말라고 말씀하십니다. 이렇게 땅을 쉬게 하는 이유는 땅도 쉬어야 계속 사람을 위해 열매를 낼 수 있기 때문입니다. 사람이 7일째 쉼을 통해 회복과 새로운 사이클을 시작하듯이, 땅도 7년째 쉼을 통해 회복과 신선한 열매 맺음으로 나아갑니다. 7일째 안식일이 사람의 쉼과 회복을 위한 사이클이라면, 7년째 안식년은 땅의 쉼과 회복을 위한 사이클입니다. 쉼과 회복을 통해 하나님의 완성을 향해 나아가도록 하십니다. 그러므로 샤밭은 회복과 재창조를 위한 하나님의 은혜의 시간이며 완성을 위한 시간입니다.

레위기 25:2에서 말씀하는 안식년 규정이 땅에 대한 규정이긴 하지만 정확하게는 그 땅, 하아레쯔הָאָרֶץ라고 말씀하십니다. 하나님이 너희가 들어가서 살게 될 '그 땅, 하아레쯔 הָאָרֶץ'라고 말씀하실 때 그 땅은 약속의 땅 곧 이스라엘이며 우주의 중심인 예루샬라임을 말합니다. 광야의 땅에서는 안식년에 대한 규례가 없었습니다. 이 규례는 '그 땅, 하아레쯔 הָאָרֶץ'에서 적용되는 것입니다. 하나님이 '그 땅'이라고 강조하신 이유는 '그 땅'을 태초부터 특별히 구별하셨고 '그 땅'을 통해 하나님의 킹덤의 영역이 확장될 것을 계획하셨기 때문입니다. 그 구별된 땅을 통치의 중앙 수도로 삼으시고 온 땅을 통치할 것이기 때문입니다. 그래서 하나님은 사람에게도 땅에게도 구별된 시간을 허락하셨습니다. 멈춤을 통해 하나님의 창조를 기억하고 쉼을 통해 회복을 거쳐 더 새로움으로 나아가고 새로운 열매를 맺을 수 있게 하기 위해서입니다. 새로움을 위한 멈춤의 시간이 샤밭입니다. 또한 샤밭은 우리가 할 것이 아무것도 없고 하나님의 주권을 인정하며 주님의 통치를 누리는 시간입니다. 자칫 우리가 땅의 소출에 묶이고 재산에 묶이고 일에 묶여 노예가 되지 못하도록 샤밭을 통해 진정한 자유가 무엇인지를 맛보게 하십니다. 그래서 샤밭에 쉬어도 하나님이 준비해두신 더블 포션의 은혜로(금요일 새벽에는 두 배의 만나를 거둘수 있도록 내려주셔서 사밭을 준비하게 하심) 우리는 우리의 노력에 의한 것이 아닌 하나님의 공급하심으로 풍성하게 살 수 있음을 경험하게 됩니다.

7번째 날의 샤밭을 위해 전날 2배의 은혜를 준비해 주시는 것처럼 하나님은 땅의 7번째 해의 샤밭을 위해 그전 해인 6번째 해에 3년 동안 먹을 음식을 넉넉하게 주겠다고 약속하십니다(레25:21). 6번째 해에 먹을 음식과 7번째 해에 먹을 음식, 또 7번째 해에 파종을 하지 않았기 때문에 8번째 해에 씨를 뿌려도 거두는 시간이 있기까지 여전히 소출이 없기에 그 해까지 먹을 수 있는 것을 공급하겠다고 약속하십니다. 7번째 해에 땅에 파종도 하지 않고 소출도 없으면 무엇을 먹으며 살까 염려할 수 있지만 하나님의 말씀을 온전하게 신뢰함으로 순종할 때 하나님은 3년 동안 먹을 것을 책임져 주시는 은혜를 경험하게 하십니다. 그러므로 샤밭은 하나님이 책임져 주신다는 믿음과 내가 하지 않고 하나님이 하신다는 믿음의 훈련을 갖게 하는 시간이기도 합니다. 세상의 논리로 볼 때 일을 멈추면 그만한 대가를 받을 수 없고 원하는 결과를 얻을 수 없기 때문에 샤밭이라는 시간은 없어지고 닳아버리는 시간이 될 것 같지만 하나님의 관점에서는 모든 것을 책임져 주겠다는 약속이자 하나님이 이미 주신 것을 더 풍성히 누릴 수 있게 해주는 시간입니다.

하나님은 만드신 모든 것을 소중하게 여기며 사랑하셨습니다. 그러나 사람들은 땅이 주는 소출과 열매로 탐욕을 부렸고 그 탐욕으로 땅을 더욱 괴롭게 하였습니다. 사람의 탐욕을 알고 계신 하나님은 땅을 함부로 주고받거나 팔지 못하도록 정확한 경계를 정해주셨습니다. 땅과 땅에 있는 충만한 것과 세계와 그 가운데 있는 자들은 다 여호와 하나님의 것입니다(시24:1).

처음으로 구별하신 땅은 이스라엘이고, 처음으로 구별하신 사람들은 이스라엘 백성이며, 처음으로 구별하신 시간은 샤밭입니다. 그러나 이것은 특권이 아니고 시작입니다. 시작이 있다는 것은 끝이 있음을 의미합니다. 땅과 사람은 샤밭이라는 시간의 패턴을 통해 하나님을 기억하고, 모든 역사의 주관자이신 하나님에 의해 완성될 것입니다. 멈춤과 회복을 통해 완성을 향해 나아가는 것, 이것이 안식일, 안식년(샤밭)의 의미입니다.

DAY 2 레25:8-17 / DAY 3 레25:18-22

모든 것을 원상태로 돌리시는 희년의 은혜

땅과 사람을 회복시키기 위해 하나님이 선포하신 또 하나의 시간은 '희년'(요벨יוֹבֵל)입니다. 희년은 시간뿐 아니라 땅이라는 공간의 회복을 포함합니다. 7년의 안식년을 7번을 지나면 49년이 되고, 다시 49년의 주기가 시작하는 첫 해인 50번째 해를 하나님은 희년으로 선포하라고 하십니다. 50번째 해인 희년은 모든 것이 제자리로 돌아가는 시간입니다. 사람도 땅도 원래대로 회복되고 다시 시작하게 됩니다. 그래서 희년에는 땅, 가옥, 돈, 사람의 몸까지 모든 것이 회복됩니다. 하나님은 땅은 내 것이라고 말씀하십니다(레25:23). 또한 이스라엘 백성은 나의 종이라고 말씀하십니다(레25:55). 하나님은 처음부터 구별하신 땅 이스라엘을 돌보고, 가꾸고, 다스릴 구별된 백성으로 이스라엘 백성을 삼으셨습니다. 그래서 그들을 내 땅에 거주하며 나를 섬기는 나의 종이라고 말씀하십니다. 그러나 살다 보면 어쩔 수 없이 자기 소유를 팔고, 빚도 지다가 몸까지 종으로 팔리게 되는 상황이 생깁니다. 하나님은 하나님이 구별하신 땅과 사람들이 이런 묶임과 노예 상태에 계속 있지 않도록 하고 하나님의 자녀들이 자유를 얻게 하기 위해 모든 상황을 다시 원점으로 돌리는 시간인 희년을 허락하셨습니다. 그래서 희년은 놀라운 자유와 해방의 해입니다.

희년이 선포되는 날은 50번째 해의 대속죄일입니다. 금식하며 스스로 괴롭게하는 안식일 중에 안식일인 대속죄일이 끝나는 저녁 무렵에 전국에서 뿔나팔이 불리면서 자유와 해방이 선포됩니다. 대속죄일은 아사셀(아자젤)에 의해 들어온 인류 죄악의 근원을 다시 아사셀(아자젤)에게 돌려보냄으로써 죄악으로부터 분리의식이 집행되는 날입니다. 우리의 죄를 하나님이 덮어주실 뿐만 아니라 죄악으로부터 완전하게 분리시켜 주십니다.

예슈아는 초림의 사역 때 이미 각 개인에게 희년을 선포하시고 희년을 적용해 주시며 공생애를 시작하셨고(눅4:19) 재림 때 인류와 지구를 위해 희년을 완성하실 것입니다. 또한 예수님은 대속죄일에 재림하심으로 완전한 희년을 선포하실 것입니다. 레위기 25:9에서 '뿔나팔 소리를 내라'고 할 때 뿔나팔은 요벨יוֹבֵל이라는 단어인데 이것이 희년을 뜻합니다. 희년, 요벨יוֹבֵל은 숫양의 뿔이라는 뜻을 가지고 있습니다. 요벨יוֹבֵל은 야발יָבַל이라는 단어에서 파생되는데 야발יָבַל은 '나르다, 가져오다, 혹은 앞장서서 인도하여 데리고 들어가다'는 뜻을 가집니다. 또 '흐르다'는 뜻도 있습니다. 예슈아는 희년에 희년의 뿔나팔이 울릴 때 앞장서서 인도하여 당신의 왕국으로, 회복된 에덴-동산으로 우리들을 데리고 들어가실 것입니다.

DAY 4 레25:23-34

게울라

희년의 법에 의해 50년째 희년이 되면 모든 것이 원래의 위치로 돌아가지만 희년이 아직 오지 않았는데도 희년의 법을(다시 되돌려주는 법) 적용할 수 있는 경우가 있습니다. 그것은 토지 무르기입니다(레25:24). 여기서 '무르다'라는 히브리어를 게울라גְּאֻלָּה라고 합니다. 게울라גְּאֻלָּה는 가장 가까운 혈연관계인 자가 희년의 때가 오기도 전에 대신 값을 지불하고 땅과 그가 원래 받은 유업을 되찾아 주는 것을 말합니다. 게울라는 구속(redemption 대신 값을 지불하고 되돌려줌)을 의미하며 토지 무르기나 기업 무르기라고 번역되기도 합니다. 또한 게울라의 의미에는 '원수 갚음'이라는 개념도 포함되어 있습니다.

그러므로 게울라는 예슈아의 초림 사역과 재림 사역 두 가지 모두를 포함한 의미를 가지고 있습니다. 아직 복음을 접하지 않은 자들도 모두 하나님의 형상으로 창조된 자들로서 하나님이 돌아오기를 기다리고 있는 자녀들입니다. 그래서 그들이 잃어버렸던 하나님의 자녀됨이라는 정체성을 다시 되찾아주어야 합니다(게울라גְּאֻלָּה). 그러므로 복음 선포는 곧 희년의 선포이자, 하나님의 자녀됨을 되찾아주는 것입니다. 이것은 개인적인 희년(구원과 자유의 날)으로, 예슈아는 초림의 사역을 통해 희년을 시작하셨습니다. 그래서 우리가 미리 구원과 자유, 해방을 맞이할 수 있게 하셨습니다. 또한 예수님이 재림하실 때 인류에게 죄가 들어오게 했던 모든 죄의 근원을 처리하시고 원수들에게 보복하심으로 인류와 온 지구, 우주를 완전히 회복하시고 새롭게 하실 것입니다.

하나님은 레위기 25:24을 통해 우리가 희년이 오기 전에 합법적으로 희년을 미리 경험할 수 있음을 알려주는 이러한 법적 제도를 두심으로 죽어서 천국가기 전에 땅에서 미리 하늘에 속한 것을 경험하며 우리가 잃어버렸던 것을 되찾을 수 있게 하셨습니다. 영적 권위와 물질적 복까지도 누리고 흘려보낼 수 있게 하셨습니다. 이것은 이미 시작되었고 우리에게 적용되는 것입니다. 그러므로 우리는 예수님이 오시기 전에 미리 희년을 누릴 수 있을 뿐 아니라 잃어버린 것을 되찾고 또 되찾아줄 수 있게 되었습니다. 때가 이르기도 전에 희년을 적용하여 자유와 해방을 선포하고, 잃어버린 것을 되찾아주는 사역, 이것이 희년 사역입니다. 또한 성령을 통해 우리에게 완전한 정체성과 하늘의 유업을 주시고 그 영으로 충만하여져서 하나님의 영으로 살아가고 기름부음 받아 때가 이르기 전에 미리 희년을 맛보게 해주는 사역자가 희년 사역자입니다. 예슈아는 희년의 사역을 보여주셨고 우리에게 그 일을 하도록 부르셨습니다. 그러므로 우리도 예슈아처럼 빼앗기고 종되어 잃어버린 자들에게 그들의 정체성과 그들이 잃어버린 것들을 다시 찾아주는 희년 사역자가 되어야 합니다. 그러나 삯군은 잃어버린 것을 되찾아주는 것이 아니라 오히려 빼앗는 자입니다.

희년에는 각 사람이 자기 기업으로 돌아가게 됩니다. 예슈아가 오심으로 희년으로의 초대와 적용이 본격적으로 시작되었습니다. 하늘의 권위와 권세의 기름부음을 받은 제자들은 증인이 되어 많은 영혼들에게 예수님을 증거하고 그들을 죄로부터 자유케 함으로 예수님이 하신 희년의 사역, 자유와 해방의 사역을 하였습니다. 그리고 이것을 통해 교회, 하나님의 킹덤이 확장되었습니다. 누가복음 4:19절에 은혜의 해 샤나트 라쫀 라아도나이לַיהוָה

שְׁנַת־רָצוֹן는 '여호와께 기쁘게 받아들여지는 해'라는 뜻을 가집니다. 즉, 이스라엘 땅으로부터 시작된 희년의 은혜가 모든 열방의 이방인들에게로 확장되는 것입니다. 이로 인해 지난 2,000년 동안 이방인들은 하나님의 킹덤으로 초대되었습니다.

미리 희년을 누리는 사람이 있고, 그 날이 되어서야 누리는 사람이 있습니다. 하나님의 킹덤은 죽어서 가는 것만이 아니고 이미(already) 우리 가운데 시작되었습니다. 하지만 또한 아직(not yet) 다 오지 않았습니다. 이미(already)는 개인적인 구원의 적용이며 아직(not yet)은 인류 전체적인 적용입니다. 예슈아는 십자가 대속으로 우리를 게울라, 속량해 주셨습니다. 이것은 초림의 게울라로써 때가 이르기 전에 개인에게 적용되는 게울라입니다. 재림 때의 게울라는 그분의 모든 백성에게 전지구적으로 적용될 것입니다.

치유하시고 회복하시며 죄로부터 구원하시는 예슈아께서 희년의 자유와 해방을 땅에 가져오셨습니다. 그리고 이것은 그분이 다시 오시는 날 온전히 이루어질 것입니다. 주님의 오심은 우리에게 영원한 희년입니다.

DAY 5 레25:35-38 / DAY 6 레25:39-46

네 형제가 가난하게 되거든

하나님은 이스라엘 백성이 약속한 땅에 들어가게 되면 모든 지파들에게 각 지파의 규모와 분량에 맞게 땅을 분배하고 살도록 명하셨습니다(레25:10, 자기의 소유지). 하지만 살다가 보면 빚을 지고 가난하게 될 수도 있고, 빚을 지다가 갚지 못하면 자신의 몸을 팔고 종이 되는 경우도 있다는 것을 아신 하나님은 같은 동족인 형제를 돌보고 살아야 한다고 말씀하십니다. 그 이유는 첫째, 하나님을 경외해야 하기 때문에(레25:36) 둘째, 하나님은 이스라엘 모든 백성의 하나님으로 이스라엘은 하나님이 특별히 택하신 하나님의 종이기 때문입니다(레25:42).

하나님은 하나님의 종으로 부름받은 이스라엘 백성이 탐욕과 이기심으로 형제들 사이에 서로를 빼앗고 갈취하기를 원치 않으셨습니다. 모든 열방이 보는 가운데서 하나님이 친히 이집트의 신들을 심판하시고 데리고 나오셨기 때문에 하나님은 이스라엘 백성이 하나님의 나라를 대표하는 자들로서 이방 민족들과는 다르게 살기원하셨습니다. 하나님은 이스라엘 백성이 다르게 사는 가장 중요한 것으로 하나님을 경외하는 삶, 하나님을 경외하는 마음으로 형제끼리 서로를 배려하고 돌보는 것을 가르치셨습니다. 하나님은 형제에게서 이자를 위하여 돈을 꾸어주지 말고, 이익을 위하여 양식을 꾸어주지 않도록 하심으로 형제의 재산을 필요 이상으로 갈취하지 않도록 하셨습니다(레25:36-37). 또한 같은 형제를 노예로 사고팔지 않음으로 하나님의 종된 백성으로서의 품위를 지켜주도록 하셨습니다.

하나님은 형제에게 선을 베푸는 것이 하나님을 경외하는 것이라고 말씀하십니다(레25:43). 다른 형제들보다 더 많은 재산과 힘을 가졌다고 해서 함부로 하지 않는 것, 또 같은 형제라 할지라도 리더나 상전의 위치에 있다면 그것을 존중하는 것이 하나님을 경외하는 것입니다. 리더나 상전의 위에 계신 분이 하나님이시고 하나님은 사람의 외모나 능력으로 차별하는 하나님이 아니시기 때문입니다(엡6:9). 다른 형제들보다 더 많은 힘과 권위를 가진 리더가 되었다면 그것을 주관하고 허락하신 하나님을 경외하는 마음으로 형제들을 돌보아야 하고, 어떤 상황에 의해 자신에게 주어진 것들을 잃어버렸거나 혹은 하나님이 섬기는 역할을 주셨다면 그것을 허락하신 하나님을 경외하는 마음으로 리더로 세워진 형제를 존중하고 섬겨야 합니다. 리더가 된 자나, 혹은 리더를 따르는 자 모두가 서로를 존중하는 마음이 필요합니다. 형제가 형제를 배려하고 돌보고 존경하는 모든 것은 하나님의 주권을 인정하는 마음, 하나님을 경외하는 마음으로부터 시작됩니다.

우리는 모두 하나님의 형상대로 지음받은 자들이고 하나님은 자신을 닮은 사람들이 서로를 존중하고 사랑하길 원하십니다. 형제가 가난하게 되었을 때, 다시 말해 형제가 힘을 잃었을 때 우상을 섬기는 자들, 우상의 권위 아래 있는 자들처럼 폭력적이고, 음란하며, 비인격적인 권위구조를 따르는 것이 아닌 형제가 다시 힘을 낼 수 있을 때까지 사랑하고 인내하고 지켜주는 것이 하나님의 백성으로서의 품위와 인격을 가진 모습입니다.

DAY 7 레25:47-26:2

이스라엘 자손은 나의 종들이 됨이라

이스라엘 자손들 중에 최악의 경우는 그들이 같이 거류하는 이방인(거류민이나 동거인)들 중 부유하게 된 자들에게 팔리는 경우입니다(레25:47). 이럴 때 하나님은 이방인에게 팔린 이스라엘 백성을 그의 친척들이 속량해 주도록 명하셨습니다(레25:48-49). 혹여 그들이 속량되지 못하면 희년에 이르러는 반드시 그들과 자녀들을 자유하게 해주도록 명하셨는데(레25:54) 그 이유는 이스라엘 자손은 하나님의 종이기 때문입니다(레25:55).

하나님과 하나님의 성전, 하나님의 백성을 섬기는 자들을 하나님은 따로 구별하셔서 그들이 하나님을 대신해서 이 땅을 다스리고 섬길 수 있게 하셨습니다. 열방 중에서는 이스라엘이 그런 부르심을 가진 민족이고, 이스라엘 백성 중에서도 제사장들이 더욱 거룩한 부르심을 가진 자들입니다. 하나님은 이스라엘 백성에게 거듭 그들을 이집트에서 직접 인도한 하나님의 종으로, 하나님은 그들의 하나님으로 선포하십니다(레25:55). 하나님은 하나님께 선택받은 자들에게 특별한 권위와 능력, 축복을 더하십니다. 특별한 축복을 받았다는 것은 그만큼 특별한 책임이 따른다는 말이기도 합니다. 또한 하나님은 자신이 택하신 사람들과 그들에게 주신 축복과 은사에 결코 후회하심이 없는 하나님이십니다. 그래서 하나님이 주신 것을 철회하지 않으십니다.

이스라엘 백성이 종이 될 수 밖에 없는 상황이 되었다 할지라도 반드시 희년에는 자유케 하신 것은 하나님의 백성들을 반드시 죄로부터 자유하게 하실 것이라는 예표입니다. 그러므로 하나님이 자신의 백성들에게 주신 가장 큰 축복은 자유입니다. 이집트(세상)의 압제 아래 노예로 사는 것이 아닌 하나님의 권위 아래 자유를 누리고 사는 것이 하나님이 자신의 백성들에게 주신 가장 큰 축복입니다. 그럼에도 불구하고 우리는 여전히 우리에게 남겨진 죄성으로 인해 죄의 멍에 아래 묶일 수 밖에 없는 자들이지만 이 또한 우리의 영원한 고엘, 구속자 되신 예수 그리스도로 말미암아 죄를 결박하고 완전한 자유를 누릴 수 있게 되었습니다. 그리스도께서 우리를 자유케 하시려고 자유를 주셨으므로 우리는 다시는 종의 멍에를 메지 말아야 할 것입니다(갈5:1). 그러므로 우리가 자유를 위하여 부르심을 입었기 때문에 그 자유로 육체에게 기회를 주지 말고 오직 사랑으로 종 노릇해야 합니다. 사랑으로 종 노릇하는 것은 모든 토라(율법)에서 말씀하고 가르쳐 주고 있는 것처럼 형제를 사랑하는 것입니다(갈5:13-14).

하프타라 렘32:6-27

땅을 괴롭게 하는 우상숭배

땅을 괴롭게 하는 것은 우상숭배입니다. 우상숭배가 행해질 때 그 땅은 더러워집니다. 우상숭배는 모든 음란과 탐욕과 묶임과 저주가 섞여 있습니다. 그래서 땅을 정결하게 하기 위해 하나님은 땅을 더럽힌 사람들을 '그 땅'에서 내쫓으셨습니다. 이스라엘 백성이 요단을 건너 가나안 땅에 들어왔을 때 가나안 족속들의 가증한 우상숭배와 악으로 인해 땅이 그들을 토해 버렸다고 했습니다(레18:25). 그래서 이스라엘 백성에게 땅을 사랑하고 잘 가꾸고 다스릴 수 있도록 맡기시고 법을 주셨는데 이스라엘 백성조차 이 명령을 지키지 못해 '그 땅'에서 쫓겨나야 했습니다. 예레미야는 바벨론이 이스라엘 땅을 차지하게 될 것이라고 예언합니다(렘32:3-5). 우상숭배와 몰렉에게 자녀를 바치는 등 온갖 악한 일로 땅을 더럽혔기 때문입니다.

그럼에도 예레이먀에게 하나님은 예언적 행동을 하게 합니다. 하나님은 예레미야에게 숙부 하나멜로부터 밭을 사서 증서를 가지고 있으라고 하십니다. 이렇게 다시 이 땅에서 너희가 새로운 것을 시작할 수 있도록 하겠다는 예언적 표시입니다. 그러나 예레미야는 다 망한 고국에서 어찌 이런 일들이 있을까라며 탄식합니다. 하지만 하나님은 "내게 할 수 없는 일이 있겠느냐"고 말씀하십니다(렘32:27). 안식년과 희년을 지키지 않은 연수를 하나님은 다 계산하시고 70년이라는 바벨론 포로기를 통해 땅이 충분히 쉬게 하셨습니다. 하나님이 70년이라는 포로의 시간을 주신 이유는 땅을 정결케 하고 자신의 백성을 돌아오게 하여 다시 시작할 수 있게 하시려는 것이었습니다. 안식년과 희년은 다시 시작할 수 있게 하시는 하나님의 은혜입니다.

하나님은 우상숭배로 땅을 더럽히지 말 것과 더불어 하나님의 시간인 샤밭을 지키며 하나님이 거하시는 성소를 경외하라고 말씀하십니다. 안식일은 하나님의 시간이며, 성소는 하나님이 거하시는 장소입니다. 하나님의 시간과 하나님의 장소를 지키는 것이 하나님의 규례와 계명을 지킬 수 있는 기초입니다. 그러나 하나님의 시간과 하나님의 장소 이 두 가지를 지키지 못할 때는 7배나 되는 벌이 임하게 될 것이라고 말씀하십니다(레26:18,21). 왜냐하면 이 두 가지를 지키지 못할 때 우상숭배가 쉽게 들어오기 때문입니다. 즉, 우상숭배 하지 않을 수 있는 장치이자 법이 하나님의 시간과 장소를 지키고 공경하는 것입니다. 우상숭배는 한 사람만 더럽히는 것이 아니라 결국 땅을 더럽히고, 하나님은 자신의 땅이 더럽혀지는 것을 보실 수 없기에 결국 땅을 잘 지키지 못한 백성들을 쫓아내서라도 땅을 강제로 쉬게 하실 것이라고 말씀하십니다(레26:35). 하나님이 이와 같이 땅을 중요하게 생각하신 이유는 하나님은 하늘에만 거하시는 것이 아니라 땅에도 거하실 것이며 결국 하늘과 땅을 하나되게 하실 것이기 때문입니다. 하나님에게 있어서는 하늘과 땅 모두가 소중합니다. 그래서 땅을 사람에게 맡기시고 잘 다스리라고 하신 것입니다. 그러므로 사람이 더럽혀지면 땅도 더럽혀지게 됩니다. 사람이 저주받으면 땅도 함께 저주받게 됩니다. 더럽혀지는 원인은 하나님을 떠나 우상숭배함으로 하나님의 질서를 거스르고 모든 것을 섞어 버리는 것 때문입니다.

이스라엘 백성은 제일 처음 구별된 하나님의 백성으로서 구별된 땅을 지키지 못했습니다. 그래서 하나님은 유대인이 다 지키지 못했던 것들을 하나님을 사랑하는 이방인들을 통해 새롭게 하실 것이라 말씀하십니다. 하나님을 사랑하는 이방인들은 성산으로 와서 하나님의 규례를 지키고, 섬기고, 안식일을 지켜 더럽히지 않으므로 하나님의 백성이 됩니다(사56:6-8). 그리고 예슈아를 메시아로 믿게 된 유대인들과 하나님의 법과 율례를 따르는 이방인들이 함께 하나가 되어 하나님의 거룩한 산에서 만왕의 왕이신 예슈아를 섬기게 될 것입니다.

브리트 하다샤 눅4:16-21 / 눅4:14-22

희년 사역자

예슈아는 공생애 첫 사역을 나사렛에서 이사야 61장의 희년을 선포하심으로 시작하셨습니다(눅4:16-21). 모든 것이 정렬되는 은혜의 해를 선포하심으로 질병과 재앙과 탐욕으로 물들어진 사람과 땅의 회복 사역을 시작하셨습니다. 희년은 의와 공평과 평강으로 다스려지는 하나님 킹덤의 모형입니다. 이것은 시간의 회복이자 공간인 땅의 회복이며 사람의 회복입니다. 예슈아께서 첫 사역을 시작하시면서 이사야 61장을 선포하실 때 은혜의 해까지만 읽고 선포하셨습니다(눅4:19). 이사야 61장에서는 기름부음 받은 자가 은혜의 해뿐만 아니라 신원의 날 즉, 보복하여 원수 갚아 주시는 날을 선포할 것이라 말씀합니다. 그러나 예슈아는 자신의 사역을 시작하면서 은혜의 해는 선포하셨지만 신원의 날은 말씀하지 않으셨습니다. 왜냐하면 예슈아의 초림부터 재림 직전까지는 모든 이에게 구원의 기회가 주어지며 예슈아를 믿음으로 고백하는 이들은 은혜로 하나님 나라에 받아들여질 것이기 때문입니다.

예슈아의 재림 사역 때에 그분은 신원의 날을 선포하실 것입니다. 신원의 날은 '여호와의 크고 두려운 영화로운 날'에 하실 사역이기에 예슈아는 초림의 초기 사역에 은혜의 해만 선포하신 것입니다. 그래서 우리는 여전히 은혜의 해에 살고 있습니다. 기름부음 받은 메시아의 이 두 가지 사역은 이사야 61:2에서 접속사 하나의 간격을 두고 있지만 시간적으로는 약 2천 년이라는 긴 시간 간격이 있습니다. 긴 은혜의 해가 지나고 신원의 날이 이제 곧 올 것입니다. 그 날이 오기 전에 아직도 구원의 기회가 모두에게 주어져 있습니다. 그래서 우리는 예슈아처럼 은혜의 해를 선포해야 합니다. 사탄과 사탄을 따르는 악한 자들의 창궐로 예슈아를 믿는 의인들은 고통을 당하게 되겠지만 예슈아가 오기 전까지는 악인들에게도 여전히 은혜가 있습니다. 그러나 우리는 이제 '여호와의 신원을 날'을 선포해야 할 마지막 때에 가까이 이르렀습니다.

예슈아의 사역은 희년 사역이었습니다. 눈 먼 자의 눈이 회복되어 다시 볼 수 있게, 눌린 자들, 묶인 자들을 자유롭게, 마음이 상한 자를 치유하심으로 영, 혼, 육의 온전한 회복을 가져오셨습니다. 희년은 모든 것의 회복입니다. 물질과 인간의 회복, 소유 관계의 회복, 소속 관계의 회복입니다.

하나님은 모든 것이 균형을 가지고 함께 자라고 생명을 누릴 수 있도록 경계를 정해주셨습니다. 이 경계는 서로를 보호하는 경계이자 또한 생명을 침범하지 않고 함께 자랄 수 있도록 지켜주고 누릴 수 있게 해 주는 경계입니다. 처음에는 사람에게 물질이 주어졌는데 시간이 흐르면서 물질에 집착하게 된 사람은 어느 순간 물질에 종속되고 지배를 받게 됩니다. 소속이 바뀌어져 버리는 것입니다. 주객이 전도되면서 자유가 감소할 때 물질의 권세가 증가합니다. 이것이 종말의 때에 세상의 대부분을 장악하고자 하는 큰 성 바벨론 시스템입니다.

하나님이 우상숭배를 하지 말 것과 안식일을 지킬 것을 말씀하신 것도 시간이 흐르면서 무질서하게 되고 주객이 전도되지 못하도록 하기 위함입니다. 우상숭배는 섞이게 되고 거룩함과 하나님 형상으로서의 고귀함을 잃어버리게 되는 요인이고 샤밭을 지키지 못하면 하나님의 시간 시스템에서 벗어나는 오차가 생겨 무엇이 우선 순위가 되어야 하는지를 놓치게 합니다. 희년의 축복은 회복과 완성입니다. 희년의 축복은 희년의 해에만 주어지는 것이 아닙니다. 우상숭배를 철저히 차단하고 주님의 시간 안에 맞춰진 삶은 우리로 하여금 희년의 축복을 누리게 할 것입니다.

우리 안에 주객이 전도된 부분이 있다면 희년을 선포하고 하나님의 질서 안에서 말씀대로 살 것을 결단해야 합니다. 세상은 하나님이 하신 말씀을 거부하고 거짓말을 진리처럼 둔갑시켜서 하나님으로부터 멀어지게 합니다. 하나님의 말씀을 속박이라고 하면서 자유롭게 살라고 합니다. 그러나 하나님을 떠난 인간은 자유가 아닌 세상과 마귀의 노예가 되고 맙니다. 세상은 우리에게 자유를 줄 수 없습니다. 세상은 조건을 걸고 통제하고 조종하려고 할 뿐입니다. 하나님의 질서 안에서 그리고 하나님이 정하신 경계 안에서 사는 것이 가장 안전하고 평안합니다.

희년의 때가 아직 오지 않았는데도 희년을 적용하는 것이 게울라(토지무르기, 기업무르기, 구속)입니다. 예슈아께서는 바로 이러한 게울라를 위해서 기름부음을 받으셨습니다. 우리에게도 하나님이 기름부어주신 이유는 그리스도의 게울라를 통하여서 자유케하는 성령의 부어짐으로 내 안에 이루어진 희년을 또 다른 누군가에게 전하게 하기 위해서입니다. 우리는 빼앗긴 자들에게 찾아가 희년을 선포해주는 희년 사역자로 부름받았습니다. 나에게 기름부어 주신 이유는 빼앗긴 영혼들에게 때가 이르기도 전에 때를 앞당겨서 희년의 뿔나팔을 불고 선포해 주어서 희년을 맛보게 하고 희년을 미리 살아보게 하기 위함입니다. 기름부음 받은 당신은 희년 사역자입니까?

주의 성령이 내게 임하셨으니 이는 가난한 자에게 복음을 전하게 하시려고 내게
기름을 부으시고 나를 보내사 포로 된 자에게 자유를, 눈 먼 자에게 다시 보게 함을
전파하며 눌린 자를 자유롭게 하고 주의 은혜의 해를 전파하게 하려 하심이라
(눅4:18-19)

베하르 주간의 말씀

1. 사람이 7일째 쉼을 통해 회복과 새로운 사이클을 시작하듯이 땅도 7년째 쉼을 통해 회복과 신선한 열매 맺음으로 나아갑니다. 7일째 안식일이 사람의 쉼과 회복을 위한 사이클이라면 7년째 안식년은 땅의 쉼과 회복을 위한 사이클입니다. 하나님은 쉼과 회복을 통해 하나님의 완성을 향해 나아가도록 하십니다.

2. 땅과 사람을 회복시키기 위해 하나님이 선포하신 또 하나의 시간은 '희년'(요벨יוֹבֵל)입니다. 희년은 시간뿐 아니라 땅이라는 공간의 회복을 포함합니다.

3. 희년이 선포되는 날은 50번째 해의 대속죄일입니다. 금식하며 스스로 괴롭게하는 안식일 중에 안식일인 대속죄일이 끝나는 저녁 무렵에 전국에서 뿔나팔이 불리면서 자유와 해방이 선포됩니다.

4. 예수님은 대속죄일에 재림하심으로 완전한 희년을 선포하실 것입니다. 레위기 25:9에서 '뿔나팔 소리를 내라'고 할 때 뿔나팔은 요벨יוֹבֵל이라는 단어인데 이것이 희년을 뜻합니다. 희년, 요벨יוֹבֵל은 숫양의 뿔이라는 뜻을 가지고 있습니다.

5. 예슈아는 희년에 희년의 뿔나팔이 울릴 때 앞장서서 인도하여 당신의 왕국으로, 회복된 에덴-동산으로 우리들을 데리고 들어가실 것입니다.

6. 게울라גְּאֻלָּה는 가장 가까운 혈연관계인 자가 희년의 때가 오기도 전에 대신 값을 지불하고 땅과 그가 원래 받은 유업을 되찾아주는 것을 말합니다. 게울라의 의미에는 '원수 갚음'이라는 개념도 포함되어 있습니다.

7. 하나님은 형제에게 선을 베푸는 것이 하나님을 경외하는 것이라고 말씀하십니다(레 25:43). 다른 형제들보다 더 많은 재산과 힘을 가졌다고 해서 함부로 하지 않는 것, 또 같은 형제라 할지라도 리더나 상전의 위치에 있다면 그것을 존중하는 것이 하나님을 경외하는 것입니다.

8. 안식년과 희년을 지키지 않은 연수를 하나님은 다 계산하시고 70년이라는 바벨론 포로기를 통해 땅이 충분히 쉬게 하셨습니다. 하나님이 70년이라는 포로의 시간을 주신 이유는 땅을 정결케 하고 자신의 백성을 돌아오게 하여 다시 시작할 수 있게 하시려는 것이었습니다. 안식년과 희년은 다시 시작할 수 있게 하시는 하나님의 은혜입니다.

베하르 주간의 선포

1. 내가 정결할 때 땅도 정결해질 수 있음을 알게 해주시니 감사합니다. 나에게 주어진 영역, 땅을 잘 돌보고 지켜서 하나님 나라의 선한 영향력이 증가되도록 기름부어 주소서.

2. 토라(말씀)에서 멀어져 서슴지 않고 물질을 섬기는 우상숭배로 인해 땅이 더럽혀지고 있습니다. 적그리스도의 영이 판치는 이 때에 우상숭배로부터 나 자신을 지키고, 교회를 지키는 자들이 되게 하여 주소서. 우상숭배인지 모르고 우상을 섬기게 하는 인본주의와 미디어, 문화의 흐름에서부터 우리 자녀들을 지킬 수 있도록 교회가 말씀으로 돌아가게 하소서. 철저히 자신들을 돌아보고 회개하게 하소서.

3. 죄의 종이 아닌 자유자가 되게 하신 하나님 감사합니다. 자유자로서 죄의 멍에를 매지 않는 방법은 형제를 사랑하는 것입니다. 형제의 아픔을 공감하고 섬기고 돕고 배려할 뿐 아니라 인내해주고 견뎌주고 사랑하는 자 되게 하소서. 하나님을 경외하는 마음으로 나의 리더들을 섬기고 존경하며 그들을 위해 기도하는 자 되게 하소서. 리더들을 깎아내리고 나와 함께 하는 사람들을 함부로 했던 것을 회개합니다. 리더를 존중하고, 형제를 사랑함으로 하나님을 경외하는 마음을 날마다 배워가게 하소서.

4. 나에게 기름부으신 것은 희년 사역자가 되게 하심을 깨닫습니다. 나의 경험과 생각에 스스로 묶여 있는 것, 잘못된 감정에 매여 있는 것으로부터 나를 자유하게 하시고 그 자유함으로 형제들의 생각과 감정을 풀어주는 건강한 성도가 되게 하소서.

33주간

בְּחֻקֹּתַי

BECHUKOTAI

베후코타이, 나의 규례안에

파라샤 **레26:3-27:34**

하프타라 **렘16:19-17:14**

브리트 하다샤 **마22:1-14 / 마16:20-28**

DAY 1 레26:3-13

앞에 놓인 생명과 사망, 선과 악, 복과 저주 중 무엇을 선택할 것인가?

하나님은 아브라함이 하나님을 믿은 것을 의로 여기시고 반드시 그 자손들에게 하나님이 선택하신 땅을 주시겠다고 약속하시며 하나님 단독으로 쪼갠 제물 사이를 지나가시며 무조건적인 언약을 맺으십니다(창15:17-18). 이 언약은 아브라함의 입장에서 무엇인가를 지키거나 행해야만 실행되는 언약이 아니라 아무 조건 없이 하나님이 스스로 반드시 실행하시겠다고 약속하신 언약입니다.

그 후 하나님은 이집트에서 탄식하며 부르짖는 이스라엘 자손들의 소리를 들으시고 아브라함과 맺으신 언약을 기억하시며 모세를 통해서 이스라엘 자손들을 시나이 산으로 이끌게 하셔서 시나이 산 언약을 맺으십니다(출19:5-6). 이스라엘 자손을 하나님이 선택하신 땅으로 들여보내실 준비를 하시면서 그들이 완전히 하나님께 속해 있음을 말씀하시며 '거룩'을 요구하십니다(레19:2). 그들의 정체성과 존재의 목적이 세상과는 전혀 다르다는 것을 강조하시면서 그들이 다르게 살아야 할 것을 규례와 계명을 통해 가르쳐 주십니다. 세상과 다르다는 것은 그들이 이 땅에 속해 살지만 땅에 속한 자들이 아니라 하늘에 속한 자들로 살아야 한다는 것을 의미합니다. 이스라엘 자손들이 하늘에 속한 자들, 하나님께 속한 자들로서 거룩을 지키며 살 때 그들이 비로소 하나님이 계획하신 대로 열방의 축복의 통로인 제사장 나라가 될 수 있음을 말씀하십니다.

그러나 시나이 산 언약에서는 하나님이 이스라엘 자손이 얼마나 연약한 질그릇인지 잘 아셨으며 그들이 쉽게 깨어지고 하나님으로부터 돌아설 것을 미리 아시고 아브라함과 맺은 언약과는 다르게 조건 언약을 맺으십니다. 하나님이 선택하신 땅으로 들어가게 하고 차지하게 하는 것은 그들의 어떠함과 관계없이 하나님의 주권으로 무조건적으로 행하시겠다고 하셨지만 그 땅을 거룩하게 하고 그 땅에서 잘 살아가는 것은 그들이 어떻게 선택하고 행하는가에 달려있기 때문에 하나님은 이스라엘 자손들에게 어떤 조건 즉, 바운더리를 허락하십니다.

이것은 마치 에덴-동산의 중앙에 있었던 생명나무와 선악을 알게 하는 지식의 나무처럼 그들 앞에 생명(하임חַיִּים)도 있지만 사망(마벧מָוֶת)도 있고 복(브라카בְּרָכָה)도 있지만 저주(클랄라קְלָלָה)도 있고 좋고 선함(토브טוֹב)도 있지만 나쁘고 악함(라아רַע)도 있음을 말씀하시며 그들에게 선택권을 주신 것과 같습니다(신30:15, 30:19). 하나님은 가장 선하고 좋은 것을 그들에게 주셨지만 그것을 지키고 유지하며 확장하는 것, 그리고 그들의 미래는 결국 그들이 어떤 선택을 하는 가에 달려있음을 말씀하십니다. 하나님은 우리에게 가장 좋은 것을 주십니다. 하나님의 성품이 지극히 선하시기 때문입니다. 그러나 하나님이 주신 좋은 것을 누리며 번영하게 하는 것은 우리들의 선택에 달려 있습니다.

우리 앞에 언제나 생명과 사망, 선함과 악함, 좋음과 나쁨, 복과 저주가 놓여 있습니다. 하나님이 우리에게 선택권을 주신 이유는 하나님의 형상대로 지어진 존재로서 우리에게 하나님과 같은 자유의지가 있기 때문입니다. 하나님은 조종하고 통제하는 신이 아니라 자유함 가운데 기쁨과 축복을 누리게 하시는 하나님이십니다. 그래서 자발적인 자유의지로 하나님을 선택하길 원하십니다.

그러나 죄로 인해 우리의 자유의지는 타락했습니다. 무엇이 선이고 악인지 기준이 모두 제각각이고 이것은 우리로 하여금 어둡고 악한 것, 보기에는 좋고 아름다워 보이지만 사실은 사망에 속한 것을 쉽게 선택할 수 있는 문을 열어 주었기에 선택의 기로에서 온전한 분별력을 가지지 못한 채 머뭇머뭇하거나 어둠을 향해 달려갑니다. 그러므로 우리가 하나님을 알 때에 비로소 우리는 선과 악의 명확한 기준을 알 수 있게 되고 바른 선택을 할 수 있기에 하나님을 아는 것에 힘써야 합니다(호6:3).

하나님이 이스라엘 자손들에게 주신 조건은 "너희가 내 규례와 계명을 준행하면(레26:3)"입니다. '준행한다'는 히브리어 할라크הָלַךְ는 '걷다, 행하다'는 뜻을 가집니다. 하나님의 규례와 계명 안에서 그들이 어떻게 살아야 할지를 결정하고 그 안에서 걸어갈 때 하나님은 물질의 번영과 이방 민족들이 함부로 하지 못할 강성함과 그들 가운데 하나님의 처소를 두시고 영원히 함께 하실 것을 약속하십니다(레26:3-13). 이집트에서 오랜 시간 노예로 살았기에 선과 악의 분별도 불분명하지만 이방 풍습과 문화에 익숙한 그들은 하나님 킹덤의 문화와 삶의 모습을 알지 못하기에 하나님이 규례와 계명들로써 그들을 보호하신 것입니다.

그러나 반대로 하나님의 규례와 계명을 버리고 그들이 자신들이 원하는 대로 살아갈 때, 혹은 하나님이 혐오스럽게 여기시는 이방 민족들의 풍습을 따라갈 때 하나님은 아무리 그들을 선택하셨다 할지라도 그들의 불순종에 강하게 책임을 물으시겠다고 말씀하십니다. 하나님의 경고는 그들이 깨닫고 돌아올 수 있는 기회를 주시기 위해 단계적으로 실행하십니다. 그래서 하나님은 “이런 일을 당하여도 너희가 내게로 돌아오지 아니하고 내게 청종치 아니하고 내게 대항한다면 너희의 죄로 말미암아 내가 너희를 칠 배나 더 징벌하겠다”(레 26:14-33)고 경고하십니다. 일곱 배의 강도로 증가하는 다섯 단계의 징계가 레위기 26장에서 주의 백성에게 경고되었습니다. 경고를 단계적으로 실행하시겠다는 것은 전염병, 전쟁, 기근과 같은 일들이 일어날 때 그들이 그것을 통해 자신들의 죄를 돌아보고 깨달으라고 하심입니다. 그러나 결국 그들이 최종까지 깨닫지 못할 때 하나님은 그들 모두를 그 땅에서 내쫓으심으로 그들이 거룩하게 지키지 못한 하나님의 땅을 안식하게 하여서 하나님 스스로 그 땅을 지키실 것임을 말씀하십니다(레26:34-35,43).

하나님이 선택하신 땅, 그리고 아브라함과 이스라엘 자손에게 약속하신 땅은 그냥 땅이 아니고 하늘이 땅으로 내려와 하늘과 땅이 만나 어우러졌던 첫 장소였으며, 다시 하나님의 집이 세워질 장소였고, 하늘에서 내려오는 영원한 새 예루살렘 터가 될 장소의 땅이었기 때문에 그 거룩한 땅을 이스라엘 자손이 합당하게 지키지 못할 경우 하나님 스스로 땅을 보호하시겠다고 말씀하십니다.

하나님은 그 땅을 에덴-동산의 중심으로, 온 우주의 중심으로 삼으셨기에 가장 소중한 곳을 자신이 친히 선택하신 백성에게 맡기셨고 그들이 그것을 잘 가꾸고 지켜주길 원하셨습니다(창 2:15). 그들이 에덴-동산의 중심인 그 땅을 잘 관리하고 지켜주어야 온 열방으로 에덴이, 하늘 통치가 확장되기 때문입니다. 그들이 그 땅을 잘 지킬 수 있는 방법은 그들 자신을 하나님 앞에서 거룩하게 지키는 것이고 그것은 곧 하나님의 규례와 계명을 따르는 것입니다.

하나님의 규례와 계명은 하나님이 선택하신 땅에서 하나님이 주신 축복을 받고 번영과 행복을 누리며 살 수 있는 길입니다. 하나님의 규례와 계명은 ‘넌 내 소유이기 때문에 내 말만 들어야 돼’라고 하는 조종과 통제가 아니라 ‘너가 내 안에 있을 때 가장 안전하고 행복하다’고 가르쳐 주시는 하나님의 사랑입니다. 그래서 그 규례와 계명 안에 살아가고 걸어갈 때 우리의 정체성과 존재 목적을 분명히 알고 살아갈 수 있습니다.

DAY 2 레26:14-22

하늘을 철과 같게 땅을 놋과 같게

하나님의 말씀을 준행할 때 주시는 축복이 비와 열매, 안전과 평화라면 명령을 준행하지 않을 때 받게 되는 벌이자 저주는 비와 열매가 없고, 대적에게 쫓기게 되는 것입니다. 하나님의 말씀을 듣게 되지 않는 원인은 하나님의 규례(후카חֻקָּה)를 멸시하고, 법도(미쉬파트מִשְׁפָּט)를 싫어하며, 언약(브리트בְּרִית)을 배신하는 것입니다(레26:15). 하나님은 모든 만물의 창조주로서 생명의 근원이십니다. 생명의 근원이신 하나님을 거절하는 것은 곧 죽음입니다.

땅에 생명을 주는 것은 하늘에서 내리는 비이고, 비가 내려 땅에 열매가 맺어지면 그것이 사람의 생명을 유지하고 자라게 합니다. 하나님의 말씀인 토라는 하늘에서 비처럼 내려주시는 하나님의 가르침으로 사람을 살게하는 생명의 양식입니다. 그러므로 토라를 거절하는 것은 곧 땅에 생명을 주는 비를 내려오지 못하게 되는 원인이 되는 것입니다.

하나님의 말씀을 멸시하고(거절), 싫어하게 되는 또 하나의 원인은 교만입니다(레26:19). 물질적 풍요가 시작되면 사람은 보이는 세계에 매여 보이지 않는 하늘 세계, 하나님을 금방 잊어버립니다. 그리고 물질적 풍요가 자신으로부터 시작된 것인 마냥 생각하며 탐욕으로 더 많은 것을 취하려고 합니다.

하나님은 이런 교만을 꺾어버리시고 하늘을 철 같게, 땅을 놋 같게 하여 사람이 아무리 수고해도 아무것도 얻지 못하게 할 것이라고 말씀하십니다(레26:19-20). 하늘이 철 같고, 땅이 놋 같이 되는 것은 사람의 마음이 철과 놋만큼 강퍅하게 된 것을 의미하기도 합니다. 교만한 사람은 자신의 생각을 바꾸지 않습니다. 교만한 사람은 자기 생각이 옳기 때문에 다른 사람을 잘 받아들이지 않고, 자기 것만 고집할 뿐 아니라 하나님 대신 스스로 왕이 되어 모든 것을 판단하고 결정하려고 합니다. 이것은 아무리 하나님의 능력이 나타나도 스스로를 신이라 생각하여 마음을 돌이키지 않은 파라오 왕과 같은 상태입니다.

교만하여 말씀을 싫어하고 버린 상태가 되면 열매가 없을 뿐 아니라 대적으로부터 쫓기게 되는 상황에 이르게 됩니다. 교만은 원수가 이용하기 가장 좋은 영적 상태입니다. 교만은 패방의 선봉이고, 넘어짐의 앞잡이이며, 결국 죽음으로 이끄는 가장 끈질기고 악한 죄성입니다. 교만을 이길 수 있는 것은 오직 한 가지, 하나님의 토라(말씀)를 듣고 행하며 사는 것입니다. 토라에서부터 벗어나지 않는 것이 생명의 길입니다.

DAY 3 레26:23-46

땅이 황폐할 때 안식을 누리리라

하나님의 토라(말씀)에서 멀어질 때 일어나는 최후의 형벌이자 저주는 하나님이 주신 땅으로부터 쫓겨나는 것입니다. 하나님은 이스라엘 백성에게 젖과 꿀이 흐르는 땅을 약속하셨고, 약속대로 허락하셨지만, 그것을 지키는 것은 이스라엘 백성의 몫이었습니다. 땅을 지킬 수 있도록 하나님은 이스라엘 백성에게 세세하게 모든 것을 가르쳐 주셨지만, 그들이 땅의 풍요를 누리면서 하나님을 떠날 것이고 그렇게 되면 그들의 마음은 우상에게로 향하고, 우상숭배의 악습으로 땅을 더럽히는 악순환이 이어지게 될 것도 아셨습니다. 하나님이 약속하신 땅은 하늘 에덴과 하나되었던 곳, 에덴-동산의 중심으로 마지막 날 메시아가 오시면 다시 에덴으로 회복하여 온 세상을 통치할 중심이 될 땅입니다. 그래서 하나님은 먼저 선택하신 이스라엘 백성에게 그 땅을 맡기셨고, 그 땅을 잘 관리하도록 맡기신 것입니다. 하늘과 하나되었던 곳, 하늘과 다시 하나될 곳이기에 거룩하게 잘 지켜져야 할 땅에 우상숭배로 더럽혀지는 것을 하나님은 가장 경계하시고 경고하셨습니다.

그럼에도 불구하고 그들이 에덴의 중심인 젖과 꿀이 흐르는 땅을 잘 지키지 못하고 우상숭배의 가증한 일들로 땅을 더럽힐 경우, 땅이 견디지 못하고 그들을 토해낼 뿐 아니라 하나님은 이방 나라들에 의해 그 땅을 빼앗기도록 허락하시고, 더 나아가 그 땅에 살던 이스라엘 백성을 흩어버리게 하실 것이라고 말씀하십니다. 그러나 하나님은 이스라엘 백성이 더럽힌 땅이 황폐하게 될지라도 오히려 안식을 누리게 될 것이라고 말씀하십니다(레26:34-35).

사람과 땅은 하나입니다. 사람이 더러워지면 땅도 더러워지고, 땅이 더러워지면 사람은 생명을 이어갈 수 없습니다. 더러워진 것은 비워내고 씻어내어야 합니다. 하나님이 땅을 회복하시는 방법은 결국 땅을 더럽게 하는 사람들을 몰아내고 땅에 아무것도 남기지 않는 것입니다. 황폐하게 되는 것, 모든 것이 쓸어져 버리는 과정은 무섭고 괴로운 일이지만, 하나님은 그것을 통해 다시 일으키는 분이라는 소망을 갖게 하십니다. 쫓겨난 과정에서 깨닫고 죄악을 자복하고 잘못한 것에 대해 형벌을 기쁘게 받으면 하나님은 언약을 기억하고 반드시 돌아오게 하실 것이라는 약속도 잊지 않으십니다(레26:40-41). 땅이 황폐한 가운데 안식을 누리는 동안 교만했던 사람도 마음을 겸손하게 하여 다시 하나님 앞으로 돌아오게 하심으로 약속하신 것을 이루시는 하나님이십니다.

> 내가 그들을 내버리지 아니하며 미워하지 아니하며 아주 멸하지 아니하고 그들과 맺은 내 언약을 폐하지 아니하리니 나는 여호와 그들의 하나님이 됨이니라 내가 그들의 하나님이 되기 위하여 민족들이 보는 앞에서 애굽 땅으로부터 그들을 인도하여 낸 그들의 조상과의 언약을 그들을 위하여 기억하리라 나는 여호와이니라
>
> (레26:45-46)

DAY 4 레27:1-15 / DAY 5 레27:16-25
DAY 6 레27:26-27 / DAY 7 레27:28-34

성막(성소)를 지키라

불순종-심판-재난의 악순환 속에서 하나님의 계속되는 경고를 깨닫지 못하고 돌이키지 않을 때 하나님의 최종적인 결정은 이스라엘 자손들을 하나님이 선택하시고 사랑하시는 그 땅에서 내쫓으심으로 사람들로 인해 더러워진 땅을 안식하게 함으로 지키겠다고 하신 것입니다. 그러나 결국 이방 땅에서의 고달픔과 고난이 이스라엘 자손들의 죄를 인식하게 하고 그들의 조상들의 죄를 깨닫게 함으로써 그들의 마음이 낮아져서 자복하게 될 때 하나님은 그들이 이방 땅에서 겪은 고초를 죄에 대한 형벌과 대가로 치러진 것으로 보겠다고 하십니다(레26:40-41). 그리고 하나님의 자비로 마음이 낮아진 그들을 보시고, 그 때 아브라함

과 이삭과 야곱과 맺은 언약을 기억하겠다고 하시며 규례와 계명을 지키지 않았을 때의 무시무시한 재앙들을 회복으로 바꾸실 것을 약속하십니다. 하나님의 조건 언약의 결론은 이스라엘의 하나님이 언약을 폐하지 않겠다는 것입니다.

… 내가 그들을 내버리지 아니하며 미워하지 아니하며 아주 멸하지 아니하고 그들과 맺은 내 언약을 폐하지 아니하리니 나는 여호와 그들의 하나님이 됨이니라 (레26:44)

내가 그들의 하나님이 되기 위하여 민족들이 보는 앞에서 애굽 땅으로부터 그들을 인도하여 낸 그들의 조상과의 언약을 그들을 위하여 기억하리라(레26:45)

이집트에서 이스라엘 자손을 따로 불러내시고 그들의 하나님이 되심을 천하에 알리신 하나님은 그들 가운데 거하셨고 그곳이 바로 성막입니다. 성막(성소)은 이스라엘 자손을 친히 진두지휘하시는 하나님의 현존하심, 임재가 역동적으로 머무는 곳입니다. 이곳은 하나님과 결혼 언약을 맺은 이스라엘 자손들이 하나님의 사랑과 은혜를 경험하는 거룩한 처소이기에 이 처소를 가꾸고 돌보는데 있어 이스라엘 자손들의 헌신이 필요했습니다.

그래서 하나님은 성소를 위한 헌신으로 서원값을 성별과 연령별로 지정하시고 성막의 유지와 성막을 직접 돌보는 제사장들의 수고비를 채워주는 일에 사용하도록 하십니다. 서원값이란 이스라엘 자손들이 신부로서 신랑과 함께 머무는 집을 유지하고 지키기 위해 필요한 재정이면서 동시에 연합의 아름다운 장소를 위한 사랑과 헌신의 마음입니다.

서원값 이외에도 하나님은 가축으로 드려지는 예물이나 자기 소유 중 집이나 밭을 자원하는 마음으로 하나님께 드리기 원할 때, 혹은 하나님께 자원하여 드렸지만 특별한 이유로 다시 무르고 싶을 때 어떤 대가를 지불하고 찾아야 할지에 대한 규례를 주심으로써 하나님께 바쳐지는 모든 것들을 거룩하고 소중하게 다룰 것을 말씀하십니다. 그런데 하나님께 바쳐진 것 중에서도 완전히 드려진 것의 경우는 거룩하기 때문에 다시 무르지 말라고 하십니다(레27:28). 여기서 '완전히 드려지다'는 의미의 히브리어 헤렘חֵרֶם은 '완전히 헌신되다, 혹은 완전히 파멸되다'라는 두 가지 상반된 뜻을 가지고 있습니다. 전쟁에서 이방 신들과 하나님을 모욕한 경우 하나님은 어떤 것도 살려두지 말고 완전히 진멸하라고 명령하시는데 이 때 쓰이는 단어가 헤렘חֵרֶם입니다. 하나님의 권위에 도전하고 거역한 것이라면 아무리 좋은 것이라도 조금이라도 남겨두지 말고 아까워하지 말고 완벽하게 파괴하라고 하십니다. 그런데 같은 단어인 헤렘이 하나님께 바쳐질 때 역시 아까워하지 말고 조금의 주저함 없이 온전하게 바쳐야 한다고 말씀하십니다. 하나님께 드려지는 것은 거룩하기 때문입니다. 그래서 특별히 모든 생축의 처음 것과 하나님이 주신 모든 소유 중 십분의 일은 하나님의 것이므로 이것은 거룩한 예물이기에 반드시 하나님께 드리라고 명령하십니다.

서원값과 자원하는 예물, 집, 땅, 생축의 처음 것, 그리고 십일조는 모두 하나님이 거하시는 성막과 그 성막을 섬기는 제사장들을 위해 하나님이 요구하시는 헌신과 섬김입니다. 또한 성막을 지키는 것은 우리 자신을 지키는 것과 같습니다. 우리는 하나님의 거룩한 영이 거하시는 성전이기 때문입니다. 그래서 성막을 돌보는 것은 곧 우리 자신을 돌보는 것이며 이것은 하나님을 향해 우리의 마음을 지키는 것과 같습니다. 하나님이 우리에게 요구하시는 순종은 우리에게 생명과 축복을 주고자 하시는 아버지의 사랑입니다.

하프타라 렘16:19-17:14

마음을 지키라

마귀는 언제나 우리의 정체성과 존재 목적을 가리거나 빼앗아 갑니다. 마귀가 우리의 정체성과 존재 목적을 빼앗기에 가장 쉬운 방법은 우리의 마음을 하나님으로부터 세상을 향해 돌려놓는 것입니다. 보이지 않는 하나님을 따르고 섬기는 것보다 보이는 세상에 먹음직하고 보암직하고 지혜롭게 할 만큼 탐스러운 것들을 심어놓고 그것들을 따라가게 합니다. 우리에게도 언제나 그 동산에서 하와가 직면했던 도전들이 놓여있습니다. 무엇을 선택할 것인가의 기로에서 우리가 하나님을 선택할 수 있는 방법은 우리의 마음을 지키는 것입니다.

만물보다 거짓되고 심히 부패한 것은 마음이라(렘17:9)

'거짓되다'로 쓰인 아코브עָקֹב는 '속이는, 발을 거는, 교활한, 서서히 무너지게 하는'이라는 뜻을 가지고 있습니다. '부패하다'로 번역된 히브리어 아나쉬אָנַשׁ는 '약한, 깨어지기 쉬운, 불치의'라는 뜻을 가지고 있고, 마음이라는 히브리어 레브לֵב는 마음이라는 뜻과 함께 '속사람, 생각, 의지, 영혼, 중심'을 모두 뜻하는 단어입니다. 즉, 생각과 의지, 영혼, 중심을 담고 있는 사람의 속사람은 세상에 있는 어떤 것 보다도 속이기가 쉽고 약하며 깨어지기 쉽다는 것을 말합니다.

시편 8:4에서 다윗은 '사람이 무엇이관대 주께서 저를 생각하시며'라고 고백하는데 여기서 사람이라는 단어가 에노쉬אֱנוֹשׁ로 쓰였습니다. 에노쉬אֱנוֹשׁ의 어근은 아나쉬אָנַשׁ로 약하고 깨어지기 쉬운 사람을 표현합니다. 다윗은 사람이 얼마나 약하고 쉽게 깨어지며 악한지를 알았습니다. 그래서 '에노쉬 같이 약하고 깨지기 쉽고 죄짓기 쉽고 우상숭배로 빠지기 쉬운 존재가 무엇이길래 하나님은 그렇게도 우리를 생각하십니까'라고 고백합니다. 하나님은 그 누구보다도 우리를 더 잘 아시는 분입니다. 그래서 에노쉬 같은 존재인 인간이 쉽게 하나님을 버리고 떠날 것이라는 것도 알고 계셨습니다.

무릇 사람을 믿으며 육신으로 그의 힘을 삼고
마음이 여호와에게서 떠난 그 사람은 저주를 받을 것이라(렘17:5)

에노쉬 같은 존재인 인간은 보이는 것에 강하게 집착하는 경향이 있기 때문에 힘이 있는 사람이 되려고 하고 또 힘이 있는 사람을 믿으려 합니다. 이런 사람은 마음을 하나님으로부터 돌리는 사람입니다. 마음을 하나님으로부터 돌려서 사람의 힘을 믿는 사람들은 저주를 받고 수치를 당할 것이라 말씀하십니다. 그 이유는 그들이 우리의 존재의 근원, 생수의 근원되신 하나님을 버렸기 때문입니다(렘17:13). 사람의 힘은 하나님을 대적하는데 쓰이고 결국 이것은 저주와 수치를 가져옵니다.

그러나 무릇 여호와를 의지하며 여호와를 의뢰하는 그 사람은 복을 받을 것이라
그는 물 가에 심어진 나무가 그 뿌리를 강변에 뻗치고 더위가 올지라도
두려워하지 아니하며 그 잎이 청청하며 가무는 해에도 걱정이 없고 결실이
그치지 아니함 같으리라(렘17:7-8)

하나님은 우리가 비록 에노쉬 같은 존재이지만 하나님을 선택함으로써 영원한 생명과 축복을 누릴 수 있다고 말씀하십니다. 사람의 힘을 의지하지 않고 하나님을 신뢰하는 그 사

람은 환경이 아무리 요동치고 어렵다 할지라도 두려움이 없고 모두가 기근에 시달릴 때도 걱정없이 열매를 가지게 된다고 축복하십니다. 하나님을 선택하기 위해 우리가 지켜야 할 것은 속이기 쉽고 깨어지기 쉬우며 악한 우리의 마음, 속사람을 지키는 것입니다. 그리고 이 속사람을 지켜주는 것이 하나님의 규례와 계명입니다. 우리의 마음, 생각과 자유의지와 영혼을 담고 있는 속사람은 타락했습니다. 그래서 우리 스스로는 선한 것을 선택할 수 없습니다. 그러나 하나님의 규례와 계명은 우리의 마음이 하나님을 향하도록 지켜주며 생명과 축복을 가져다줍니다.

브리트 하다샤 마22:1-14 / 마16:20-28

예복을 준비하라

한 왕이 자신의 나라와 아들을 위해 잔치 자리를 준비했습니다. 그리고 청한 사람들, 왕국의 잔치에 참여하도록 초청장을 받을 사람들을 불렀습니다. 그러나 청함을 받은 사람들은 자기 밭이나 자기 사업으로 인해 거절하거나 혹은 왕이 보낸 종을 잡아 모욕하고 죽임으로 왕을 대적하였습니다. 왕은 노하여 왕의 청함을 처음으로 받았던 동네를 진멸하고 불살라 버립니다. 그리고 청한 사람들이 합당하지 않으니 만나는 대로 아무나 길에 가서 사람들을 데려오도록 합니다.

하나님은 이스라엘 사람들을 먼저 하나님 킹덤의 잔치에 초대하셨습니다. 그들을 먼저 하나님이 선택하시고 사랑하시는 그 땅에 들어가게 하였고 그들에게 밭도 주시고 집도 주시고 소유도 주셨습니다. 그러나 그들은 자기들에게 허락한 왕의 은혜는 생각하지 않고 자기들 소유에 집착하거나 하나님의 선지자들과 종을 죽이며 대적하는 과감한 거역도 서슴지 않았습니다. 결국 하나님은 먼저 선택받은 그들이 합당하지 않음으로 그들의 악함을 불살라 버리시고 하나님 킹덤의 잔치 자리에 모든 이들, 열방을 초대하셨습니다.

그러나 이 초대에 모든 사람들이 청함을 받아 참석할 수 있었지만 예복을 준비하지 않은 사람은 결국 손발이 묶여 쫓겨나게 되었습니다. 청함은 받았지만 택함은 받지 못하게 되었습니다(마22:14). 예복은 하나님의 말씀으로 깨끗하게 단장된 우리의 속사람을 의미합니다. 속사람, 생각과 의지와 마음이 하나님의 규례와 계명을 지키고 따름으로써 다듬어지고 정결하게 된 사람이 예복을 준비한 사람입니다. 하나님의 규례와 계명인 말씀을 따르지 않은 사람은 예복이 준비되지 않아 결국은 하나님의 킹덤에 들어가지 못할 것입니다. 그러므로 하나님의 규례와 계명은 우리의 예복을 잘 준비하여 하나님으로부터 택함 받고 영원한 생명으로 들어가게 하는 것입니다. 영원한 생명으로 들어가기 위해 우리가 해야 할 것은 우리의 속사람, 성전을 거룩하게 지키는 것입니다. 우리의 마음, 속사람이 항상 하나님을 향하여 있고 하나님만 의지하는 자는 세상과 나를 구별하여 거룩함으로 사는 자가 될 것입니다. 거룩, 그것은 하나님의 킹덤을 향하여 나아갈 수 있도록 우리를 하나님의 형상으로 완성시켜 주는 길입니다.

자기 두루마기를 빠는 자들(자기에게 주어진 그분의 계명들을 지키는 자들)은
복이 있으니 이는 그들이 생명나무에 나아가며 문들을 통하여
성에 들어갈 권세를 받으려 함이로다(계22:14)

베후코타이 주간의 말씀

1. 하나님은 우리에게 가장 좋은 것을 주십니다. 하나님의 성품이 지극히 선하시기 때문입니다. 그러나 하나님이 주신 좋은 것을 누리며 번영하게 하는 것은 우리들의 선택에 달려 있습니다. 우리 앞에 언제나 생명과 사망, 선함과 악함, 좋음과 나쁨, 복과 저주가 놓여 있습니다.

2. 그러나 죄로 인해 우리의 자유의지는 타락했습니다. 무엇이 선이고 악인지 기준이 모두 제각각이고 이것은 우리로 하여금 어둡고 악한 것, 보기에는 좋고 아름다워보이지만 사실은 사망에 속한 것을 쉽게 선택할 수 있는 문을 열어 주었기에 선택의 기로에서 온전한 분별력을 가지지 못한 채 머뭇머뭇하거나 어둠을 향해 달려갑니다.

3. 하나님의 규례와 계명은 하나님이 선택하신 땅에서 하나님이 주신 축복을 받고 번영과 행복을 누리며 살 수 있는 길입니다.

4. 교만하여 말씀을 싫어하고 버린 상태가 되면 열매가 없을 뿐 아니라 대적으로부터 쫓기게 되는 상황에 이르게 됩니다. 교만은 원수가 이용하기 가장 좋은 영적 상태입니다. 교만을 이길 수 있는 것은 오직 한 가지, 하나님의 토라(말씀)를 듣고 행하며 사는 것입니다. 토라에서부터 벗어나지 않는 것이 생명의 길입니다.

5. 성막을 돌보는 것은 곧 우리 자신을 돌보는 것이며 이것은 하나님을 향해 우리의 마음을 지키는 것과 같습니다. 하나님이 우리에게 요구하시는 순종은 우리에게 생명과 축복을 주고자 하시는 아버지의 사랑입니다.

베후코타이 주간의 선포

1. 하나님은 우리가 스스로 선택할 수 있는 자유의지를 주셨지만 우리의 속사람은 선한 것보다 악한 것을 선택하려는 아본(뒤틀리고 꼬인 죄성)이 자리잡고 있으니 우리를 향한 긍휼을 거두지 마시고 날마다 하나님 앞에 겸비하게 하소서. 늘 말씀 앞에 나를 비추고 살펴보며 깨닫는 지혜를 더하여 주소서.

2. 내 마음을 지키는 것이 생명의 근원을 지키는 것이고 곧 성령님이 내주하시는 나의 성막을 지키는 것입니다. 마음을 지킬 수 있도록 토라를 더 알게 하시고, 토라에서 벗어나지 않도록 토라를 사랑하는 마음을 더욱 부어주소서.

3. 제사장 나라로 부름받은 이스라엘이 에덴의 중심인 약속의 땅을 지켜낼 수 있도록 토라이신 예슈아를 아는 자들이 날마다 증가하게 하소서. 또한 이스라엘과 연합하고 하나님의 킹덤을 준비하는 열방에서부터 하나님을 경외하는 예배자들이 더 많이 일어나게 하소서. 이 땅에 남겨진 자들이 거룩함과 예배로 이 땅을 잘 지켜낼 수 있게 하소서.

4. 나의 두루마기, 나에게 주어진 사명을 완수하여(계22:14) 영원한 하나님의 킹덤의 잔치를 누리는 자가 되게 하소서. 우리 교회가, 우리 나라가 하나님의 편을 선택하여 축복과 생명을 누리게 하소서(시33:12).

레위기를 나가며

레위와 세운 나의 언약의 생명과 샬롬의 약속

만군의 여호와가 이르노라 내가 이 명령을 너희에게 내린 것은 레위와 세운 나의 언약이 항상 있게 하려 함인 줄을 너희가 알리라 레위와 세운 나의 언약은 생명과 평강의 언약이라 내가 이것을 그에게 준 것은 그로 경외하게 하려 함이라(말2:4-5)

'레위와 세운 나의 언약'(말 2:4-5)은 메시아의 왕적 통치에 대한 언약인 '다윗 언약'과 함께 영원한 언약으로 간주됩니다.

여호와께서 이와 같이 말씀하시니라 너희가 능히 낮에 대한 나의 언약과 밤에 대한 나의 언약을 깨뜨려 주야로 그 때를 잃게 할 수 있을진대 내 종 다윗에게 세운 나의 언약도 깨뜨려 그에게 그의 자리에 앉아 다스릴 한 아들이 없게 할 수 있겠으며 내가 나를 섬기는 레위인 제사장에게 세운 언약도 파할 수 있으리라 하늘의 만상은 셀 수 없으며 바다의 모래는 측량할 수 없나니 내가 그와 같이 내 종 다윗의 자손과 나를 섬기는 레위인을 번성하게 하리라 하시니라(렘33:20-22)

'레위와 세운 나의 언약'은 코르반과 관련된 모든 것에 대한 것입니다. 즉, 하나님께 가까이 나아가서 하나님 편에서 하나님을 섬기고(장자의 역할 중에 한 부분) 하나님께 가까이 나아갈 수 있도록 사람들을 섬기며 진리의 말씀을 가르치라고 세우신 언약입니다. 하나님은 레위인들이 이 언약을 성실히 이행할 때 생명과 평강을 책임져 주겠다고 약속하십니다.

보라 세상 죄를 지고 가는 하나님의 어린 양이로다(요1:29)

예슈아는 전 인류를 위한 흠 없는 희생제물로써 즉, 코르반으로써 이 땅에 오셨습니다. 그리고 세상 죄를 짊어지신 그분은 십자가에서 그 피를 다 쏟으심으로 우리의 모든 죄값을 지불하여 대신 갚아 주시고 "다 이루었다(다 지불하였다)"고 선포하신 후 죽으셨습니다. 그리고 하늘 지성소로 들어가심으로 영원한 대제사장이 되셨습니다(히8:4). 예슈아는 코르반으로써 자신을 단번에 제물로 드려 모든 제사의 요구를 만족시키셨습니다. 육신의 아버지 요셉을 통해서는 유다 지파의 혈통이시지만 어머니 마리아를 통해서는 레위 지파의 혈통이신 예슈아는 하나님의 장자로서 '레위와 세운 나의 언약'을 성취하셨습니다. 그리하여 우리는 본질적으로 하나님께 가까이 나아갈 수 없는 존재였음에도 불구하고 '하나님께 나아감'을 얻었습니다. 우리는 그분의 몸이 찢겨짐으로 그 찢어진 휘장(그 육체)을 지나 지성소에 담대히 들어갈 수 있는 접근 자격(Access)을 얻었습니다. 땅에서 하늘의 영역에 들어갈 수 있는 허락권을 받았을 뿐만 아니라 죽음 이후에 셋째 하늘의 낙원에서 대기하다가 부활의 때에 부활의 몸으로 천년왕국에서 왕과 제사장으로 섬길 특권을 받았으며 또한 새 예루살렘의 진주 문으로 들어가 황금 길을 다니며 주님 가까이에서 영원히 주님을 섬길 권세를 획득하였습니다.

봐이크라וַיִּקְרָא는 일차적인 의미로는 백성과 제사장을 거룩한 곳과 지성소로 부르시는 것이기도 하지만 우리가 땅에 내려온 하늘의 영역을 약속된 시간에 반복적으로 방문하다

보면 결국 하늘 위에 있는 하늘의 영역에까지 영원히 들어가게 될 것을 의미하는 더 깊고 높은 부르심을 의미하기도 합니다. 곧 영생으로 나아가는 것입니다. 하나님은 우리를 영원으로 들어오라고 부르고 계십니다. 그리고 하나님만이 머물 수 있는 가장 높은 하늘(10th 하늘: 아라봍 עֲרָבוֹת)에 있는 영원으로 들어가는 문으로 우리를 초대하시고 우리를 데리고 엘로힘의 영역으로 들어가시려고 우리를 창조하셨습니다. 이 가장 영광스럽고 그 어떤 것으로도 설명할 수도 비유할 수도 상상할 수도 없는 지극히 높은 부르심을 위하여서 하나님은 우리를 영광스러운 경배의 자리로 나아오게 하십니다. 그리고 이러한 높은 부르심과 영광스러운 초대에 합당한 자가 되라고 우리에게 따뜻한 사랑과 간절하고 열망과 기대를 가지시고 말씀하십니다.

קְדֹשִׁים תִּהְיוּ כִּי קָדוֹשׁ אֲנִי יְהוָה אֱלֹהֵיכֶם

케도쉼 티히유 키 카도쉬 아니 아도나이 엘로헤이켐

너희는 거룩하여라 이는 나 여호와 너희 하나님이 거룩함이니라(레19:2)

하나님은 레위와 언약을 세우셨고 레위의 자손들에게도 '레위와 세운 나의 언약'이 끊이지 않고 적용되게 하셨습니다. 이제 하나님은 우리를 왕 같은 제사장으로 불러주셨습니다. 그리고 우리에게도 '레위와 세운 나의 언약'을 적용시켜 주십니다. 우리도 코르반의 삶으로 부름을 받았습니다. 코르반의 삶은 죽음과 희생을 통해 우리를 완전히 내어드리는 헌신이 요구됩니다. 그러나 이 코르반의 삶에는 오히려 역설적으로 생명(영생)과 평강(샬롬)이 약속되어 있습니다. 우리의 대제사장이신 예슈아는 코르반의 삶으로 자신을 내어드림으로 영원한 부활의 생명을 우리에게 허락하셨습니다. 우리가 예슈아와 함께 죽으면 영원히 살며 함께 왕 노릇할 것입니다(딤후2:11).

부록

누구나 쉽게 히브리어 읽기

【부록 #1】 누구나 쉽게 히브리어 읽기

히브리어는 자음과 모음을 익히면 어렵지 않게 읽을 수 있는 문자입니다.
문자학적으로 구체적이고 자세한 설명보다는 누구나 쉽게 히브리어를 읽을 수 있도록 간단한 안내를 드립니다.

1. 히브리어는 한국어와 다르게 오른쪽에서 왼쪽 방향으로(←)읽습니다.
2. 성경 히브리어는 모음이 없이 자음만 표기하여 읽었습니다. 자음만 표기된 단어에 모음을 어떻게 붙여서 읽을지는 랍비와 부모를 통해서 구전전통으로만 전해 내려왔지만 후대에 와서 자음 주변에 모음을 표시하여 함께 읽을 수 있도록 하였습니다. 자음과 모음을 조합해서 읽는 방법은 다음 예시와 같습니다.
בְּרֵאשִׁית 베레쉬트 →**ב** = 베 / **ר** = 레 / **א** (음가없음) / **ש** = 쉬 / **ת** 트
3. 한글 자음으로 표현되지 않는 자음들을 아래와 같이 보충 설명합니다.

> 1. **כ**가 'ㅋ' 소리를 가질 때도 있지만 목구멍을 긁으며 'ㅋ' 와 'ㅎ' 를 함께 발음하여 내는 소리(kh)도 있습니다. 한국인들이 "크~~~게"를 강조하면서 발음할 때 'ㅋ' 와 'ㅎ' 를 함께 발음하여 긁는 소리를 내는 경우와 비슷합니다.
> 2. **ח**는 위에 설명한 **כ**의 'kh' 발음처럼 목구멍을 긁으면서 내는 'ㅎ'발음입니다. 그래서 표기를 'ㅋㅎ'으로 했습니다. 이렇게 발음하는 것이 좋으나, 어려울 경우 'ㅎ' 발음으로 합니다.
> 3. **ר**는 'ㄹ' 발음으로 해도 상관없지만 때로는 'ㄱ' 발음이 섞여 있어서 'ㄱ' 소리로 들릴 경우가 있는데 이는 'ㄹ' 보다 더 목 안쪽에서 나는 'ㄹ' 소리이기 때문입니다.

히브리어 성경 관련 APP

MySword Bible, BLB, **הברית החדשה**, 성경읽기 – 안드로이드 / BLB – IOS

자음

문자	이름	발음	숫자값
א	알렙	음가가 없지만 초성 'ㅇ'와 비슷	1
ב	베트	ㅂ (b, v)	2
ג	김멜	ㄱ	3
ד	달렛	ㄷ	4
ה	헤이	ㅎ	5
ו	봐브	ㅂ (v,w)	6
ז	자인	ㅈ (z)	7
ח	ㅋ헤트	ㅋㅎ (kh)	8
ט	테트	ㅌ	9
י	유드	이 (y)	10
כ	카프	ㅋ, ㅋㅎ (k, kh)	20
ל	라메드	ㄹ	30
מ	멤	ㅁ	40
נ	눈	ㄴ	50
ס	싸멕	ㅆ	60
ע	아인	ㅇ	70
פ	페	ㅍ (p, f)	80
צ	짜디	ㅉ와 ㅊ의 중간음	90
ק	쿠프	ㅋ	100
ר	레쉬	ㄹ	200
שׂ שׁ	씬 쉰	우측점은 쉬 좌측점은 ㅆ	300
ת	타브	ㅌ	400

모음

문자	발음
□ָ	
□ַ	아
□ֲ	
□ֵ	
□ֶ	
□ֱ	에
□ְ	
□ֵי	에이
□ֶי	
□ִ	이
□ִי	
□ֹ	
וֹ	오
□ָ	
□ֳ	
□ֻ	우
וּ	
□ְ	'으'와 '어' 사이발음